问道开放

重庆足音的
内陆回响

王济光 ／ 著

中国文史出版社
CHINA CULTURAL AND HISTORICAL PRESS

王济光（2017年）

助力内陆开放的成就感（代自序）

　　人生之中总会有些让人充满成就感的时段和事情，不论是学习和生活，还是家庭和事业。我的成就感，离不开常常引以为傲的开放一线工作历练、民建会员身份、政协委员职责，以及由此而来积极投身于内陆开放实践和探索的使命担当。

　　我的成就感，来自无怨无悔地投身中国最年轻直辖市建设的人生选择。1997 年 6 月，重庆正式挂牌成为中央直辖市，我也在三千里外北京建国门外大街 5 号的中国社科院，光荣地加入了民建，成为中国多党合作和统战事业的一员。刚过半月，我生有幸，随"赴渝博士生服务团"到了以"火炉"闻名于世的山城挂职锻炼，岗位就是内陆开放的一线部门——重庆市对外贸易经济委员会主任助理。一年期满，满怀着对这片西部开发"热土"的依依不舍和深沉挚爱，毅然改变了回归京城的打算，义无反顾地选择了投身西部、扎根重庆。我常常这样想：我应当感恩重庆，给了我施展理想报负的发展空间；我应当感恩民建，给了我实现人生价值的宽广舞台；我应当感恩政协，给了我参政建言的政治平台。在这个中国最年轻的中央直辖市，我先后在市外经贸委、市政府口岸办和市政协得到了最宝贵的人生历练，其间当选过重庆民建的一、二届常委和三、四届副主委，连续五届担任重庆政协常委和两届全国政协委员，这是让我能够以外经贸人、民建人和政协人的自豪投身改革开放大潮的基础。回首来路，能够在中国西部唯一的直辖市从事对外开放一线工作近20年，一路走来，从组织到领导、从朋友到家人，多方的信任、理解和鼓励，常常督促我既要在内陆开放的一线工作中奋发作为，也要在民建、统战和政协平台上建言有为。

我的成就感，来自长期的开放工作经历和实践调研。从在中国社科院研究产业政策、区域经济和投资贸易，到转行地方从事对外开放部门的政府管理，从国家商务部到地方口岸办，再到担任地方政协的专职副秘书长，我时时刻刻都在对比、考察沿海和周边以及世界发达国家的有益借鉴，更加理性地体悟到开放是后进地区通往现代经济的必由之路、"开放带来进步，封闭必然落后"的科学论断，进一步体会到构筑开放型经济体系必须建设好通道、口岸、平台的内在机理，以及理顺通关、产业、环境之间逻辑关系的现实含义。但无论如何，对于一个地区尤其是内陆地区的开放型经济来说，建设好服务开放的国际通道永远都是首当其冲和至关重要的关键和重点。毕竟，一个国家或地区的比较优势要转化为市场竞争优势，就必须保证产品、资本、人员的高效便捷安全进出。当2009年第11届中国科协年会在重庆召开之际，我主持并全面参与了分论坛"重庆内陆国际贸易大通道战略"的课题报告，首次提出重庆要以开放思维积极构建西向通道的设想，为此后世界瞩目的"渝新欧"国际物流铁路大通道建设提供了决策依据。也许是冥冥之中我与"渝新欧"有缘，2010年从重庆市外经贸委转岗到市政府口岸办，为内陆国际贸易大通道建设从理论向现实的转换提供了实践条件和工作基础。2011年3月19日，"渝新欧"专列满载重庆制造的电子产品从重庆铁路西站出发，国内段经过达州、安康、西安、兰州、乌鲁木齐和阿拉山口，国际段经过哈萨克斯坦、俄罗斯、白俄罗斯、波兰，最后到达目的地德国杜伊斯堡，行驶万余公里，耗时16天，实现了"渝新欧"国际铁路六通道的全线开行。这是一次探索，也是一个创举，引领着全国各地探索开放实践，多个线向的"五定班列"从中国开往欧洲，形成了中国通向欧洲的铁路物流通道的统一品牌"中欧班列"。为此，我在十二届全国政协会议的五年中，每年都要提交一件关于内陆地区国际贸易通道建设的提案。党的十八大提出要创新开放模式，促进沿海内陆沿边开放优势互补，形成引领国际经济合作和竞争的开放区域，培育带动区域发展的开放高地，再次触动了我对"南向通道"从设想变成现实的多年心结。去年两会期间，为呼应来自西部地区8个省区市的23位委员就推进中新互联互通南向通道建设所提交的联名提案，我向大会提交了加快推进"一带一路"南向通道建设的社情民意信息，建议把建设南向通道上升为国家战略，切实做到"理性研判，科学设计，全面统筹，夯实基础，务实推动"。

我的成就感，来自中国全面融入世界经济大潮、构建全面开放新格局的伟大新时代。全国两会是我国国家治理体系和治理能力现代化的显示器，是代表委员共商国是、建言议政的政治平台。无论是西向通道中欧班列的重要支线"渝新欧"建设，还是中新互联互通南向通道建设，就我对内陆地区发展开放型经济的理性观察而言，工作思考、研究报告以及委员提案和社情民意信息，无不反映了中国内陆地区加快融入"一带一路"的共同心声，体现着内陆地区联手打造面向欧洲和东盟的物流大通道的探索和创新。我以为，日常工作中面向基层的开放观念碰撞、面向高校研究生的专题报告以及每年关于"渝新欧"和"南向通道"

建设的提案，都对重庆建设内陆开放高地和构架国际物流枢纽有所助益。很多建议得到国家主管部门的重视并积极采纳，固是主管之幸、学子之幸、委员之幸，更是西部之幸、时代之幸。中国是一个发展中大国，有着天然的区域梯度发展特征和特定的发展规律。地处内陆，身在西部，开放之梦从来都是如何才能快速走向海洋，融入蔚蓝。数千公里的地理距离、高成本的交通物流以及通达效率的刚性约束，并没有成为制约西部地区逐梦开放的天然屏障，从西部大开发战略的接续实施到长江经济带建设的加快推进，从内陆开放型经济的路径选择到积极融入"一带一路"建设，西部地区从来没有停止过对外开放的主动探索，从来没有犹疑过对内陆地区发展开放型经济的探寻和创新。"渝新欧""蓉欧快铁"等中欧班列的陆续开通和成功运营、中新互联互通南向通道凝聚起西部省区市的合作建设共识，为西部地区提供了以拓展开放通道带动区域开放的全新范本。

我的成就感，来自亲历"渝新欧"通道成为连接"一带一路"的创新探索、亲见政协会员助力西向开放通道建设的点点滴滴、亲闻联名提案或个人提案背后形成共识的故事。回想亲身参与和助力"渝新欧"和"南向通道"建设的那段忙碌而充实的岁月，成就的幸福与人生价值的实现不禁涌上心头，感慨万端。2010年，重庆、乌鲁木齐两地海关签署出口转关监管协议和区域通关改革合作备忘录，为"渝新欧"全线开通奠定了坚实基础。2012年，正是争取到了铁道部、海关总署的关心支持，才使得中铁、俄铁、德铁、哈铁与重庆交运集团达成一致，合资组建了"渝新欧"国际铁路联运大通道的平台公司——渝新欧（重庆）物流有限公司。"渝新欧"的发展历程中曾经面临的最大难题是缺乏回程货，进项为零的现实一度令这一新兴物流通道探索非常尴尬。为此，2012 年在国家口岸办的支持下，主动奔走联络全国 12 个内陆省区市成立专门课题组，研究内陆口岸的特殊性和发展规律，为在内陆地区创新设立铁路口岸奠定了理论和政策基础。一年之后，重庆团结村中心站获批内陆地区第一个铁路口岸；两年之后，重庆铁路口岸再次获批成为内陆地区第一个汽车整车进口指定口岸。由此，"渝新欧"步入发展快车道。也许不应当忘记下面几个重要的时点：2013 年 7 月 10 日，"渝新欧"国际铁路大通道正式启动"安智贸"项目试点，这是中欧"安智贸"项目实施七年以来，首次针对海运以外的运输方式开展试点，以铁路运输方式加入"安智贸"业务，对于推动"渝新欧"国际货运班列全面落实"监管互认、信息共享、执法互助"，进一步提升"渝新欧"的辐射力和影响力具有重大意义；2013 年 10 月，"渝新欧"实现每周一班、高峰时一周三班的常态运行，并解决了电子产品冬季运输问题；2017 年 3 月 23 日，中欧（重庆）班列开行 6 年后突破 1000 列，成为中国首个突破千列的"中欧班列"；2018 年 6 月 28 日，"渝新欧"突破 2000 班，创"渝新欧"货值量最大。

我的成就感，来自"南向通道"从大胆设想、思路设计、框架勾画到多方呼吁、合力推动，最终使之从抽象推断变成具体现实。当 2002 年《中国与东盟全面经济合作框架协议》签署之后，我曾提出西部地区要加快建设南向通道的设想。不过，限于当时的贸易规模、国际市场需求以及外向型产业层次，南向通道建设只能停留在设想阶段。在 2017 年中新示范项目联合协调理事会第一次会议上，新加坡方面提出探索建立通过北部湾和新加坡连接重庆与 21 世纪海上丝绸之路的陆海贸易路线的设想，重庆、广西、贵州等地围绕构建陆海贸易路线开展了可行性调研，其间不乏政协委员的智慧贡献。在全面分析面向东盟拓展"一带一路"开放空间的基础上，采用了我在 2015 年主笔完成、报送中共重庆市委的政协专题调研报告中所建言的"南向通道"概念，并赋予其新时代的特定内涵。同年 8 月，渝、桂、黔、陇四地在重庆签署合作共建中新互联互通项目南向通道框架协议，从通道共建的思想路径到协议达成的框架文本，其间有四地政协委员的积极付出，由此确立了"南向通道"建设中包括"通道、口岸、通关、平台、产业、环境"六大基本要素的国内地区合作内容。但是，在实际推进工作中，南向通道建设也面临着在国家层面、区域协作层面和沿线监管层面上的难题。为此，四地政协结合本地开放型经济发展情况，分别开展了各有侧重的相关调研，着力就南向通道建设达成共识。比如：重庆政协在组织驻渝全国政协委员开展视察的基础上，就加快建设内陆国际物流枢纽和口岸高地形成联名提案，针对南向通道通而不畅、多式联运机制缺失、口岸功能不健全以及进一步降低中新南向铁海联运通道国内段铁路运价等问题提出了相关建议；广西政协牵头形成了《关于推进中新互联互通南向通道建设的提案》，并在今年两会期间得到西部八个省区市全国政协委员的联名响应，成为全国政协重点提案。

我的成就感，还来自借助于人民政协这一强大参政议政平台，在奋进中国梦的过程中实现人生价值。应邀参加全国政协重点提案督办调研，亲历政协委员助力"渝新欧"、嫁接"南向通道"建设的联名提案办理落实，见证了人民政协"围绕中心，服务大局"的时代担当。通过重点提案督办，促进南向通道联结"渝新欧"西向通道，共同成为有机衔接"一带一路"的国际陆海贸易新通道，真正实现党中央、国务院着眼推进全面开放新格局的重大决策，全面落实习近平总书记对南向通道建设提出"在地区层面带动其他国家共同参与国际陆海贸易新通道建设"的重要指示，从而将"一带"和"一路"更好地连接起来。尤其是在当前和今后一个时期，以推进"渝新欧"班列衔接连通中新互联互通南向通道建设为三线，对深化"一带一路"建设、深化西部开发开放和建设中国—东盟命运共同体具有重要的战略意义，必须坚定信心、共商共建共享，才能使之成为"一带一路"的创新示范性重大工程。

加快中国面向全世界开放的通道体系建设，需要优化区域开放布局、加大西部和内陆地区的开放力度，需要国家层面加强与沿线国家围绕通道基础设施、国际通关合作、多式联运物流体系等开展多双边磋商，这是党的十九大构建全面开放新格局的重大部署，这是助推西部地区改革开放的重大契机，也是打造人类命运共同体的重大战略。生逢伟大的变革时代，有幸在对外开放一线长期工作，不忘理论联系实际的学者从政初心，有幸在多党合作和统一战线平台上全方位参与、多视角融入，这就是我 22 年来作为政协委员的成就感！

对于我的人生，重庆的足音和回响，注定会是一段值得铭记的荣光。这是一个伟大的时代，这是一段光辉的岁月。能够在中国最年轻的直辖市亲身参与并全面见证西部大开发、内陆开放型经济、长江经济带发展和"一带一路"建设的探索和创新，谁都会觉得幸福满满！

2019 年 5 月·照母山

辑一

行思篇——成长的烦恼

德不孤，必有邻 *

——从"一会一节"说开去

近观《论语》，至"德不孤，必有邻"一句，忽联想及已落幕多日的"一会一节"，挂怀在心，感慨系之：有德之地，奉对外开放为"德"政之要，开诚布公，推己及人，真诚相邀，宾客盈门，方不会有孤独之感。此所谓：海内存知己，天涯若比邻。

单就招商活动而言，直辖后的重庆，最大盛事莫过于"一会一节"。当然，就其成功经验及尚待改进之处，市委、市政府已有全面总结，勿遑多论。然而，对方方面面的组织者、工作者来说，是否亦应有所总结，有所"感悟"？古人说，前事不忘，后事之师。恐怕并不仅仅是说，跌了跟头，才长记性。我理解其意为：总结使人进步。

德政之始，贵在自知。重庆是二战时期远东战区的指挥中心，是国民政府陪都，有颇高的国际知名度。但是，时至今日，重庆的经济社会发展现状并未完全为国内外人士所尽知，重庆的对外开放环境和政策、重庆经济发展的比较优势以及重庆众多的投资机会，岂止是养在深闺人未识，而且还裹着层层面纱。对此，我们应有清醒的认识。如果自以为是全世界最大的城市、拥有广阔的市场，就必然会是八方来仪、百鸟朝凤，那就大错而特错了。重庆经济社会发展水平的全面提升，必须全方位地融入国际经济大潮，必须全方位扩大对外开放，而这些都要建立在国际社会对重庆全方位认识的基础之上。我们的老工业基地改造问题、移民问题、下岗再就业问题，哪一项是单靠自己就能独立完成的？对此，我们也应当有些自知之明。而且，对外开放，包含有两种方

---

* 原载于《当代党员》1999 年第 10 期。

式，一种是"走出去"，另一种是"引进来"。两种方式各有所长，不可偏废。但是，"走出去"要受时间、范围和财力诸多方面的制约，而最可起立竿见影之效的还是"引进来"。一个地区的发展，仅有负重自强的决心是不够的，还必须善于利用一切可以利用的有利因素。要有好的城市形象，要让世人了解自己，要发现并抓住更多的合作机会，而这就需要创造条件，其中一个好的城市公关创意，就是适时举办投资贸易洽谈会。一方面，这可以对外宣传直辖后新重庆的对外开放形象；另一方面，也可以扩大重庆与国内外各界的交流与合作，在交流中合作，在合作中发展。

德政之行，要在知彼。招商进门，要了解国外客商的需要，也要了解招商的国际惯例。但是，这要以正确的自我定位做基础。招商水平也像下围棋一样，有级有段，级别是给业余选手的，段位才是给专业选手的。仅靠优惠政策吸引外商是业余水平，依靠优良的投资环境才是专业水平，这是"一会一节"带给我们的一个巨大收获。世界银行曾做过一个调查，发现影响外资投向的第一位因素是投资环境，第二位才是投资政策。而且，投资环境之中尤以软环境为重。在这种意义上，会要开好，节要办好，还要经常走出去，了解国际资本市场的动态和现代招商的要义。

德政之机，窍在心诚。你发财，我发展，是招商成功的命门所在。彼怀生财之心，当选行德政之地而居之，此乃人之常情、事之常理。实际上，面对20多年来的改革开放成果，已经没有多少人会再对改革开放作为中国的基本国策有所置疑。但是，在如何开放、开放什么以及开放的程度等方面，却仍然存在着一系列的问题，包括观念、方法和战略，等等。利用外资，就是要用市场经济的观念认识招商活动，就是要取彼之长、补我之短，这显然需要按照自愿让渡、等价交换这些最最基本的经济规律来进行。我们不是常说要以市场换技术、以项目换资金吗？这里的"换"，其实就是说你得有交友之心、容人之量，不能见人发财而眼红，更不能见财起意、重利轻友。在不远的将来，中国肯定会面临一个加入WTO之后的适应问题，这里有两个原则性的问题需要超前性地作出回应，否则，重庆就会落在别人的后面。一个是公平贸易原则，另一个是国民待遇原则。单就此而言，我们也不能只许自己吃肉、不让别人喝汤。甚至，在发展之初，由于我们还要借用外力，谁吃肉谁喝汤，角色也不妨暂时互换一下。

德政之义，重在守恒。对外开放，是中国的基本国策，决非一时一事一地之选。纵观 21 世纪的国际竞争，大势已然明确，不是单纯的经济竞争或市场竞争，而是全方位的立体竞争。利用外资对重庆经济社会发展的重要意义，也并不只是外部资金、技术和管理可补我方之缺，而是说我们还会从中引进更多的有用人才，这会给我们带来观念和知识更新的机遇，这会使我们时刻睁大眼睛、关注世界，以免落伍。在一定程度上，保持政策的连续性，也是我们拥有对外招商吸引力之所在。

不管如何，在"一会一节"期间，重庆一口气签下了 163 个项目，引进了 11.8 亿美元的外资（合同、协议和意向，统统算在内），成交了 6000 多万美元的出口贸易合同。单从这一角度去看，"一会一节"都已经在直辖后的重庆历史上留下了浓墨重彩的一笔。就这次盛会的组织水平和协调能力而言，重庆人同样风光得很，受到前来参会的国家领导人的肯定，得到国内外客商的交口赞誉。但在我看来，这些还不应算作是最最重要的，更重要的是：通过对这次盛会经验的总结和不足的反省，会给重庆上上下下的观念更新，形成一次意义深远的冲击。这对于直辖后一直在抢抓机遇的新重庆来说，对于有志于在世纪之交以新的面貌走向国际化大都市的内陆山城人民来说，乃至对于视对外开放为加快发展之法宝，进而借以跻身中国先进地区行列的年轻直辖市来说，带来的应当是一次对外开放环境的测评机会，一次思想解放的全面检验，一次全市人民协调一致、通力合作的实战演练。

德政不为孤，寻芳必有邻。海内皆知己，清诚引佳宾。

开拓"重庆造"的市场空间 *

——开放意识、商业氛围及商业文化

最近，在重庆各种宣传媒体上，"重庆造"三个字出现的频率越来越高。表面上看，"重庆造"似乎只是对重庆地方名牌产品的一个普通叫法而已，但是，这其中所透出的、所体现的，却是重庆开放意识的凝聚力、商业氛围的创新力和商业文化的辐射力。

耗散论说，任何封闭的系统在其内部都表现为一个"刚体结构"，其最终归宿只有一个——走向死亡。社会学家说，任何一个封闭的社会，由于信息交流不足，其生存质量会随着时间的推移而逐渐下降，直至被淘汰。显然，对于一切事物，开放与交往的重要性，并不仅仅在于事关发展的方向和空间，而且还关乎生存的质量。

远推诸物，近思及身。一个地区加快发展的思路与势头，除了要有必要的客观条件，恐怕还要看这个地区的开放意识如何。

衡量开放意识没有别的更好的方法，最简单的就是先看一下这个地区的政策开明度和大众文明度到底如何。

在推进"重庆造"的政策力度方面，在全力营造重庆名牌方面，很少会有人指责政府没有职能到位。在实施单项商品的促销方面，政府出面组织过市级大型商务公关活动，如服装节、啤酒节。在扩大重庆企业的市场空间方面，对外举办过投资贸易洽谈会，对内策划过"重庆造"的武汉展销会。最近，又在中央电视台设立了"重庆制造"专栏，以期给重庆产品推向更大的市场空间营造另一个宣传通道。甚至，政府的推进力度还远不止于此。从已经制定出的

---

* 原载于《当代党员》1999 年第 9 期。

全市实施名牌产品总体战略看，重庆正准备经过 5—10 年的努力，全面提升支柱产业及新兴产业的整体素质，创造和培育出重庆名牌产品群。具体说，就是到 2010 年形成 250 个左右具有重庆特色的名牌产品，销售收入要达到 500 亿元，利税达到 60 亿元，同时形成 100 个具有较大经济规模、以名牌产品为龙头的企业和企业集团。在此基础上，创造出 20 个左右的国家级名牌产品，以及 3—5 个具有国际竞争优势的世界名牌产品。面对这样一个光辉灿烂的美好前景，先不要过分陶醉，因为，企业界的回应实难让真心关注重庆未来的人们保持轻松的心情。有些实情说出来，实在有些令人汗颜，但又不能不说：今年 9 月份，在北京有一个由国务院批准的中国国际农业博览会，届时将认定一批名牌农产品。这当然是农产品品牌最高权威的认定，其他省市都在为此积极奔走。但是，作为大城市与大农村并存的重庆，却面临着一种非常尴尬的窘境。原因很简单，由于区县和农业企业对此并不感兴趣，要么怕招来麻烦，要么担心抱不到金娃娃反惹一身骚。一句话，重庆向博览会报送产品的情况极不理想。为此，政府绞尽脑汁，拿出了 120 万元用以刺激有关方面报送产品的积极性，并放出了在别的地方很少能有的"抱回一个名牌，政府奖励 1000 元"的特殊政策，但几个月下来，应者寥寥。据说山东报去了 1000 多个产品，而重庆只有 200 个。显然，问题并不是出在政策，还有更深层次的因素在起作用。

目前，社会上流行着一种很难让人欣慰的看法。凡是说到开放，似乎就只是政府的事，是相关部门或者仅仅是涉外部门的职能所在，而与大众无关。认为那是"形而上"的上层建筑，而非"形而下"的经济基础。其实不然，开放意识并非仅靠出台几条政策，或者坐而论道地喊几句口号就可万事大吉，还必须调动社会各个层面的积极参与，还必须准备好全社会的开放观念。但是，这无疑又同大众素质直接相关。比如，嘴上喊着开放，却不会使用普通话，活生生一个"口不对心"的表现；比如，商贩们一听到外地口音，卖价马上又是另外一个故事；再比如，在名牌产品的营造方面，"皇上不急太监急"，缺乏一个能够让企业切实重视名牌的机制。没有跑道，飞机来得再多也无法着陆。我们目前所面对的现实难题是，开放意识在很多情况下仅仅是一面挂在上空的大旗，上面迎风招展，下面根基未动，难以真正前行。所以，我们还得下力气去营造另一种与政策推动相匹配的东西，这就是全社会的商业氛围。

何谓商业氛围？无非就是一个地区所具有的各类商业机会以及各类商机在

提供、把握和交流方面的大环境。重视名牌在开拓市场方面的特殊作用，注意给商品创造更多的附加价值，营造产品的地区整体形象，固然同政策推动、舆论鼓动以及消费者对名牌的购买冲动和商家对利润追求的躁动有直接关系，但真正起着最终决定作用的还是后者，是利润驱动下商家对市场冷静到位的反应。

"重庆货不敌外来货"，这是近年来广大市民一个普遍的直感性的评价，这从一个侧面反映了重庆传统的商贸中心地位正在受到冲击。有资料显示，在如今的重庆零售百货业中，重庆本地产品的市场占有率已不足10%。很明显，这属于重庆商业氛围不够浓重的问题。造成这一问题的症结，不是出在政策上，也不是出在消费者方面，而是出在商家和企业界的心态上。眼界不远，品位不高，罗列出来就是：在满足消费者需求方面无名牌产品，在新产品开发方面怕担风险，在对外竞争方面勇气不足，在经济交流方面信息渠道不畅，在开拓市场方面促销手段落后，患得患失，不知从何处下手。作此评价，决非危言耸听。君不见，重庆直辖以来的几个大动作，明显存在着前期付出与实际效果之间的落差。为了在对外开放中真正地"引进来"，今年"4·28"投资贸易洽谈会曾经有一个专门为重庆产品开辟的"重庆名优产品展销区"，但是，政府组织企业参展时却颇费过一番力气，参展企业多数姿态并不高，似乎只是为了给政府面子才来，应付了事。结果，几天下来只不过成交2亿多元。反观十几天后外地企业来重庆办展，却是另外一番景象。南海市只不过是海南省的一个县级市，竟将重庆市民近70亿元的购买力席卷而去，其间的差距何止几倍几十倍！这应当算是重庆在商业氛围差距方面的集中显现。那么，"走出去"时的情况又是如何呢？6月份，我们第一次由市政府组织重庆企业到近邻武汉去办展销会，政策支持程度不可谓不强，舆论力度不可谓不大，但最终算下来，仍然只带了区区24亿元的成交额回家。同样是"走出去"，内陆地区的直辖市比起沿海地区的县级市也存在着"我是你的一半儿"的对比差距。据说，去武汉办展销，有许多重庆本地的"小名牌"并没有参加，事后后悔者有之，不以为然者有之，仍然习惯于"窝里斗"者更是大有人在。如果细究其因，恐怕还与重庆商业文化的日渐式微有些关系。

说到商业文化，需要多加解释一下。商业文化并不高深，实际上就是在商品交换过程中所形成的一整套有地方特色的价值观念、行为准则和道德规范。

重庆自古以来就是西南地区的商贸中心，商业文化极具自身特色，比如诚实坦荡、豪放不羁，更不屑于斤斤计较。但是，受计划经济体制的长期影响，以及重庆经济中工业比重的加大，重庆的人文环境已经大有变化。尤其是在直辖后，有些人的升格心态明显：重庆乃百鸟朝凤之地，区位优势明显，何必要"走出去"？重庆天然的商机无限，辐射作用外人尽知，何需劳心费力地去求别人？显然，人文环境中的文化劣根性正在浮出，坐商观念日渐明显，自大心理逐步强化。商业文化是一和历史的沉淀，也是现代交流观念的一种升华，但是，直辖效应不会久留不去，资源优势并非永世常存。如果对机遇过于挥霍，所享优势过分奢侈，那么，就会受到历史的惩罚。有些时候，面对太多太多的机遇，会造成一时的晕目眼花，会养成一种不善把握机遇的惯性，也会培育出一种大众化的志满意得心理，甚至，世风中还可能会形成一种大事做不来、小事不愿做的"八旗子弟"行为方式，从而影响危机意识的生成，进而成为制约经济社会文化全面发展的最大障碍。这才是最为可怕的。近年来重庆改革开放中的"上动下不动"现实，不知是否可以算是某种印证。在另一种意义上，这或许还会成为影响重庆向更高层次国际化大都市跨越的文化根底性因素。

不管如何，机遇总是一笔财富，关键是如何看待、如何把握。"重庆造"全方位地走出去，需要全方位地理解开放意识，需要多角度地营造商业氛围，也需要注意从更深的层次上塑造与新的内容和特质的商业文化，这才是一个地区在发展中保持总体竞争力的根本。

换一种心态看自己 *

——赴莫桑比克经贸考察杂感

换一种心态看自己，说起来容易，要真做起来，大多数人恐怕就要打上一些折扣。个中缘由很简单，我们生活在一种久已熟悉的社会环境之中，沿用着一种早已习惯的思维定式，遇到问题难以给自己正确定位。或者说，在观念上总难以跳出由生活环境划定的"圈圈儿"。对于一个人是这样，对于一个地区的经济活动也是这样。这是我在真正去了非洲之后，在接触了非洲的实际"洲情"之后油然而生的一种感觉，不知是否也可以算作是一种"顿悟"：为人处世做工作，不要高估了自己，也不要低看了自己，遇有问题，要经常地换一种心态看自己。

换一种心态看自己，首先得有点儿先见之明，下棋还得会看后三步。我们这次莫桑之行，实际上也是重庆经济发展这盘棋中的一步。在某种意义上，甚至还是比较关键的一步。到非洲去，是重庆长期经济发展的需要。中央高层曾多次强调，要从战略上重视加强与非洲的经贸合作关系。重庆应当在这方面先行一步，利用自己工业基础雄厚这一比较优势，主动到非洲去开拓市场。尤其是，重庆要从真正意义上调整产业结构，要真正把重庆产品推向国际市场，就必须着眼于 21 世纪的国际竞争，着眼于重庆的现有比较优势领域，着眼于重庆经济与非洲经济的互补性，着眼于重庆现有产品结构、现有生产能力同非洲市场需求层次之间的契合性。加之，莫桑比克地处非洲南部，是南部非洲共同体的核心成员之一，不仅拥有 2500 公里长的海岸线，农林矿产资源丰富，而且还有辐射南非、中非和西非的巨大潜力。重庆完全可以莫桑比克为桥头堡，

---

* 原载于《当代党员》1999 年第 6 期。

实现重庆开拓国际市场、加强对外经贸合作以及拉动经济发展和加速产业结构调整步伐的发展战略。要我说，这才是这次莫桑之行的基本立意之所在。

换一种心态看自己，得真有一点儿自劳筋骨的勇气。在去莫桑比克之前，我已从资料上了解了一些基本情况，印象最深的就是莫桑比克的贫穷程度。曾经有一种说法是，莫桑比克是非洲最不发达的国家。目前，其非洲"副班长"的位置虽然已经有所改变，但时至今日仍然属于被联合国认定的世界最不发达国家行列，其人均GDP充其量也就在100美元上下，相当于重庆的1/6。加上受多年内战的影响，两极分化现象十分明显，大多数农村人口仍然处于衣不蔽体、食不果腹的生活状况。所以，到非洲去，得先有吃苦受罪的心理准备。不过，好在莫桑比克目前政局稳定，经济正处在恢复增长之中，对外开放的步子也迈得很大。尽管如此，说心里话，如果不是有任务在身，很多人恐怕很难敢打包票说：我要去非洲。

换一种心态看自己，既得有点儿心理承受力，也得提高一下环境适应力。我这次随团到莫桑比克，并没有以往那种出国去看西方哈哈镜的感觉，也不是像一般人想象的那样轻松。而且，这并不只是我一个人的感觉。我原本想这次出去，一定要在短时间内多办些实事，回来也好有个交代，起码得对得住往返机票啊！想是这样想，但想不到的是剃头挑子一头热。最让我感到不适的，就是许多莫国政府机构的办事效率极低。有些部门的主管官员对自己业务范围内的基本数字都不甚了解。记得还是在第一次作为先遣组成员到莫桑比克农业部洽谈时，想了解一下其全国耕地面积，主管官员却要我们去问土地管理部门；想了解其粮食产量，要我们去统计局；想了解粮食进口情况，要我们去工贸旅游部的外贸局。有时，我们为了了解某一项政策，要反复跑几次。还有一种现象，就是我们使馆人员在介绍莫桑比克情况时说的，许多莫桑比克官员"黑又亮"。说其"黑"是指索贿受贿之风盛行，其程度之高、之普遍，远非国内可比；说其"亮"，是指索贿受贿非常公开。我说他们是"心黑手亮"。想来，如果有企业到莫桑比克投资办事，对此"国情"乃至"洲情"必须详加了解，并做好相应的心理准备。

换一种心态看自己，话还得往回里说，得将心比心想问题，想得开，机会就出来了。想想我们在改革开放之初，某些情形也大体如此。那时，西方人不也时常说我们的办事效率低下吗？即使时至今日，我们自己不还是常说在政务管理中仍然存在着"程序多、手续繁、效率低、办事难"的问题吗？"三乱"现象不是依然时有发生吗？"办事程序不公开、办事行为不规范"的现象不是仍然很有市场吗？如果能够想到这些，想到莫桑比克是一个刚刚开始走向改革和开放的国家，我以为，我们就应当可以理解这些问题的存在。也正是由于存在着这些问题，才同样意味着众多的投资机会。看看那些在 20 世纪 80 年代初就进入中国市场的外商，不是很多已经成了中国改革开放的最大受益者吗？在很多时候，机会是"忍"出来的，尤其是初到一个不熟悉的环境中，就更是如此。我们这次考察后发现，如果选准项目，投资莫桑的回报也极丰厚，基本上可说是"三三制"，即 1/3 的经济开发成本、1/3 的黑箱操作成本和 1/3 的利润回报。你能说非洲没有机会吗？

换一种心态看自己，得学会在比较中发现问题、分析问题。我去过奥地利，也到过瑞士，但那是发达国家，感觉上自然与这次的非洲之行大不相同。在欧美的超市里能看到很多中国商品，不过，大多中国商品是附加值较低的初级产品，比如服装、玩具之类，很少有我们现在称为"双高产品"的东西，而且卖价也远比国内要低。也难怪欧洲一些国家时不时地就对中国产品进行反倾销诉讼。当时，我曾有过这样一种想法：照此下去，中国商品在欧美发达国家肯定会有市场"度"的限定，这不仅是因为我们的产品出口种类和档次已经受到多方面的限制，也是因为初级产品的需求总量在消费水平提高后，只能停留在一个大体不变的水平上。如果以此为出口"主打"商品，最多也只能保持为一个常量。而全面提高产品档次和技术含量，远非一日之功。因此，中国的出口在一定时期之后，必然要出现增速下滑。莫桑比克之行，使我真正发现了一个中国产品的大市场，这就是非洲。尽管这个市场在很大程度上还只是一个潜在的，但是，如果从长期发展来看，从部分非洲国家的稳定政局和经济的持续增长来看，加大对非洲市场的开发力度，无疑具有重要的战略意义。我们常说，我们拥有丰富的资源，但那是指绝对量，一算平均数，马上就"露怯"了。看一看欧美发达国家不断扩大的对非投资规模，想一想美国对非洲市场的重视程度，我们也应当能够感觉得到其间形势的奥妙，这也许会促使我们真正理解 21 世纪国际竞争的准确含义。

换一种心态看自己，敢比、会比、善于比，在不同层次的对比中解决问题。以往，我们去发达国家相对较多，心里想的恐怕只是我们需要向西方国家学习，需要引进人家的资金、技术和管理，因为我们在这些方面存在着极大的比较劣势。一说到我们的优势，我们往往只想到我们的资源、市场和价格低廉的劳动力，却往往很少拿我们的劣势再去同生活在另一种状态下的国家如非洲国家相比。实际上，在比上不足、比下有余时，机会往往最多也最好，因为你在两个方向上都有不同性质的机会在等着你。比如，在我们目前正面临国内产业结构调整、再就业难度加大以及重庆特有的移民和扶贫问题复杂多样的情况下，我们既可以考虑利用外资提高自己，也不妨把现有设备、成熟技术，以境外投资的方式弄到非洲去。我们的日用品、家电、医药，在非洲就很有市场。我们不仅需要外来投资，也完全可以对外投资，我们有适合非洲多层次消费需求的产品，也有可以与非洲加强合资合作的设备、技术和管理。对此，万万不可厚此薄彼。

人在生活中要经常换一种心态看自己，在经济工作中也要时常换一种心态想问题。生活中不能只是站在门内，还要时不时地走到门外去。而且，不能只是想着门外的亮堂地儿，还应当多到门外的暗地儿里去站一站、看一看，尽管刚到暗地儿时会有一段时间的不适应，但只要静下心来，睁大眼睛，总会有新的发现和新的收获。

换一种心态看自己，冒进会更少一些，理性会更足一些，务实会更重一些，办法会更多一些。

对高新技术产业化的审视 [*]

　　几个世纪以前，有位西方哲人说"知识就是力量"，但却遭到周围的一片挪揄嘲讽。今天，人类正面临世纪之交、千年之禧，我们说科技就是财富，科技就是第一生产力，显然已不会再引起任何非议。但是，说法上可以成为老生常谈的大众共识，有时并不直接等同于在做法上可以通行无阻的办事原则。这一点，起码在目前、在我们周围乃至在实际工作中，高新技术产业化还并没有完全享受到一路绿灯的优待。

　　1999 年 10 月，深圳举办了中国第一次面向国际的高新技术成果交易会，据说非常成功。我想，其成功之处恐怕不仅仅是因为朱镕基总理曾亲临襄助，并在开幕式上向海内外宣示中国发展高新技术产业的决心和信心，更为重要的原因在于，正是在这次交易会上，中国的高新技术成果集中地向世界展现了其作为财富化身的流动性和可交易性，也使国人真正触摸到了"科技就是财富"的真实含义，深切直感到了高新技术产业化对于中国、对于国内企业以及对于中国直面 21 世纪国际竞争的重要性。就此而言，这次交易会同时也是中国科技发展史和经济发展史的一座具有双重意义的里程碑，既是中国高新技术真正商品化并全面流动、交易并形成产业运行机制的新起点，也是中国企业开始有实感地关注高新技术，并重视加大科技开发力度进而增强自身国际市场竞争力的助推器。

　　一个月之后，作为中国最年轻的直辖市和中国西部地区具有科技开发实力的重庆，也举办了一次高新技术成果交易会。不过，我们的目标主要是面向国内，而且加进了高新技术产品的内容。融展示与交易为一体，体现了未来中国西部科技城的特色。从最终效果来看，普遍的评价是超出事先的预料，因

　　* 原载于《当代党员》2000 年第 1 期。

为，就展示而言，参观群众极为踊跃；就交易来说，成交总金额超过了 50 亿元。就此而言，没有人可以否定其在促进重庆高新技术产业化发展方面的重要作用。但是，欣喜之余，我们仍然需要认真反思，在横向比较中冷静思考、发现问题。这是我们超越自我、取得进步和加快发展的起点和根基所在。

深圳和重庆，一个是中国第一轮改革开放的排头兵，一个是中国西部大开发战略的桥头堡，将两个高交会进行比较，可以发现其间存在着层次上的差别。这不是茶余饭后的评头论足，而是存在着的客观现实，反映了中国对外开放战略实施过程中的棘轮效应。在高新技术成果的产业转化方面，深圳无疑已经走在了全国的前列，更是走在了地处西部和长江上游经济中心的重庆的前面。这里，既有计划体制运行时期过长的客观制约，也有政府职能转换速度过慢所造成的服务协调不到位、统筹规划不足等原因，更有企业界观念陈旧、思想保守、负担过重的因素影响。

在现代市场经济社会中，制度结构决定着社会资源的配置方式和效率。换句更为通俗的话说，在高新技术产业化的战略中，制度创新或者体制基础的适时调整是科技成果转化为现实生产力的前提条件。对于新重庆来说，也许是两年来的直辖市体制变动，尚不足以完全击垮军工生产企业曾经运行了几十年的体制惯性，也许是重庆企业背负着过重的历史欠账和包袱，虽然拥有 55 所高等院校、近千家科研机构以及数量达 56 万之众的科技大军，但这种优势仍然不足以与深圳比肩叫板。细究其间原因，还是在于长期以来我们的这种科技财富一直以"不动产"的方式存着、僵化着，甚至是"死人抓住活人"。生命在于运动，这对于科技成果、对于高新技术的产业化，也是一条不变的定律，如果称其为"科技转化铁律"似乎并不过分。那么，科技成果如何才能由死变活、由静到动呢？关节点仍然要看是否存在着市场，要看科技成果是否已经被制度认可为商品，是否构架起了科技成果转让交易市场，管理体制是否创造出了足够多的、能够而且迫切需要进入这一市场参与交易活动的供求双方当事人。就此而言，重庆的高交会仅仅是一个破题，一个科技成果交易平台的初步试水，但要形成真正意义上的高新技术产业化，还需要加大以市场为中心的科技成果交易制度改革和创新力度，还需要出台规范可操作的政策法规。

政府是实施各项经济发展战略的策动源，理所当然地也应是高新技术产业化这一跨世纪复杂社会系统工程的核心。在深圳，政府就一直占据着高新技术产业化工作的核心位置，其一头联结着科技界，另一头联结着企业界。据说，在最近的八年中，深圳为实施高新技术产业化，前后共出台了 300 多个相关的政策法规，是一种举全市之力、集全民之功的大手笔。其间，凡属与科技开发战略相关的政策性要求，政府及其各相关部门无不一路绿灯放行。反观重庆，仅就成文的政策法规而言，包括被锁在抽屉之内的，恐怕也不会超过 10 个。其间的差别，何止是行政观念在境界上的层次落差，更是我们的行政管理体制在"小政府、大社会"改革进程方面的最大差距。科技成果的产业化，涉及诸多部门和行业，从来都是一项复杂的社会系统工程，既需要各相关部门将已经制度化的机制加以条理化、规范化，进而梳理成为可供操作的政策法规，也需要不同部门之间相互协调配合，在整体推进工作中要本着战略目标的需要，多些大局意识，少些部门利益。科技成果转化是一个充满风险的过程，需要有一整套风险规避机制，从现实情况来看，这应是政府在当前及今后一段时期内推进高新技术产业化的工作重点，既要建立完善的风险投资机制，也要同时培育创新一批风险投资企业，为科技成果的转让提供资金、担保和法律环境。

从微观角度来说，高新技术产业化必须以企业具有健全的市场营销体系为前提，企业的产品策略中必须把新产品开发放在首位。再看我们重庆企业界的经营观念，大概会有九成以上仍然停留在生产观念阶段，不仅国有企业如此，大批的军工企业更是如此，甚至包括被誉为重庆经济"新生代"的民营企业，也由于在文化底蕴与科技开发意识方面存在明显的先天不足，而没有形成真正的、适应国际市场竞争环境的、具有产品生命周期观念的新产品开发机制。而这一点，恰恰正是重庆在高新技术产业化工程中最为关键的一环，因为，经济学上一条最基本的法则就是"需求创造供给"，如果企业界没有这种产品创新的冲动，没有对高新技术成果的需求，那么，无论政府的推进工作力度多大，也只能是一种空中楼阁，出台再多的政策法规，也只能沦落为官样文章。

无论如何，面对 21 世纪的国际竞争，地处内陆的重庆有基础、有优势，但在通向市场化、产业化的进程中却仍然所缺甚多，需要加紧补课。科技无国界，但科技成果的转化状况却关乎一个国家、一个地区的发展前景。对此，我们既要有清醒的认识，更要采取积极的措施，否则我们就会成为 21 世纪的落伍者。

找准感觉办好会 *

　　作为中国最年轻的直辖市，不论是在心态上还是在现实中，重庆都肩负着西部地区的领头羊、长江上游的经济中心以及内陆地区的典型代表等多重重任于一身，因而在探索加速发展道路的过程中，在谋划做事想问题时，总不免处处流露出一种百事待举而手足无措的急躁心理。上到政府，下至市民，在决定做什么、如何做、何处做、何时做以及谁来做时，或者举棋不定，或者仓促上阵。效果与初衷总有些出入，产出与投入总不太相称。我想，在这种时候，在决策之前，我们最好还是先自问一句：我们能做什么？我们准备好了吗？否则，不管是自己还是别人，事后总免不了平添一种考虑不周、准备不足、操之过急、失之仓促的感觉。诸如此类，择其大者，外界反映最为强烈的就是我们的各类招商会、洽谈会的开法。

　　有人说，直辖以后，重庆的节多了、会密了，开眼界了、长见识了，但效果似乎并没有与我们所投入的人力、财力、物力乃至激情成正比。开始时，舆论界关注，市民们也高兴，因为，从中看到了重庆的希望。每次会前节后，总听说来了多少多少外商，签了多少多少协议，成了若干若干项目，订了若干若干合同。但是，时间久了，这些会议的效果到底如何，人们就不得而知了。尽管协议有意向与合同之分，合同已会发生变故，但是，文字上的合同变不成现实中的项目，流失太多、履约过低，总不能说是好事吧。所以，有人说要查一下办会的效果，要给百姓们一个说法。不过，我倒以为，对于我们这样一个地处内陆的直辖市来说，会多节多绝对是好事，因为这既可以冲击一下人们的保守思想和封闭意识，也可以帮助促动对外开放观念的形成。会多节多不是问题的关键，真正需要我们加以重视的，倒是应该总结一下举办招商会的经验和教

---

　　* 原载于《当代党员》2000 年第 2 期。

训，探讨一下招商会的开法。几次的身体力行之后，窃以为，办好招商会，最为重要的是先得找准感觉，而其间的诀窍则全在眼力。这个眼力，不外乎决策层的运筹能力再加上部门之间的协作合力。在方方面面既不能眼高手低，也不能眼高过顶。为此，本人提出"办会四诚"，以示共勉。

一诚曰眼睛向内。我们在筹谋一项重大招商活动之前，必须先行了解想要达到什么目的？自身的优势何在？是否具备可以吸引外界参与的主题？以及，内部的合力是否足以赢得招商的最终成功？一句话，我们自己到底准备好了没有。对于一个地区来说，招商活动是一项涉及全局的系统工程，各个部门、各个方面必然会发生联系，相互影响，会牵动各个部门的工作，各部门从此不能按部就班，而要取得谅解，就不能有单纯的部门观点，要有一种求同存异的主动配合意识。所以，一个招商活动最终是否能够成功，是否能够取得令人满意的效果，实际上既是对一个地区部门合力的大检阅，也是对一个地区投资环境的总测评。就此而言，我们的招商活动尚需进行多方面的改进。君不见，每次招商会前，哪怕是以政府名义主办的全市范围的大型招商会，承办单位也要为协调关系、联络感情东奔西忙、上蹿下跳，跑了市政跑城管，跑了交通跑消防，赔千个笑脸，道万个小心，求爷爷告奶奶，好像这个会只是哪一家的事情，而与别的部门无关。可以想象，单是同属一个政府辖下的部门，为同一个政府办事尚且如此之难，那外来投资者真要办成点事还不得缩成个"龟孙子"？改善投资环境的话题已经炒了若干年，可办事效率提高了多少？也许有人说，我们已经在对待外商的态度和脸色上大有好转，但在我们处理对内的事务时，又应当采取一种什么心态呢？近处说，时下到处都在盼望着重庆成为内陆开放示范区，好像国家批复之后，外商就会自动跑到我们的家门口寻求合作，强市富民就指日可待了。实际上，单是双向开放要求给外国投资者以国民待遇这一条，就够让我们忙活一阵子的了。给外商以国民待遇并不只是给人家以政策，还要给人家以满意的环境和效率。所以，从办会说开来，抓住国际经济格局大调整的机会，我们还得整顿一下自己的工作作风，还得把"解放思想"与"科学发展观"的教育与开放观念实实在在地结合起来，把增强部门合力作为全市更新观念的头等大事，否则，重庆的发展机遇就会给耽误在日复一日的内耗之中。对此，我们还不能只唱高调、不见行动，也不能"说话""做事"两张皮。

二诚曰眼光朝外。不管招商会的花样如何翻新，也不管招商的具体内容怎样，目的无非是借机把自己的项目推介给外来投资者，并同时塑造出一个完整的城市形象。所以，眼光所瞄准的必须是外部世界，最好还是比我们更为先进的国家和地区及其投资商。在世界经济全球化步伐已经日益加快的今天，一个国家或地区同国际经济之间实际上是一种互动连通的关系，其经济发展在很大程度上要依赖于对外的交流。要想在国际分工中赢得优势，就必须把握主动，就必须眼光朝外。在直辖升格、西部大开发、三峡移民已经成为重庆跨世纪发展最大历史机遇的情况下，开放已经成为我们把握这个时代脉搏的主题，招商引资则是这个主题的基本内涵。所以，做到眼光朝外，就必须在每一个环节上都瞄准国外，主动与国际惯例接轨。反观我们现在办会的实情，不仅是单个招商活动本身就有筹谋不足的毛病，而且各个招商活动之间没有通盘设计，缺乏有机联系，地方优势与办会主题没有很好地结合。

三诚曰眼界放宽。我们说，要把招商引资当成是一项复杂的系统工程来对待，是因为招商并非是一个单方行为，而是一个"招"与"商"的互动过程。能否做到招之即来、来之即商、商之即成，还取决于我们是否具备了两个最根本的条件。其一，我们的项目准备是否拥有自己的优势，同时这种优势对于对方又有很强的吸引力；其二，我们是否真正了解参会客商的要求，并让其确信我们会满足其需求。就上述两点来说，招商大餐必须既是我们的拿手特色菜，同时也是美食家的可口菜。谋划任何一个大型招商会，事先要厘清思路，主要包括我方的优势有哪些，比如，政策、环境、人才、市场等，还要将自己的优势一一找出来。在看到自身优势的同时，也不能忘了自己的不足，并尽力去弥补和克服。这些，仍然还只是问题的一个方面，更为重要的是，我们还要了解客商的要求，比如客商的投资意向、投资领域、相关费用标准、项目材料要求等，否则依然会是一种瘫痪式招商，是一厢情愿，而不是郎情妾意。另外，眼界放宽，决不能为办会而办会，其实质决非只靠举办招商会的多寡所能涵盖，它是一种目标管理，而不是就事论事。在这种意义上，我们大可以反思一下我们自己的招商体制，反思一下我们采用的招商模式。许多外商反映，重庆是个好地方，不只是山美水美人更美，还有大量的投资机会，但来看的多，谈成的少，真正能稳下来、做下去的更少，其间的问题之一，就是我们的招商体制还有诸多弊病，我们在喊出来要做强内陆型外向经济的同时，却忘记了为这一高速列车，配置相应的大马力发动机——招商的总体协调和业务机构。现下的情况是，从初期的招商策划，优惠政策的制定、宣传，城市形象的塑造、推广，一直到各种招商手段、途径的选择，境内外招商活动的开展，各类招商会议的组织，再到项目的准备和实质性洽谈，服务的提供、项目的申报，最后到项目的筹建，筹建后的跟踪，等等，整个过程都是由非专业的单位和人员在忙活，其间含有太多的不确定成分和非规范做法。有些外商说，他们来重庆投资，有时就感觉像山城的冬天一样云山雾罩，景致虽好却看不真切。

四诫曰眼神虑远。任何一个开放型城市，在设计和考虑重大招商活动时，都不能局限于一时一事、一地一处，也能不囿于一个局部或者一个项目。在策划上，既要有战略高度，统揽经济发展的大势，又要综观招商大局，着眼于长远和未来。一次招商策划活动的结束，应当同时又孕育着下次招商策划活动的开始，这样才能使招商活动连续不断，影响久远。具体而言，每次招商会应该能够突出重点，尤其要同经济发展规划结合起来，摸清世界范围内的跨国公司、大商社以及中小企业的投资动向和要求，在此基础上再来确定招商战略的基调。同时还要保持招商策略的长期性和一致性，以避免招商过程中的短期行为和急功近利。然而，在另一种意义上，这实际上又涉及全市招商体制的设计模式，没有体制保证的招商行为，一方面很难保证招商策略中能够协调好短期与长远、局部与全局的关系，另一方面也很难明确不同时间段的重点招商领域、招商国家和地区，使招商做到有的放矢。招商之中也有策略，这种招商策略只有在真正成为本地区社会经济发展战略的一个有机组成部分之后，才可能使招商活动与社会经济发展衔接起来，也才可能使招商活动成为实现本地区社会经济发展战略的一种有效方式。显然，时至今日，我们在这方面仍然存在诸多不足。我们至今还没有一个拿得出手的、专门用于举办大型招商活动的"国际会议展览中心"，也没有搭起一个专门筹办招商会的班子。而且，既然国有企业改革已经成为今后一个时期的战略重点，何不筹划一个"国有企业嫁接改造项目洽谈会"？既然三峡库区移民是重庆工作的重中之重，又何不举办"库区项目推介会"？由此我又想起了一句俗语：不怕做不到，就怕想不到。办会是一时之事，而理顺招商体制才是虑远之策。

眼睛向内，眼光朝外，眼界放宽，眼神虑远，是举办招商活动的紧要之处和成功的关节，姑且称之为"办会四诫"，其核心是要找准感觉办好会。但要申明一点，这绝不在理论之说，也不是经验之谈，纯属茶余饭后的泛思妄想。不过，如果全市上下，不管分内分外，多一些人去想，多一些人去议，哪怕是评头论足，横挑鼻子竖挑眼，重庆就会充满生机，重庆的加速发展就会大有希望。21 世纪的重庆，才会成为全面参与西部大开发和主动融入国际经济主流的增长极，才有可能 30 年之后在区域带动功能上与京津沪并肩而行。

西部大开发要有热情更要理性 *

　　世纪之交，中央宣布实施西部大开发战略。进入 21 世纪元年，中央政府迅速推出了分类减税、加大投资等一系列支持西部大开发的实质性举措，这标志着西部大开发实质性的启动。多少年之后，我们回望历史，也许会发现，西部大开发意义重大，因为这会是面向新世纪的大战略，同时也是一个难度很大的事情。毕竟，在占国土面积 50%、500 多万平方公里的广阔地区进行大开发，要实实在在地面对包括像青藏高原、云贵高原等许多自然条件很恶劣的地区和水土流失严重的地区，其开发难度和潜在风险确实难以预估。如何起好步，把大事办好，需要各方尤其是高层慎之又慎，要把大开发的热情跟实事求是的态度结合起来。

　　就西部大开发的前景而言，有三种前途：乐观、中性、悲观。第一种是乐观的前途——或如中央、西部人民和全国人民都希望的那样，经过十几年、几十年的努力，把西部建设得经济繁荣、山川秀美、民族融合、人民安康。第二种是中性的前途——与改革开放的最近 20 年相差不会太多，东中西部同向发展，但西部与东部的差距还在拉大，而且留下许多环境生态问题。第三种是悲观的前途——地方保护、部门利益、山头主义等，借西部大开发之名攫取发展红利，把西部大开发搞成开发大西部，给后人留下一个乱摊子，结果是事与愿违、与战略初衷相悖。正是在这种判断上，我们需要各个方面共同为实现第一种前途而努力。

　　西部大开发尚为伊始，实不敢贸然预估其未来前景，但要取得些许成效，断不可忽视这个百年战略的实施过程。第一，要注意吸取历史教训。"一五"时期，我们曾经在西部地区安排了许多重大项目，比如 165 个项目中在陕西、

---

　　*　此文成稿于 2000 年 6 月。

甘肃两省就安排了 40 项，成都也有不少。"三线"建设时期，国家投资 2000 多个亿建立了 40 多个基地。西部大开发需要吸取以山西为中心的能源重化工建设和当前三峡库区移民建设中最现实最新鲜的经验与教训，对于资源结构、区位地貌相近的地区，要能够在现代市场经济的环境中加以谋划，把相应的加工工业发展起来，改变结构过分单一的问题。第二，要注意生态环境保护。西部地区是我国大江大河的源头，生态安全至关重要，因而在西部地区搞经济开发，就要先行考虑，怎么办才能不破坏江河水源地、不破坏地下水、不破坏生态环境。如果这些问题没有解决好，就会遗患后代、祸害子孙。第三，要注意利用市场经济。这次西部大开发，中央拿出很大的财力支持西部基础设施建设，因此西部大开发战略本质上还是依靠中央财政，用行政驱动力拉开了西部大开发的序幕。但是，在总体经济体制为市场经济的前提下，西部大开发的可持续性需要考虑机制转换，即如何从行政启动向市场驱动过渡。这是中央政府需要宏观掌控好的领域，也是西部各级地方政府应该着重注意的地方，尤其是地方政府应该将各地的情况如实向中央反映，争取中央支持，但不应该利用这个政策倾斜，掀起一个跑"部"前进的高潮。

对于西部地区而言，地方政府的着力点在于，着重构建当地比较好的投资环境和经营环境，使市场主体无分本地外地、无分内资外资，都能够得到预期的回报。地方政府的管理惯性是跑项目抓企业，但在西部大开发的新形势下，尤其是在市场经济的情况下，政府职能一定要进行彻底的转换。其一是要由直接抓地方国有企业转变为全面面对各种所有制经济，形成统一、公平、高效的社会经济管理体系，在这一过程中要寓管理于服务之中。其二是要把物质建设和人力资源开发结合起来，真正在本地区贯彻科教兴国战略，要特别重视西部大开发中县乡基层地区的基础性作用，特别要重视职业教育和技能教育。其三是要善于顺应市场变化。当前国内市场正在由卖方市场向买方市场转化，一般性产品供大于求，生产能力相对过剩，从而形成了西部大开发与 20 世纪 80 年代东部起飞处于不同历史背景的局面，加之中国即将"入世"，必须预先谋划好如何应对世界经济全球化，不仅要考虑到能否经受住国内市场的考验，也要考虑到能否经受住国际市场的考验。

经济全球化背景下的西部大开发，要有效应对全方位的挑战，需要做好三件大事：确立市场导向，培育竞争优势，发展特色经济。一是确立市场导向。

不管你发展什么，必须要有市场需求。市场需要什么、需要多少，就生产什么、生产多少。而不是说我有多少资源，我有多少生产能力就生产多少，这样搞下去就只会积压、浪费，谈不上发展。二是培育竞争优势。要占领市场就要跟生产同类产品的同行竞争，如果没有竞争优势，仅仅有比较优势显然不够，因为真正的市场选择是按质论价规则进行择优，而不会按比较优势。市场竞争力是发展的绝对标准，比较优势只是发展的相对标准，市场份额的取得要以竞争优势为基础。三是发展特色经济。西部经济实力相对较弱，取得优势只能依靠特色经济。西部地区最大特色是绿色，如生物资源、生态资源，再加上现代科技、现代包装、现代营销，就会成为发展的绝对优势。

在西部大开发中实现生产力的发展，关键是制度创新。以公有制为主体、多种所有制并存是社会主义初级阶段的基本特征。我国西部地区都是不发达的地区，在经济发展政策设计上更应该鼓励多种所有制、非公有制经济比重更大，但当前的实际情况却刚好相反。在这种意义上，西部地区应该更加放手发展民营经济，应该把国有企业的脱困和发展民营经济结合起来，并在这一过程中不分地域、不计身份，既欢迎西部地区的本地市场主体，又欢迎来自国内外的市场主体，来盘活西部国有企业的资产存量。

在计划经济年代，西部地区曾经为我国建立齐备的工业体系做出了巨大贡献，形成并保有着可观的经济存量，通过西部大开发战略的实施把前期存量变为未来增量，还需要处理好改革开放20年来由于信息、营销等原因所造成的市场困难。面对经济全球化和我国即将"入世"的前景，西部地区的企业要能够适应生产的国际化，努力使自己的产品成为全球产业链条的一环，在国际竞争中不断提升产品档次和企业水平。在西部大开发中，还应注意实施富民为先、富民为本的政策。任何一个地区的发展，如果没有一个群众性原始积累的铺垫，外部任何资源要素都很难发挥预期的效果。在西部农村生产效率还不是很高的情况下实施西部大开发，更要坚持"轻徭薄赋"的财政政策，只有坚决减赋，才能真正让老百姓先富起来。如果这个问题解决不好，许多外部赋予的因素都很难化为自发的内部机制。如果说过去中央投资搞"三线"建设是嵌入式的发展机制，如果说20世纪80年代书记抓项目跑贷款还是自上而下的发展机制，那么，真正来自市场的自下而上的发展机制，就是要形成"只有破产企业没有亏损企业"的市场环境，从而让一批又一批更有竞争力的企业生发出来，让地区经济的活力、应变力、自我发展能力处于优胜劣汰、生生不息之中。

西部大开发绝不等于开发大西部，开发的动力应当来自西部地区内部，内在活力才是西部大开发战略的内生动力，因此，要认真对待西部大开发战略的顶层设计，要高度重视西部大开发的系统规划。在这个规划之中，还应该纳入一个公共选择的过程，即一些牵扯面广、牵扯千家万户的政策出台，一定要问计于民。现在许多地方政府以干部的好恶代替民意，乱出地方政策，乱报开发项目，好事经常办成坏事。对于中华民族至关重要的长江流域，需要按一个一个的支流流域、上中下游流域地进行规划，根据其山林田水沟坝情况进行整体规划，根据山地的坡度、垂直的分布合理地安排树、草、粮。这就要问计于民，问计于专家，要注重农户的生计活计家计之间的量入为出和自我平衡。

总之，实施西部大开发战略，光有热情是远远不够的，还需要有理性的科学思维，需要有尊重民意的协商理念，需要有广大民众的积极参与。

中国"入世"给重庆提个醒[*]

中国加入 WTO 的前景，在中美签署关于中国加入世贸组织问题的双边协议之后，显得越来越清晰。毕竟，这为中国已经努力了 13 年的"入世"谈判扫清了一个最大障碍。这是中国经济进入新的发展阶段的一个里程碑，为中国在 21 世纪的发展奠定了更为稳定的基础。从总体和长远来看，入世为加速重庆经济发展提供了多方面的机遇，也带来了严峻的挑战，这是我们在经济发展和结构调整中所必须加以正视和冷静面对的、事关发展战略的重大问题。

中国入世，对于重庆经济发展最有意义的作用在于，这将会促动新一轮制度创新，推动全市经济的市场化进程和现代工业体系的完善，以便尽快建立起有重庆特色的内陆型开放经济体系。入世之后，为适应国际竞争的形势变化，我们必须从国际社会"引进"具有较强约束力的、符合市场经济的基本原则和行为准则，建立起符合现代市场经济要求的经济体制运行规则。

中国入世，外资进入会更加便利，从而会促进重庆现有的产业结构按照市场经济原则进行重新整合。伴随着国际资本流入中国速度的加快，还会连带性地促使重庆内部生产要素市场与国际市场接轨，通过全球生产要素流动，实现对现有资源的重新组合，加速由市场推动的产业重组。为此，重庆必须集中国有资产于优势行业和优势企业，全力打造重庆经济融入 21 世纪国际经济的基础。一方面，要以增强面对日益激烈的国际竞争和抗御市场风险的能力为目标，举全市之力组建一批大型跨国企业集团；另一方面，也要以市场为导向、以资本为纽带培育一批销售或营业额上百亿的企业集团；此外，还必须有一批企业实行多元化、综合化、国际化经营，增强在国内市场上与外国大中型企业竞争和抗衡的实力。

---

* 此文成稿于 2000 年 5 月。

中国入世，在国际贸易中可以享受到最惠国待遇，过去的贸易限制和歧视会迅速减少，从而重庆的产品、技术、人员进入国际市场也将更加方便。因此要抓住机遇，在努力扩大进口以满足生产和人民生活需要的同时，更加注重出口，花大力气调整国际贸易结构，实现经营主体、国际市场多元化，实施以质取胜、科技兴贸战略，使出口对经济的拉动力更加明显。结合扶贫攻坚、库区移民安置和解决下岗再就业，动员各方力量，采取有力措施，力争在短期内使重庆对外劳务合作的规模取得实质性的突破。

中国入世，要逐步兑现市场准入条件的国际承诺，市场准入条件将逐步放宽，开放领域将不断扩大，单纯依靠出台地方性优惠政策吸引外资的做法将被禁止。因此，提高利用外资的质量和水平，只能通过改善综合环境、提供投资机会来实现。今后一段时期内，我们应当根据重庆经济社会发展的需要，主要从项目方面为外商提供更多的投资机会，并通过进一步改善投资的软硬环境，创造综合性优势，从总体上提升重庆的综合竞争力和外向度。抓住130多个国家向我国逐步开放市场的机会，鼓励重庆有一定竞争力的企业以现有设备、成熟技术到国外投资办厂，大胆参与国际分工、合作，享受利用两种资源的利益。

中国入世，要求我们必须开放服务市场，这将会是重庆加速发展和弯道超车的重要经济领域。重庆在金融、保险、商业、批发、零售、建筑、运输、通信、法律、会计等行业的发展本来就先天不足，因而外资的进入将会使重庆服务贸易从扩大进口起步，跨上一个新的台阶。虽然这会使相关企业面临国外同行强有力的竞争，并且还将不得不让出一定的市场份额，但从经济运行的总体润滑作用角度来看，会加速重庆建立内陆型外向经济体系的进程。作为长江上游的经济中心和西南地区的工商重镇，重庆直辖市在西部大开发中的战略地位已为众多外商所看重，外资进入服务业将会成为重庆利用外资的重要领域。我们应当抓住这一有利时机，有选择、有重点、有步骤地主动与国际服务业大公司建立联系，争取吸引一批国外大银行、保险公司、电信公司、网络公司在重庆开办分支机构或与重庆合资、合作；要特别选择那些信誉好、渠道广、市场份额大的国外商贸公司，在渝成立合资、合作的国际贸易公司、商业分销中心和大型连锁商场（店），吸引国外拥有自身订票系统、酒店系统，客源丰富、管理水平先进的大旅行社参与重庆旅游资源开发和旅游服务。同时，兴办一批具有国际先进服务水准的咨询、法律、会计、医疗服务机构，真正把重庆建成长江上游的金融、商贸和信息中心。

中国入世，要求各个层面和各行各业都应当尽快熟悉和掌握 WTO 规则的有关条款，并结合重庆实际情况，深入分析和研究将要面对的新机遇和新挑战，通过制定全市"十五"规划，提出国民经济和各行各业发展和调整的规划措施。政府部门要加快转变职能，加强政策研究和宣传，加大宏观经济调控、政策调整和立法的力度。要在加快经济建设步伐，不断改善投资硬环境的同时，更加重视软环境的改善，特别是要按照世贸组织的国民待遇原则，尽快建立和完善相关的法规、规章，以规范行政行为、提高办事效率、提高工作质量。各类行业协会、商会，应了解世贸组织的有关文件规定，尤其是与各行业本身直接相关的条款，还要分析我国入世之后对本行业的正面和负面影响，尽早制定指导行业发展和调整的应对措施；各类企业应该利用关税降低尚未到位的几年时间，采取各种有效措施与国际惯例接轨，迅速提高国际竞争力。

国际竞争在很大程度上是一种人才竞争。经济发展问题，说到底是一个如何发现人才、使用人才和培养人才的问题。中国入世之后，重庆所面对的人才竞争，将不局限在国内，还将在新的基础上增加国际竞争的分量。为此，既要用好本地人才和现有人才，也要注重从外地和国外引进人才，培育未来人才。为适应入世后的新形势，我们必须进一步加强人才的培养，改革用人制度。在整体提高全民教育、文化、科技素质的前提下，重点培养一大批各个领域的科研领军人才，一大批各类职业技能人才，一大批专业知识丰富、熟悉国际规则的复合型人才，一支企业家队伍，一支既有专业知识，又懂现代行政、熟悉国际惯例的公务员队伍。

21 世纪是一个信息化时代。重庆要加快发展步伐，还要充分利用国家和我市驻外机构获取准确的动态信息，利用网络资源获取各种信息，利用在渝外国企业、办事处和相关人员掌握信息，并将各类信息资源进行加工处理，迅速转化为经济能量和竞争实力。

打造会展经济必须"软硬兼施"*

以往，我们常说"文化搭台，经济唱戏"。现在看来，这种观念虽然尚不可言其落伍，但至少已经不完全符合现代经济的发展大势了。因为现如今，"会展经济"正在由于其作为"绿色产业"而身价看涨。这一点，在中国内地，尤其是在急于实现跨越式发展的地区表现得尤为充分。比如西部诸省市，在国家实施西部大开发战略的直接促动之下，就特别看重举办各种各样的文化节、招商会，或者交易会、展览会以及其他各种综合性会展活动。原因也很简单，世界上许多发达国家以及国内的发达地区，都已经通过举办花样众多的会展活动，带来了实实在在的经济收益。甚至，让人怦然心动的好处还远远不止这些，比如在很多方面可以提升城市形象、营造开放氛围、凝聚内部合力。

从远处说，国外曾有资料表明：在产业分类中，会展业的产业带动系数为1：10，也就是说，展览场馆及其配套中介组织每收入1万元，相关产业的收入则会增加10万元。往近里看，上海市会展业的直接投入产出比为1：6，间接带动系数则为1：9。再看西部的云南昆明，据说'99世博会期间的中外游客近千万人，由此而引发的全省旅游收入增长了62%，旅游外汇收入则增长了32%。难怪有人说，当下中国的会展业是一个势头强劲的朝阳产业，是一个地区经济发展的助推器。

重庆，一个中国最年轻的直辖市，一个急于敞开大门、渴望走向世界的历史文化名城，一个百事待举、使命在肩的区域经济中心，无论如何也不会、更不可能放过通过发展会展经济来带动全局、提升档次的历史机遇。所以，我们才有了每年一度的"一会一节"，才有了旨在促动高新技术产业化的"高交会"，才有了助推特色农产品走向世界的"农洽会"，虽然目前名气还不是太

---

* 原载于《当代党员》2001年第5期。

大，但至少不乏国内外客商的青睐和捧场。应邀前来的客商，或看中了新直辖市的西部龙头之势，或厚望于重庆的巨大市场辐射能力。所以，单是就会而论会，就节而论节，我们并不是在自娱自乐，而是在调动着多方的积极因素，发挥着各种现实的和潜在的优势，营造着重庆在21世纪的跨越式发展机遇。但是，举全市之力办好一个重大会展，并不代表着我们已经拥有了自己的会展经济，也不能说明我们已经拥有了发展会展经济的能力。实际上，在启动真正的会展经济之前，我们首先得清理一下自己的家底，主要是在硬件和软件两个方面的准备情况。说到这里，总体的感觉似乎是应该打上一个重重的问号。

发展会展业，硬件是基础。会展业中的硬件，就是展馆和周边的配套设施。面对目前国内展览行业日益激烈的市场竞争，已经有许多场馆认识到了先进的现代化展馆对提高招展能力、增强竞争力的作用，因而纷纷筹建或改造新的现代化展馆，目前已经落成的有厦门、青岛、南京展览馆，而颇具名气的北京展览馆改造也将于今年上半年完工。这些展馆的特点就是具有一流的设计和装修、完善的辅助设施，现代化的声、光电多媒体手段，统一的展场综合布线，先进的办公管理平台等。要真正成为会展经济的硬件，还必须拥有现代化的广告和招商手段，可以网上协同办公，有低成本的市场调查，这些是现代科技对会展经济的要求，也是使会展品牌化、国际化，并提升其成为经济或产业的成长根基。

在硬件准备方面，据说早在直辖之前，重庆市就规划出了国际展览中心，但是，多少年过去，仍然只能让人们处于焦急的等待之中。先看一下国内其他城市的情况，我们的危机感就更加浓厚了一些，我们的步伐也应该再加快一些。今年5月，投资9900万美元的上海新国际博览中心即将完工，这是迄今为止国内展览面积最大、设施最先进、智能化程度最高的会展中心，也是目前亚洲最大的博览中心之一。博览中心建成后，将负责每年招展20个大型国际展览项目。深圳市也已投资20亿元，来建造建筑面积达20万平方米的深圳会展中心，首期工程将于三年后完成。再看一下近邻，成都、西安、昆明、武汉，哪个城市没有展览中心或会馆？西部大开发，地区之间有合作，但却不能因此而忽视竞争，没有竞争就不会进取，就不会赢得地区合作。所以，至今尚无一个可以拿得出手的综合性国际会展中心，是重庆的先天不足，也是重庆发展会展经济的在喉之鲠。

会展业的软件就是办会的机制问题，这是决定会展效果的主要因素。会展机制可分为三个层次：第一是要构架会展经济，必须知道如何扬长避短、如何统筹规划，必须结合自己的社会经济发展特点和需要来形成独具特色的会展，既要与周边地区形成互补，也要避免区域内自我重复，更为重要的是，要按市场经济的原则进行多元化经营。第二是要培育会展经济，必须把会展看作一个综合性很强的事业来对待，当作一个绿色的朝阳产业来经营，运作成一个复合的系统工程来协调。就一个会展来说，从筹办到招展、展出，所涉及的部门必然很多，特别是在西部地区，由于利益驱动仍然十分明显，部门之间合力不足，多头扯皮现象突出，往往把一个整体性要求极强的会展，分割得支离破碎，惨不忍睹，会展的效果也就可想而知了。第三是要发展会展经济，必须通盘考虑一个城市或地区的各种会展资源，增强会展产业内部的互动，因而是一篇更加厚重的文章，而重庆目前还不具备大发展的条件，故在此存而不论。

对于新重庆来说，最有名气的会展恐怕就是"一会一节"和"高交会"了，已经举办过几届，在市民中的影响也很大。但是，近来，越来越多的重庆市民反映，他们似乎是越来越看不明白：为什么每年的会上都招来了不少的客商，也签订了不少的协议，政府、民间又投入了那么多的资金和人力，可回头看一看、想一想，就感觉好像是自己做了几回冤大头：办会效果是什么？在哪里？不管心底是否承认，市民们从报道上看到的是，无论是"一会一节"还是"高交会"，签约项目的成功率都没有超过10%。所以，才会有人说，如果把会办成这样，岂不成了自娱自乐、赔本赚吆喝？

尽管重庆的会展和会展业在起步中尚存在着很多问题，但我们还是必须把精心打造自己的会展经济作为一项战略性举措来对待。那么，为什么非得要办会展呢？首先，会展本身在现代经济中具有无可替代的经济作用：传播、沟通和推广。具体而言就是：传播信息、知识和观念；沟通国内与国外、政府与企业、企业与企业、企业与消费者以及社会各相关主体之间的关系；推广新产品、新技术、新工艺。其次，会展业对经济发展具有积极的拉动力。从拉动链条上看，构成会展经济作用的各环节点包括：房地产业、宾馆业、餐饮业、交通业、商业、旅游业等。最后，作为中国西部地区和长江上游的特大中心城市，重庆必须抓住机遇，把发展会展经济作为在21世纪实现经济跨越式发展的支点。

为此，对于问题多多同时也是机会多多的重庆来说，一要认真分析西部大开发和全国大开放的历史机遇，积极主动地引进来、走出去，通过会展把重庆建设成为真正的、带动作用突出的中心城市。二要积极挖掘和培育、利用各种会展资源，扬长避短、统筹规划，结合重庆经济社会发展中制造业配套能力突出、旅游资源丰富的特点，突出特色，避免同周边地区的重复展览，形成有利的互补。三要精心组织专门班子，建立部门协调制度和行业自律机制，在政府职能转变中大力培育会展中介机构，优化展览内容，着重会展效果，强调会展服务，打造名牌会展。

　　总体来说，一次有影响力的会展，其所带来的不仅是有形的直接经济效益，更重要的还在于它能带来无法估量的无形的社会效益，而这种无形的社会效益有的可能会是立竿见影的近期成果，而更多的则是那些潜移默化、随时间递进而逐步发展的长远功效。也正是在这种意义上，在中国的许多省市区县，在中国的西部地区，已经开始特别重视发展会展经济。

　　从行业发展的观点去看，中国的展览业是从20世纪80年代才开始起步的，如果同欧美国家相比，要晚了几十年。眼下，世界发达国家的展览业已经处在成熟和外部扩张阶段，而中国至多也只能勉强算是平稳发展阶段。在西部地区，尤其是重庆就只能算是刚刚起步，要真正发展成为一个带动力强的现代产业，成为经济发展的主要动力来源，或者说，成长为真正意义上的会展经济，无疑还有许多工作要做，还有很长的路要走。

入世、出世与文化改造 [*]

　　经济全球化是 21 世纪不可抵抗的历史潮流，是不随人的意志转移的客观规律。但是，规律的内涵本质与规律的外部表现完全是两码事，绝不可一概而论地加以混淆。就此而言，我们万万不可片面地认为所有关于经济全球化理想状况的描绘，就是本质上的规律实体，从而会丝毫不差地得到实现或者近在眼前。恰恰相反，要充分实现经济全球化，还有遥远而复杂的过程。重要的是，如果人们认识了它的本质和规律，按照规律采取相应的政策和措施，从自发变成自觉，就可减少许多不必要的曲折和损失，加速经济全球化的趋势和过程，从而构建一个繁荣、公正、和平、文明的新世界。

　　早在 150 年前，马克思主义创始人在其震撼世界、震撼历史的《共产党宣言》中就已指出："资产阶级由于开拓了世界市场，使一切国家的生产和消费都变成世界性的了……过去那种地方和民族的自给自足和闭关自守状态，被各民族的各方面的相互往来和各方面的相互依赖所代替了。物质生产如此，精神生产也是如此。"当年讲的"世界性"，现在已显现为"全球化"，历史由此证实了马克思主义的科学论断。

　　改革开放以来，中国从"复关"到"入世"，前后经历了 15 年的时间，这个过程既是寻求经济上打开国门、走向世界的过程，也是淘汰中国传统文化糟粕的过程，或者说，入世将会是生成中国市场经济文化的催化剂。

　　就中国入世的影响而言，我们不能只盯着 WTO 对中国贸易和经济的影响，还要注意并把握好一个深刻的、更深层次的影响，这就是加速中国市场经济文化的形成与发展。中国加入世贸组织，必然会对中国传统和市场经济文化形成一种创新。如何理解这种作用呢？我们可以这样说，随着中国与世贸组织

---

　　*　此文成稿于 2001 年 6 月。

其他成员方货物市场、服务市场的相互开放，经贸方面的合作与竞争也会从实物经济向文化领域延伸和开拓，中国与其他世贸组织成员方的经济文化交流将呈现出以下两种趋势：

一是中国传统文化的精髓将走向世界，融为世界文化的一部分。长期以来，中华文化没有被西方世界所全部认识和理解，加入 WTO 后，春秋战国时代的诸子百家、周易、儒家、科技、饮食、茶、旅游、京剧、中医针灸等各种文化将会迎来走出国门、走向世界的历史机遇。

二是中国传统文化的精髓与现代市场经济文化交融，形成中国特色的市场经济文化。目前，在现代市场经济和市场经济文化方面，中国处于落后阶段，有些方面甚至落后西方国家上百年，如市场经济的道德伦理观念、假冒伪劣、侵犯知识产权等，很多经济研究者往往只注意到了亚当·斯密的《国富论》，却没有细究或思考一下为何斯密还写了另一本大作，叫作《道德情操论》。这从一个侧面说明，市场经济的运行实际上根本就离不开与市场经济相适应的文化——市场经济文化。由此看来，中国加入世贸组织后，会给我们提供向其他国家学习和借鉴发展市场经济和市场经济文化、弥补落后和迎头赶上的大好机会，中国可以在接受市场经济基本规则和普遍原理的基础上，根据中国的情况加以创新，建立中国的市场经济和市场经济文化，把中国市场经济体制推向新的历史阶段。

总体来看，加入 WTO 可以在文化层面实现"以人之长，补己之短"。第一，可以用体现现代社会和经济文化的价值观，来改造中国原来旧有的经济文化价值观；第二，可以用西方发达国家先进的企业文化、商业文化、大众文化、法律文化等，来填充中国经济学的内涵；第三，可以用拼搏、进取的开拓奋进精神取代小富即安的小农思想，使竞争渗入到我们日常生活的每一个角落。

入世，决没有旁观者，更不允许看破红尘、遁入空门；入世，国人就要在观念和行动上摒弃"出世"心态，要毅然决然、全身全心、实心实意地入世。这是历史的潮流，时代的趋势，顺之者昌，逆之者亡，每一个人，每一个地区，每一个民族，每一个国家，概莫能外。

西部开发与引进人才断想 *

　　西部开发，人才先行。乍听起来，不过是坐而论道的口号。但是，如果认真梳理一下当前社会各界对西部大开发战略的诸多议论，我们不难发现，这更应该是一个共识最多的看法。但是，重庆到底应当在人才引进方面作如何考虑？如何更好地参与西部大开发？如果非要让一代重庆"新移民"就此说点儿什么，甚至做出某种评判，不免会使话题变得十分敏感。不过，就心底感觉来说，西部开发中的人才引进战略是一个非常重要而且特别棘手的问题。

　　就事论事而言，重庆在西部大开发中要真正抢得先机、营造优势，外部人才的引进肯定是一个绕不开的重点工作。但这似乎并不是问题的全部，还需要在四个层面上统筹考虑，制定措施，形成有利于人才发挥作用的社会环境。这四个层面是：引得来、信得过、用得好、留得住。

　　一要引得来。重庆是国家实施西部大开发战略的桥头堡，虽然我们自己并不会这样自封自诩，但外界尤其是国内外客商却大都持此观点。他们之所以关注重庆、跻身重庆，基本上也是从长远的发展战略前景上考虑居多。所以，在西部地区，重庆身为直辖市，又兼具多方面的创业条件，吸引外部人才具有得天独厚的优势。对于重庆来说，至少在近期或者短期内，引进外地人才并不是太大的难题，但是，这仍然需要我们为人才发挥专长、长期发展创造必要的条件。这里也许需要我们对马斯洛的需求层次论多做些比照研究，看一看、想一想那些投身重庆、寻求发展机会的外地人在自我设计上到底处于哪个层次。只有找到了恰当的"需求与供给"的交点，才能确定外地人才在重庆真正发挥作用的最佳契合点，才能使重庆在人才的引进与使用中，得到"双赢"的结果。

　　二是要信得过。在我们的惯常思维中，外来人才必然有着不同于当地人的

　　* 　原载于《当代党员》2001 年第 8 期。

行为特性，外来人才当然更是常有特立独行之举。但我们却不能以自己原有的价值观、是非观甚或戴着墨镜去看待和对待他们。在大目标既定的情况下，要给人以信任，允许其以自己的方式去做事。世上很多事情，有时并非我们自己不能做、不会做或做不好，而应着眼于学习另外一种来自外界的，效率更高、效果更佳的做事方式。所以，在西部大开发中，人才最缺，引进也最难。因为我们的社会环境在很多方面与东部沿海地区存在着相当的差距，在人尽其才方面存在着较多问题。在更多的情况下，应当把人才引进看作是营造一种不同观念的碰撞机会，看作是一种对国际化、开放性的都市性格的塑造手段。

三是用得好。不拘一格降人才，是有大作为者的恢宏梦想，但是，能否做到不拘一格用人才，则是一门考究管理者水平的领导艺术，是技巧和科学的统一。对于一个志向高远、渴望融于国际化大潮的大都市来说，在对外地人才的使用上，一方面要让那些引进来的人才真正充分发挥作用，能够为自己的发展添加色彩；另一方面也应有很大成分是做给别人来看的，所谓"千里买马骨，意在千里马"，追求的是宣传与带动效应。之所以说引进人才是一个重要而敏感的问题，其间的关键原因也正在于此。

四是留得住。留住人才的核心，在于全面把握住"确保人才能够长期成为人才"的关键，所以，留住人才，既要为其提供生存条件（保证其被社会认可为人才的条件），也要为其提供发展条件（为其提供不断升华和自我发展的机会），也就是我们现在所说的"要创造有利于人才成长和发展的综合社会环境"，这是外地人才留得住的基本条件。对于重庆来说，引进人才决不能在观念与做法上"两张皮"，决不能给人以招摇过市的错觉。否则，就会生出"天下英雄，入吾彀中"自欺欺人的自大心态。

"走出去"：新世纪门槛上的沉思 [*]

世纪之交，一个大探索、大思考的非常年代，一个大变革、大发展的关键时期。直辖已历五个年头的重庆，机遇与挑战并存。先行一步"走出去"，跨出国门抢先机，是重庆在新世纪扩大开放、增强国际竞争力的当务之急。

站在新世纪的门槛，回首 2000 年，重庆在构架外向型经济格局方面已经开始起步，"走出去"的冲动与需求初露端倪。在 20 世纪的关门之年，重庆收到了一份意料之外的大礼：外贸出口总规模创纪录地冲到了 10 亿美元关口，增幅位列全国第一；与此同时，本地产品比重达到 94%，机电产品比重超过 50%，非公经济出口已近三分天下有其一；涉外税收比重超过 23.6%，高出全国平均水平 5 个百分点；19 家位列世界 500 强的跨国公司在渝兴办了 30 家企业，其投资总额超过全市外资企业的 1/4。

站在新世纪的门槛，展望今后几年重庆外向型经济在产业结构升级中的地位和前景，思考重庆在新世纪、在经济全球化中的位置，不免也带给人以丝丝忧虑：我们是否有资格收受这份大礼？这一成果的基础是否已经足够稳固？莫名的兴奋之余，冷静的思考之后，更多的人开始有了这样一种感觉：盛名之下，其实难副。——论现实，难以与经济结构的外向型现实相符；论发展，难以与重庆直辖市大城市带大农村的需要相符。现有的成就固然与自身的奋进分不开，但也决不完全是一种基于内部现实的常态和必然，而是多种内外因素（而且外部因素占优）综合作用的一种结果现象。

站在新世纪的门槛，重庆在建立外向型经济格局方面，值得欣喜的资本并不是很多。且不说在"引进来"方面的外资存量不足，以项目大小和多少来衡量的引资空间过小，投资环境与国际接轨尚待时日，如此等等。单就是在"走

---

* 原载于《当代党员》2001 年第 12 期。

出去"方面至今尚无一套齐备成型的战略方案而言，重庆经济外向型发展的前景可堪忧者多矣、大矣！其一，真正"走出去"投资办厂的生产企业，为数寥寥，自己看自己还算能成气候的就那么几家；其二，"走出去"的企业，几乎清一色是摩托车生产厂家，产品的单一性与市场空间延伸度，就很值得我们忧虑；其三，"走出去"的市场，几乎清一色是亚洲市场和周边国家，市场潜力明显不足；其四，"走出去"缺乏统一调配机制，市场秩序混乱，就会搞"窝里斗"，引来方方面面"扰乱市场秩序祸首"的指责，利润空间越来越薄，倾销嫌疑越来越重，市场的稳定性也要打上重重的问号；其五，"走出去"盲目性多，没有用足用好用活国家的现有鼓励政策，抑制了更多企业开拓国际市场的利益冲动。

站在新世纪的门槛，无论是企业还是政府，都必须思考、正视和重视"走出去"，这是企业在竞争中立于不败之地、地区经济真正融入国际市场、构架外向型经济的"金钥匙"。对于地处内陆的重庆来说，唯其如此，才能在封闭型的经济运行怪圈上打开缺口，才能够使重庆经济在充分利用国际市场的同时，还能够分享到利用国外资源、参与国际分工和经济全球化所带来的利益。但是，如何才能用好这把金钥匙，对于曾经身为全国六大工业基地之一的重庆来说，似乎还没有引起方方面面的足够重视，有待破题。凡事预则立、不预则废，重庆在实施"走出去"战略时，眼下最需要的是制订出一个通盘考虑、富有权威的"走出去"战略实施方案，包括"走出去"的主体认定、市场选择、领域筛选、秩序维护、政策支持和协调机制等，这是重庆在新世纪跨出门槛、增强国际竞争力的必由之路。

站在新世纪的门槛，重庆要真正拥有并用好"走出去"这把金钥匙，还是要先行处理好以下几个关系：

一是厘清优势与确定投资领域的关系。根据重庆产业结构调整的需要和现有投资能力，在"走出去"战略中，项目选择方向的确定，应当贯彻一种以汽车和摩托车为突破口、以机电产品为主体的战略思想，执行一种以跟进维修、加强服务、建立国外装配厂或修配厂为补给线的战术路线。

二是把握自身实力与选择目标市场之间的关系。根据重庆发展的现实，重庆"走出去"选择目标市场时应特别着重于发展中国家。因为，就总体平均水平而言，我们的产品档次、产品结构只有在同发展中国家相比较时，才能贴近其消费档次、需求结构。

三是实物投资与贸易先导的关系。对外投资是一项系统工程，在对国际市场容量难以进行准确把握的情况下，应当通过先期开展贸易来加以研判，通过市场试销，了解产品需求情况。投资于发展中国家，尤其要注意在贸易基础上进行，为此，需要先行建立综合性的贸易中心或分拨中心，开展商品分拨业务，建立市场开拓基地，以便辐射周边国家市场，从跨国经营逐步走向多边贸易。

四是对外投资与资源综合开发的关系。一般说来，资源开发项目和大型工程会带来长期独占性利益，利润水平较高。在资金实力有限的前提下，可以考虑先从小型合资合作项目开始，待积攒实力后，用在当地市场上的收益，投资于资源开发和大型工程技术项目。凡是涉及此类项目的对外投资，可以采取机器设备、技术和劳务入股以及补偿贸易的方式进行。

五是鼓励市场竞争与强调总体合力的关系。一方面，要让市场在资源配置中发挥基础性作用；另一方面，也要防止把国内的重复建设照搬到国外，形成恶性竞争的态势。为此，就必须根据国家的"走出去"国别战略，结合重庆企业的产品优势、产业优势和开放战略需要，制订出一套"走出去"的市场开拓规划。对于重庆的外向型拳头产品如摩托车等，应充分发挥行业协会和商会等中介组织的特定作用，完善产业政策，协调行业矛盾，规范市场竞争。各类企业，无论民营还是国有，也无论是生产制造领域还是贸易流通以及各类投资机构，都必须服务于重庆开拓国外市场的总体战略要求，协同作战，一致对外，通力合作，优势互补。

六是企业为主与用好政策的关系。为进一步贯彻实施"走出去"战略，推进国内有实力的企业"走出去"，国家已经出台了一系列鼓励政策，比如财政金融支持、贴息优惠、出口退税、外汇使用、出国放宽以及培训和信息服务等，这是重庆全力推进企业"走出去"、开展境外加工贸易业务的有利时机。但是，只有这些并不够，还必须根据重庆的产业结构调整和外向型经济发展的需要，制定具有重庆特色的、以资金支持和信息服务为核心的鼓励企业"走出去"配套政策体系。

七是市场运作与政府协调的关系。"走出去"是国家的一项战略举措，也是重庆发展外向型经济的必然选择。"走出去"的主体固然是企业，但在"走出去"的过程中，政府协调无疑也担负着重要职责，需要在"一盘棋"思想和全局观念的统揽下，结合国家统一部署来制订反映重庆经济发展需要的总体方案，及时协调重大问题，为企业"走出去"创造条件。

站在新世纪的门槛，"走出去"是一项系统工程，充满着多种机遇，也潜伏着各种风险。它是企业行为，更应是整体战略。无论选择进入任何一个市场，都必须时刻牢记要站稳脚跟，重视巩固和发展基地，决不能像狗熊掰玉米那样，劳而无功。对于新重庆来说，"走出去"开拓国际市场的基本原则应当是：市场导向、企业主体，贸易先行、效益中心，行业协调、政策支持。

待客之道与招商中的困惑 *

时下，西部大开发中的投资环境，已经成为全市上下关心和关注的热点与难点。日前，曾有人指证说，某外国商务代表团来渝洽谈合作，最终却与我们的邻省达成协议。我们的接待规格不可谓不高，情况介绍不可谓不详，对口洽谈不可谓不细，但效果却难尽如人意。问题到底出在什么地方？如果仅仅是笼统而论，我们尽可以抱怨投资环境不好，尤其是软环境问题多多，但是，仅仅停留在摇头叹息、鼓舌抱怨的层次上，恐怕是仍然于事无补。我以为，还是有必要对个中缘由详加探究，而且还要有一种食不厌精、脍不厌细的精神，找到酿成此果之更为深层次的原因。

西部大开发，说到底，是一种开放促发展的战略。这一战略的发起者当然是党中央，但实施主体却只能是西部地区自己，因而检验其成功与否的标志，也只能是西部地区的优势与外部力量的结合状况。在这种意义上，重庆对于各种外部积极因素兼收并蓄的能力，包括对资金技术、科技、人才等的容纳力，才是问题的核心和关键。留不住客商、谈不拢生意、达不成合作，其间尽可以有对方的要价或其他某种偶然性因素影响，但就重庆的投资环境而言，在我看来，以下几个因素至关重要：

其一，观念滞后。观念问题说实也实，说虚也虚，对于有意来渝发财的客商，迎来送往，礼节礼仪当然必不可少，但外商主要还是来谈生意、求发展的，一方面，我们必须拿出我们的诚意来，不能外交词令多于专业术语；另一方面，还要拿出真正为外商感兴趣的项目来。要有换位思考的观念和意识，不能把自己的项目和想法强加于人，而要主动寻找外商的兴趣点，精心包装。

其二，体制掣肘。在政府的职能序列中，招商引资环节上同时并行设立着

---

* 原载于《当代党员》2003 年第 2 期。

多个职能相近或相似的部门和机构，它们要想证明自身存在的价值，就必须拿"政绩"来说话，所以这些部门和机构便必然要对招商的前期工作趋之若鹜，而对于项目的跟踪落实，因为没有考核制度的要求，也就关心者寥寥。同一个职能，多个承载主体，既不易于明确责任，也不易于调动积极性。庙里和尚虽多，但谁扫地、谁敲钟、谁做饭、谁念经，并无明确分工，乱乱哄哄一片，嘈嘈杂杂一庭，令人无所适从，当然也就把有意布施的施主吓走了。

其三，素质低下。许多身在涉外岗位的政府工作人员，自身素质与工作要求不相匹配，对政策、业务不熟悉，个别干部官僚习气严重，接待外商前很少做好充分的准备工作，随意多于主动，应付多于热情，洽谈时凭感觉解释政策，凭冲动承诺优惠，要么给外商以不实之感，走马观花者多，抵足深谈者少，吃完宴请，一走了之；要么留下诸多后遗症，形成后期管理上的死结，最终结果是恶化了重庆的投资环境。

其四，政策不优。在西部大开发中，西部地区之间也存在着一个竞争与合作的现实问题。合作主要体现在项目方面，竞争则主要体现在投资环境与优惠政策的比较方面。就目前而言，重庆的优惠政策尚难适应西部大开发的要求，主要是：体现西部特色的优惠政策少，体现直辖市立法优势的鼓励政策少，体现三峡库区情况的特殊政策少，体现老工业基地改造需要的支持政策少，体现内陆地区外向发展的扩张政策少，如此等等。

存在上述四个方面的问题，留不住外商，谈不成项目，也就不足为奇了。如何改变这种情况？我以为还是要辨证论治，在此可出四味药：更新观念——代入已知条件，不换观念就换人；理顺体制——合并同类项，一项职能平台只容纳一个承载主体；提高素质——级数求和，走出去、引进来，形成人才流动大势；清理政策——省略常数项，构架有重庆特色的外向经济发展政策体系。

变则通，通则久：入世之后如何转变观念*

作为一位老读者，欣闻《当代党员》拟新辟"学与思"栏目，拍手叫好之余，不免又生出一番感慨：面对时下人们越来越鄙视坐而论道、盲从趋而行之的情势，能够有人呼吁倡导学与思，确需相当的勇气和魄力。"学与思"较之"趋而行"，我倒以为，前者体现的是一种至高至远的境界。世上恐怕从来没有过未经"学与思"而可以行稳致远者，任何所谓的"趋"都只不过是一种目标待定、方向未明而做出的仓促之举，任何所谓的"行"都只不过是盲动后的欺世盗名。单就此而言，我祝愿"学与思"办出特色，一路走好。

回头想想作为"行者"走过的几年，总感觉有些过分淡漠了"学与思"，甚至有些快要变成无头苍蝇的惶恐。也许是缘于工作上的情结，由此又联想到国人在入世之后的种种心态以及在各种心态支配之下的应对之策，反思着重庆在入世应对中的诸多不足和诸般亟待改进之处。

古人说，"穷则变，变则通，通则久"。20多年来，中国根据自身发展和基本国情需要，确定了循序渐进的对外开放进程，采取了渐变式的改革方式，推动着中国的市场经济快速发展，甚至目前似乎已经走到了计划经济体制的"临界点"。新的发展和改革动力需要以变求通，需要通过对外在压力的转换来取得。正因为需要"压力变动力"来推动改革的深化，所以中国义无反顾地选择了加入世界贸易组织。在这场与狼共舞的游戏中，"变"的先导就是要转变观念。

转变观念需要树立WTO意识，要有与时俱进的思想。入世一年，政府主导型的应对工作成效明显，生观念转变却相对滞后。比如，在应对入世方面，人们更愿意把主要注意力集中在具体的产业、产品上，政府更多的是从政

---

* 原载于《当代党员》2003 年第 4 期。

府职能转变和规范行政审批等方面进行运作，而并没有从思想观念、思维方式等方面与世贸规则接轨。从长远来看，如何在思想上与国际接轨，以世界眼光来审时度势地搞建设、谋发展，目前比任何时候都更为重要和紧迫。原因也很简单，迎接挑战，政府为先，这早已成为方方面面的共识，政府职能转变的国际化接轨不能再如以前那般迟缓，必须直面来自国际通行规则和国内长期计划经济管理运行惯性的巨大挑战。比如，政府官员要先行从潜意识里破除行政干预、层层审批和地方保护等思维定式，要从已有计划经济行政习惯中迅速摆脱出来；政府部门要尽快缩短从"家长""保姆"到"裁判员""服务员"的角色转换过程；如此等等。只有观念、意识与思维方式与世贸规则接轨了，入世的应对工作才会走对步点儿，才能在角色转换中避免出现"知其然而不知其所以然"的被动局面，改革的攻坚战才会有新的动力，入世的挑战才有可能变成发展的机遇。

转变观念需要确立"WTO＝市场经济"的观念和规则意识。入世一年，其影响已经涉及经济的各个层面，触及社会的各个角落，牵涉每个人的利益。毋庸置疑，入世也正在深化着人们对市场经济的理解，人们已经对当代市场经济的性质原则、运行方式、管理体制等方面有了新的认识。同时，不可否认的是，入世对政府的行政方式和每个人的行为方式的直接作用，就是强化"规则意识"。为此，政府管理方式的根本性转变，就是要依法行政。这就要求无论是政府、部门、企业，还是团体、个人，都要树立明确的规则观念，认真履行具有法律效力的规则，判断、处理问题也必须以法律、法规为准绳。要从习惯于运用行政命令、"搞协调"转到依据法律及国际公认的准则去仲裁，把政府的一切活动都纳入法制化的轨道，严格依法办事，依法行政。过去我们的政府曾长期习惯于用内部会议、内部文件、"土政策"来组织运作，这种状况在入世之后肯定难以继续通吃天下，只有彻底加以纠正才能符合 WTO 游戏规则的要求。各项政府管理工作都必须树立明确的规则观念，把严格按照规则办事潜移默化为思考问题和为人处世的基本观念和思维方式。在我看来，如果这样一个移风易俗的目标，能够在今后 20 年内小有所成，那么，这不仅会对中国经济的持续健康发展，而且会对中国社会的文明进步，都将产生巨大的推进作用。在这种意义上，正是因为入世，才加快了中国适应经济全球化潮流的步伐，也加快了中国对外开放的历史进程。由此观之，通过加入 WTO，让国人真正树立起全球化思维，才是未来中国真正"融入"世界的可靠保障。

转变观念需要有新的人才观。加入WTO，意味着国家之间的竞争将在全球范围内进一步深入下去，而国与国之间的竞争从根本上说是科技和教育的竞争，说到底是人才的竞争。在经济全球化背景下，衡量一国竞争实力的主要因素，已从自然资源的丰裕程度和低廉劳动力成本，转变为智力资源和生产经营的系统管理能力。经济全球化的竞争，实质上是人才资源的国际化竞争。随着入世后我国对外开放程度的扩大，人才争夺将更加激烈，外资企业将加紧实施人才本土化战略，国外专业"猎头"公司已把争夺对象瞄准我国的高级管理人才，一些外国公司甚至在我国许多名牌高校建立人才培养基地。但是，我们的人才工作与加入WTO后经济社会发展要求相比，还有很大差距。在全球性人才竞争中我们已明显处于劣势，所以，一定要牢固树立人力资源是第一资源的观念，从战略高度来认识、升华和梳理过去对人才问题的认识、规定乃至政策，从国际惯例的角度，去研究如何适应加入WTO后新形势的需要，认真做好人才工作的问题。

转变观念需要牢固树立管理创新观念。加入WTO，管理创新日益重要。比如，加入WTO后，党和政府的活动领域大为拓展，干部管理需要由简单的、个别的、手工"盘人头"式的管理转变到以结构配置、过程培训、动态进出和宏观管理为主，形成更加充满活力的用人机制；人才流动怎样实现科学化、民主化、制度化的问题，都是入世之后迫切需要加以解决的问题。因此，必须增强创新观念，探索创新途径，提高创新本领，推动工作创新和体制创新，提高工作的预见性、针对性和实效性。目前，在我们的入世应对工作中、在观念的创新上，还不同程度地存在一些与加入WTO后的新形势、新任务要求不相适应的问题。有的热衷于简单地"以会议贯彻会议""以文件落实文件""以讲话落实讲话"，照搬照抄，搞教条主义，深入实际少、深入基层少、调查研究少；有的拘泥于"就工作抓工作"，视野狭窄，路子不宽，主动为经济建设和社会发展服务不够；有的一味地沿袭传统的固定模式，改革精神不足，缺乏大胆探索的勇气，因循守旧有余，改革创新不足；等等。要深刻认识加入WTO的新挑战和"世情、国情、党情"发生的变化及其对政府工作带来的影响，努力把思想认识从那些不合时宜的传统观念、旧的条条框框的束缚中解放出来，积极探索和勇于提出解决问题的新路子、新办法、新措施，为改革开放和现代化建设事业的持续健康发展提供坚强有力的保证。

转变观念需要从管理体制上去适应 WTO 的规则，形成完整的政府理念。依法行政是政府理念的核心，在实际工作中，只有依法行政，才能取信于人。至于规则观念、公正观念、互惠观念、谈判协商观念，这些都是 WTO 的观念。加入 WTO，就必须信奉这些观念，按这些观念行事。政府管理体制的改革，政府行为的改善，也都会有赖于这些政府理念的转变。

应对反倾销：怎一个"愁"字了得[*]

"入世"，曾经在国人的心中激起层层波澜。但是，对于正在融入世界经济大潮、构架市场经济体系的开放中国来说，入世的意义远远不只是一个愉悦人心的话题而已。静心观照一下入世前后中国经济社会发展的现状和国际背景，我们不难发现，在入世正向效应逐渐凸显的同时，各种挑战也正在悄然而至。甚至，在经济运行的某些领域，人们对入世的负面效应惶恐有加，应当不是多余，更不是杞人忧天。尤其是，进入国际市场后的中国企业，正在面临着原有价格优势之下早已潜伏多时的国际反倾销危险。对此，我们应当早有警醒、早做准备。

重庆是中国六大老工业基地之一，目前正在致力于打造有内陆地区特色的外向型经济体系。在这一过程的起点上，以汽车摩托车为代表的机械工业和医药化工仍然是经济发展中重要的支柱产业。然而，我们的优势领域在国际市场上却恰恰是荆棘密布、暗礁重重的高风险区。2002 年，国际化工、塑料和橡胶提起反倾销立案已占到世界贸易保护立案总量的 40%，钢铁和机械行业的涉案比例分别为 27% 和 10%。由此我们也就不难理解，为何入世之后，重庆的外向型支柱产业开始遭受着越来越多的国际反倾销煎熬。入世至今不过一年半的时间，但我们却已经遭遇到多起涉及重庆出口企业的反倾销诉讼，比如，对美国出口的滚动轴承、棕刚玉、聚乙烯醇、高锰酸钾，对印度出口的真丝等。加上在入世之前就已遭遇过的钢丝绳、柠檬酸、钢铁以及农产品出口，重庆企业在出口贸易中已实在难以安枕而眠。由此我们也必须高度重视，重庆企业的出口产品和重庆外向型发展中的优势产业，比如重庆的摩托车、电池、聚乙烯醇、玻璃纤维等具有比较优势的行业，在国际竞争中正处于十分危险的境地。

---

[*]　此文成稿于 2003 年 6 月。

可惜的是，起码在目前阶段，我们却没有在宏观层面上采取有效的应对措施，而是放任企业到国际市场上去经历盲目的竞争和摔打。就重庆企业在国际竞争中的现实情况来看，外向型经济培育中的结构调整政策与入世后的国际竞争趋势极不适应：一是产品结构过分倚重以摩托车为主体的机电产品出口，而忽略了对传统产品长期竞争优势的培育；二是市场结构过分倚重越南等东南亚国家，而忽略了多元化战略对出口风险的弱化机理；三是企业结构过分倚重于近期单个出口大户的总量支撑作用，而忽略了中小企业的战略性外向发展；四是工作结构过分倚重于目标任务的急功近利性措施，而忽略了政策促进的战略引导和国际市场信息服务体系的建立。显然，这种经济运行中的结构失衡，导源于外贸作为一个产业所应有的抗风险能力的过分虚弱，尤其是在国际环境变化难测、不确定性日益增强的形势下，重庆出口难免要周期性地大起大落或者常病不起，某些受打击的行业则会由于自身的不规范竞争而一败涂地、一蹶不振，就像我们重庆的丝绸业曾经有过的辉煌。尤其是当遇到诸如反倾销之类有专门针对性的打压时，重庆出口产品还时常为进口国遭受"损害"提供"佐证"。

当看到越来越多的重庆企业遭遇到反倾销的调查和立案后，有识之士已经开始呼吁，要真正重视国外对重庆出口产品提起反倾销的应对，因为它不仅直接关系到企业的生存和外向型发展，而且还关系到我们建立外向型经济体系的步伐，甚至会对我们的外向型经济形成致命打击。

实际上，重庆外贸出口所面对的诸多国际反倾销立案，是中国开放型经济发展中遭遇到的诸多问题的一个组成部分和一个侧面。但是，我们却不能因此而忽视掉重庆外贸出口所存在的种种不足。比如，企业对 WTO 规则和国外反倾销法律制度缺乏了解，对构成倾销行为的后果认识不足，加上政府及其有关部门对如何应对倾销调查和起诉缺乏有效的组织和指导，从而使一些企业产生了忽视和无所谓的心理。再比如，受传统的以诚相待的"人本"经营理念的影响，很多企业的法律观念、维权意识没有与国际接轨，面对反倾销调查和起诉感到无所适从。甚至，由于受过去应对涉外经济纠纷时曲折重重且胜诉不多的尴尬事实的影响，一些企业对"洋官司"心存畏惧，怕输了官司丢了脸面，因而消极应付，自咽"苦果"。再加上重庆企业普遍缺乏核心竞争力，产品的科技含量不高，存在诸多不规范的竞争行为，客观上也为别人提供了实施反倾销的口实。

在应对反倾销的逻辑关系中，行为主体是企业，但在入世后的应对链条上，政府应当是第一个环节。在政府与企业之间则串联着行业协会、律师事务所、贸易伙伴（进口商）。显然，政府与企业是打开国际反倾销症结难以回避的两个端口。

应对反倾销，政府应当在全社会建立起产业损害预警机制。这一机制在应对反倾销工作中的基本任务，就是要对国内出口产品进行监控，及时发现和制止不正当出口竞争，避免遭受国外反倾销等指控。然而，产业损害预警机制仅仅是整个产业防御体系中的第一步。在 WTO 的"游戏规则"内，为重庆经济打造防护网，是各个行业、各个企业的必修课。整套防御体系包括政府相关的受理、调查、决策部门，行业协会中的监测和申诉机构，所有企业，特别是骨干企业的法律部门和信息跟踪集成部门等，形成从上到下的保护网络。加入 WTO 后，重庆的汽车、摩托车、化工、机械、农业等行业受冲击较大，是在五年过渡期内需要加速改革重组的行业。因此，政府必须尽早建立起包括损害预警机制在内的防护网，在保护企业正当权益的同时，也为进行结构调整提供积极、有利的改革环境。

应对反倾销，政府应当考虑建立必要的组织反倾销应诉基金。因为，在国家层面上，我国参与反倾销应诉的组织者多是进出口商会，组织重庆企业的则是有政府背景的行业协会，对于立案的反倾销案件，需要经过了解涉案企业出口情况、召集相关企业开会、宣传政策并征求意见、确定应诉企业、确定委托律师等前期程序。看一看重庆企业的几起反倾销案，我们也可以明白，只有在明确了有人支付应诉费后，应诉工作才算真正启动。出台出口反倾销应诉资助资金，给出口企业应对反倾销以充分的财力支持，才是应对反倾销工作中最为急迫的政府启动工程。

应对反倾销，政府应当加强对企业的指导和帮助。遭遇反倾销，是入世后中国经济发展中不可回避的"成长的烦恼"。为缩短这一过程，政府必须加速反倾销专业人才的培训，特别是要培养一大批从事反倾销和倾销调查与应诉的高级法律人才。也正是虑及于此，重庆目前正在积极推进"511 人才工程"，为重庆各行各业培养 WTO 专门人才。

在中国加入 WTO 和经济全球化的背景下，企业行为已经越来越不是企业自己可以我行我素的单方行为，它要受方方面面的制约。我们的企业必须按现代市场营销惯例来转变经营观念、规范竞争行为。比如，在我们平常所说的企业市场营销 4P 策略中，定价策略必须适应现代企业通行的定价方式。因为，在反倾销案件中，价格是第一敏感因素，需要计算出正常价值，而正常价值的计算又十分复杂且具有许多不确定性。一旦出口产品在进口国市场的销售价格低于进口国相同产品的价格，就很容易引起进口国生产商的警觉，从而引发反倾销调查。

应对反倾销，不仅要有敢打"洋官司"的勇气和信心，还要有厚实的底气和过硬的本领。这里，基础性的工作仍在企业。

——主动适应国际惯例，积极调整营销方式。对于重庆企业来说，当务之急恐怕还是要先行纠正同行之间的过度竞争、无序削价等内耗现象。在重庆的摩托车业内部，这种情况已经让我们吃尽了苦头，有些企业出口时一味迁就进口商而压低价格，造成了"低价出口—效益滑坡—积累不足—再压价竞争"的恶性循环。在此基础上，企业必须加强内部管理，降低生产成本，提高产品档次和质量，以出口优质、高附加值产品为主线。低成本、低消耗、高附加值才是抗衡国外反倾销的有力支撑点，才是在正常价格下赢得国际竞争的武器，也才是最终避免反倾销的最佳途径。

——加强与同行企业之间的合作与协调。重庆出口产品结构单一，众多的企业拥挤在同一或相近的产品上，因而，同行企业相互之间要保持密切联系，以形成利益共同体，从而在国际竞争中通过相互合作与协调来实现总体利益最大化的目标。这种合作与协调的内容主要包括：企业间协商对相同市场的数量控制、价格制定等问题；积极支持本国同行业公司的应诉，据理力争，争取最有利的税率。因为反倾销是针对一国的某种产品的指控，而并不是对某一具体厂家产品的指控，需要生产同一类产品的企业共同解决。否则，一旦遭反倾销，就会造成这一类产品都退出这个市场，从而导致整个行业的损失。

——配合政府部门和行业协会，建立和完善反倾销预警监控机制。在反倾销问题上，政府不可能替代企业，企业应该在处理反倾销问题上发挥自己的作用。大企业应当建立"法律部"，这些法律部的主要任务是分析潜在的风险，维护企业的形象和权益，当然也处理重要的反倾销案，比如要对进口国当地法律和市场进行多方面的调查，研究对策、制订方案，供公司上层决策。对于企业来说，在反倾销预警监控机制中的重要任务，就是要建立涵盖全球各地、各类产品的价格、成本、进出口集中度、市场容量等内容的国际经济信息数据库。这需要企业主动通过与驻国外商务机构或律师事务所及时联系，跟踪该国反倾销动向，尽量避免和防止反倾销投诉。

——采取主动应对态度，争取诉讼取胜。重庆企业历来较为内向和含蓄，但是当国际反倾销诉讼发生后，则必须全力应诉，不能任人摆布。目前，虽然中国在许多领域已经达到了市场经济的要求，但我们也必须正视这样一个现实——我们毕竟还没有真正被国际社会普遍承认为市场经济国家，中国产品的国内价格并不被视为正常的市场价格，因而只能使用替代国价格。因此，对于以出口为导向的企业来说，在日常的管理活动中要设计好专项工作，制作、整理和收集有关的资料，把应诉工作做在前面。应对反倾销诉讼的另一个关键，是要高度重视答卷工作，正确理解问卷的主要内容和法律意义，针对申诉方指控的要点，从法律上和事实上进行申辩和反驳。

——知己知彼，立于不败之地。在应对反倾销诉讼的过程中，要尽可能地掌握对方产品生产能力、市场及价格等情况，并据此判定适当的出口发展速度、规模和价格水平，避免或者减少遭受进口国的反倾销投诉。

尽管应对国际反倾销诉讼，我们尚有诸多内部工作关系要理顺，但是，我们却不能疲于应付，而要有长远的国际竞争战略眼光。我们不能长期停留在被动应付国际反倾销诉讼的浅层次上，而要迅速转变到主动使用反倾销武器来对抗采取低价倾销手段进入中国市场的外国竞争者。这是入世之后中国真正融入国际市场至为关键的一步。所以，企业应当加强与行业协会、政府的合作，及时向行业协会、政府等有关部门反馈产业、企业受损害的程度，以便政府及时抓住有利时机提起反倾销调查申请，国家调查机关也可以迅速立案并展开调查工作，从而合理保护企业利益。

反倾销是国际贸易保护的一个重要工具，在国际竞争日趋激烈的大背景下，重庆出口企业所面临的贸易形势将愈加复杂。因此，应对反倾销，重点是政府与企业的联动，但同时还需要行业组织、律师事务所、贸易伙伴等多方面的共同合作。艰难困苦、玉汝于成。应对反倾销，怎一个"愁"字了得？

跨过"后过渡期"门槛的反思与畅想

——为入世五周年而作 *

按照中国人的习惯，凡属周年之类都是大日子，或志喜或致贺，或反思或纪念，总得搞个阵仗，闹出点儿声响，表示一下对历史的追念、对现在的珍重以及对未来的憧憬之意。

中国"入世"已经整整五年，后过渡期自此结束。在人类的历史长河中，五年只不过是倏忽一瞬，但对于开放的中国而言却有着特别的意义。正是这五年，中国进入了世界贸易大国的行列；正是这五年，中国的外汇储备超过了1万亿美元；也正是这五年，中国开始确立了走和平发展之路的民族振兴方略。入世五年的成就世人瞩目，不过，后过渡期结束之后将会面临的一系列问题也应当引起我们的重视，并加以反思。

入世五年，我们现在应该可以厘清中国入世的利弊脉络了。人们曾经对此有过种种不同的论争评判，但无可置疑的现实是：在中国成为世贸正式成员的五年期间，入世效应已经正常显现，而且其正向积极效应远远大于此前许多人预判的负向消极影响。

入世五年，回头再看重庆，我们更能体会到入世对中国西部地区经济发展的影响。毕竟，重庆是升格直辖市、西部大开发和中国入世三大历史机遇的承载者，是被中央寄予厚望的西部开发样板。或许，时至今日，我们可以说中国入世尤其是后过渡期结束之后依然是机遇与挑战并存。但是过渡期结束对于重庆经济的影响，却并不能简单地一概而论，还必须从时间、空间和领域三个方面来具体分析。在时间上，从长期来看是机遇大于挑战；从近期来看则是挑

---

* 原载于《当代党员》2006年第11期。

52

战大于机遇。在空间上，三大经济区中都市发达经济圈的机遇要更大些，而渝东北、渝东南两个生态经济区面临的形势则要更加严峻些。在领域上，第三产业机遇最大，第二产业机遇与挑战并存，第一产业则明显处于严峻挑战形势之下。

入世五年，我们大体上也可以看出，受我国产业开放度不断提高和重庆产业在国际国内分工中的比较优势等因素变化影响，重庆经济在不同的产业层次上的机遇—挑战情况是完全不同的。具体来说，重庆第三产业中以金融、商贸、旅游、教育、会展、电信、律师、会计、咨询、评估等中介和现代服务业，面临发展的机遇最大；第二产业则是机遇与挑战并存，其中机电、仪表、轻工、服装等将获得较大的发展机遇，汽车、摩托车、化工、医药、外贸等将面临较为严峻的挑战；第一产业主要是农业所面临的挑战最大，其重要原因并不在于重庆农业在经济层面上明显的比较劣势，而在于由此可能带来的农村剩余劳动力转移难度增加和农民收入提高动力不足的问题。

入世五年，我们应当对重庆现有产业进行一个入世后过渡期结束后的时滞效应评估。

恐怕没有人不承认，农业是重庆最大的挑战性产业，也是应对入世的最大难点所在。入世五年来的现实已经表明：农业在入世之后的最大矛盾并不在于农产品的出口，而在于如何应对国外农产品进口的冲击；并不在于农业自身外向度的高低，而在于农业内部收入水平提高的难度加大。从外向程度来看，农业产业化产品是重庆市五大出口商品之一，2006 年占全市出口总值的 5.3%。由于出口农产品基本上属于劳动密集型产品，而并非土地密集型，因而在入世后过渡期的竞争力并未下降。问题的关键在于，这些出口农产品在我市农业产品中所占比重极小，短期内很难成为带动农村经济发展的火车头。

汽车、摩托车是重庆现有的三大支柱产业之一，也是重庆的机遇—挑战并存性产业。入世后过渡期结束之后对重庆汽车工业的主要不利影响包括：其一，关税按时间表逐年降低，已经开始对重庆整车生产企业形成较大冲击，价格优势逐渐弱化；其二，营销网络和服务体系方面严重滞后；其三，外商在华设立零部件独资企业或控股企业的趋势，正在对我市零部件生产企业形成较大冲击；其四，TRIPS 对知识产权保护所做的明确规定，正在使我市汽车摩托车生产企业面临日益苛刻的技术引进条件。

外贸是现代经济发展的发动机，也是决定一个地区经济增长质量的重要部门。中国西部地区经济发展中的外向度，很大程度上主要看外贸尤其是出口实绩。如果说中国入世存在着负面影响的话，我以为，主要是针对经济不发达地区而言。按照中国入世承诺和世贸规则要求，外贸行业已经由进出口经营权的审批制过渡为登记备案制，外贸行业的经营垄断权已经不复存在，关税当然也在按时间表逐年调低，国外产品现在已经可以更为方便地进入中国市场，出口也会同时面临各种技术壁垒的挑战。但是，重庆外贸在今后面临的最大挑战，并不仅仅是进口关税的调低和外贸经营门槛的放宽，而主要是自身具有国际竞争力的产品不多，除摩托车之外的支柱产业外向度不高，市场多元化步伐有待进一步加快。

入世效应在各个领域都有不同程度的显现，甚至，重庆的机遇性产业同样也受到了影响。比如，由于外资进入较早，重庆商贸流通业被认为是重庆现有产业领域中面临机遇最多的行业，但入世五年来，我们发现它同样也面临着四个非常迫切的现实问题：一是如何迅速提高现有商贸企业的实力和市场竞争能力；二是如何提升商业企业与生产企业、信息传播公司、保险公司、投资公司之间的横向联合，以增强重庆商贸企业的整体实力和竞争优势；三是如何丰富商贸企业的营销手段，提高管理水平，减少商品销售成本，降低价格，增强市场竞争力；四是如何利用网络经济的全球延伸趋势，适应电子商务飞速发展的形势。其他行业如旅游、教育等机遇性行业面临的问题，也大抵如此。

入世五年，重庆受到影响的不只是经济层面上的相关产业，政府更是首当其冲。也正是在这种意义上，人们才经常说，中国入世，政府要先行入世。实际上，按照WTO规则要求和我国入世承诺以及国家的部署，任何一个地区的地方政府都必须对现行的管理方式、调控机制和政策法规等进行全方位的器质性改革和较大范围的制度性调整。从入世五年来政府职能转变的力度来看，我们在体制层次上仍然存在着明显的政策与法规上的不适应。由于长期的计划经济体制和地处内陆的封闭意识，重庆现行的政府管理方式和政策手段，对WTO规则还有诸多方面的不适感。其一，企业的市场主体地位没有完全确立起来，相当一部分市级部门和区县地方保护主义比较严重，政府职能定位不清，缺位和越位现象并存；其二，现行行政管理体制、管理方式在许多方面不符合WTO规则的要求；其三，经济运行中经常出现一些新情况、新问题，而我们缺乏相应的法律规范和制度保障；其四，经济管理中有法不依、执法不严、违法不究甚至司法腐败的现象还比较严重。

入世五年，重庆积极应对入世，市委、市政府每年都要根据情况制定年度入世应对工作安排意见，在制度性应对方面取得了明显的成绩。主要工作包括：一是认真清理地方性法规、政府规章和其他政策措施，各级政府机关依法行政的水平正在得到提高。二是加快政府职能转变，理顺政府部门之间的职责关系，并根据入世应对的实际需要，加大政府应对入世的组织协调工作力度。三是加大公务员能力建设，提高各级干部抓住机遇、应对挑战、规避风险、加快发展的工作能力。四是积极开展应对研究，以提高我市产业的国际竞争力。但是，重庆在入世应对方面的工作并不平衡，甚至可以说还存在许多问题。比如说，思想观念上并未真正重视入世的应对工作，似乎入世只是涉外经济部门的工作，而不是各行各业、政府所有职能部门都要重视的大事。再比如，在入世应对中，研究与工作分离，对策研究与工作方案"两张皮"的现象十分突出，入世应对与改革开放的关系没有把握到位。如此等等。

入世五年，重庆的应对还需要适应开放型经济发展的要求，突出重点，强化优势。在某种程度上，重庆应对入世的重点工作，应当是主动适应后过渡期结束的新形势，站在经济全球化的高度，从 WTO 视角认真分析重庆现有的产业结构状况和产业竞争力，筛选出机遇性产业、挑战性产业和机遇—挑战并存性产业，分别研究制定务实有效的对策措施，形成一批有比较优势或竞争优势的战略产业。与此同时，还要真正转变政府职能，做好应对研究和外向型人才队伍的建设。只有如此，重庆才能抓住机遇，做到主动请进来、积极走出去，全面参与国际分工，融入经济全球化大潮之中。

后过渡期结束，意味着中国将全面兑现入世承诺，意味着中国某些产业领域的特殊保护被解除，意味着中国必须在更宽的领域、更广的范围、更深的层次上进行双向开放，更意味着"与狼共舞"时代的真正来临。

次第引看行未遍，浮光牵入世间尘。入世五年，我们提高了适应国际规则的能力，并取得了历史性的成就。筹谋未来，我们还需要主动增强主导规则的能力，在和平发展之路上不断创造新的腾飞！

闯出区域合作的"南开路" *

离重庆最近的出海口在哪？地图上从重庆向南、向南、再向南，就来到了一片蔚蓝色的海洋旁。这片海洋，叫作北部湾。

北部湾地处中国—东盟自由贸易区（CAFTA）的中心，东部是广东雷州半岛和海南，西面是越南，外环有马来西亚、印度尼西亚、文莱等东盟六国。

向南，通过北部湾，重庆面对的是一个庞大的东盟市场。

2002 年 11 月，中国与东盟签署了《中国与东盟全面经济合作框架协议》，宣布 2010 年建成中国—东盟自由贸易区。它的建成，将会创造一个拥有 18 亿消费者、近 2 万亿美元国内生产总值、1.2 万亿美元贸易总量的经济区。按人口计算，这将是世界上最大的自由贸易区；从经济规模上看，这将是仅次于欧盟和北美自由贸易区的全球第三大自由贸易区。

重庆融入这个自由贸易区，推动次区域经济合作是最佳路径。

次区域经济合作（Sub-Regional Economic Cooperation），是指在地理相邻的两个国家边界两侧或一部分区域内跨国界和跨境的经济合作。这种产生于二战之后的区域经济合作现象，其核心是在整体区域合作框架内，部分区域之间的投资、贸易、服务自由化。

在现代国际关系中，作为区域合作的衍生形式和推进手段，次区域合作越来越受到多方的重视。特别是在广大发展中国家，出于规避不平等合作风险、确保交往利益平衡的考虑，正在把参与次区域合作看作是深化对等经贸关系的重要方式。

近年来，东盟次区域合作曾有过多种形式，例如在亚洲开发银行主导下多国参与的"大湄公河次区域合作"（GMS），东盟主导下的"东盟湄公河流域

---

　　*　原载于《当代党员》2008 年第 4 期。

开发"，以及中老缅泰"黄金三角"等。这些合作并不涉及东盟整体，而只是部分东盟国家中的一些片区之间基于产业互补的合作。

由于只涉及国家领土的一部分，在次区域合作中，小区域范围内各类生产要素的流动与组合，大部分以地方政府为主体，不涉及国家主权。

因此，次区域合作"范围小、沟通易、共识多"，更容易达成协议，这种主权可控度高、制度成本低、开放形式灵活的合作模式，极为适合中国—东盟自由贸易区框架下的产业互补型地区。

事实上，重庆参与东盟自由贸易区次区域合作由来已久。

2003 年，重庆与云南瑞丽市达成了"大通关协作机制"，瑞丽市承诺为经瑞丽入缅甸和老挝等地的重庆产品提供快速通道，减免查验程序。

2006 年，重庆积极呼应"泛北部湾区域合作"，与广西签订了经贸合作协议书，两地在产业、资源、现代流通业、贸易、产权五大方面开展合作，推动工业经济发展。就在 2006 年，重庆对东盟国家的进出口总额达到 5.6 亿美元，增长近 40%，占全市对外贸易总额的比重为 10.2%，东盟已成为重庆最大的贸易伙伴。

2007 年 6 月，重庆又与广西签订合作备忘录，成为中国—东盟博览会在中西部地区的第一个特别合作伙伴，为重庆与东盟的经贸往来和探索次区域合作方式创造了有利条件。而筹建中的重庆—越南的高速铁路，也将让重庆与东盟国家之间的联系越来越紧密。

按照国际惯例，重庆参与东盟自由贸易区次区域合作可以采取两种途径：一种是通过国内区域合作而成为次区域合作的功能协同区，另一种是通过国内区域合作而成为次区域合作的地理延伸区。

途径一：功能协同区

近两年，中国及部分东盟国家的政界与学界，提出了可以在更大范围整合资源的"一轴两翼"合作新模式。其内容是：在地理布局上，"一轴两翼"新格局由南宁—新加坡经济走廊一个中轴和泛北部湾区域合作、大湄公河次区域合作两个板块组成。

因此，重庆将考虑在泛北部湾区域合作中，以功能协同区的身份，积极发挥比较优势，主动参与次区域合作。这就要求在构造"泛北部湾区域合作"时，必须包括核心区与协同区两类。在地理上，泛北部湾区域合作将涵盖中国、越南、新加坡、马来西亚、菲律宾、文莱、印度尼西亚七国，主要是在环北部湾区域围绕资源开发、产业协作等领域开展合作交流。在中国方面，地理区域上的核心区以广西和海南为参与前沿主体，以昆明、成都、重庆、广州四大中心城市为协同区外围线，依托良好的产业基础和服务业优势，形成与次区域内东盟相关国家的经济互补。在近期，泛北部湾次区域中国方面核心区与协同区内的省区地方政府，要形成与次区域内东盟关联国家的互动，形成中国—东盟自由贸易区框架下"泛北部湾次区域"合作机制，在先行探索的基础上为中国—东盟自由贸易区的推进注入新元素。

途径二：地理延伸区

在推动大湄公河次区域合作时，在中国方面参与的地方政府作用发挥上，应当"西联东引、两头延伸、强化核心、扩大协同"，即在现有基础上，以云南为重点，联合中国西部省份，吸引东部省份，积极参与次区域经济合作；次区域内部形成核心区与延伸区，向中国内陆省区市延伸，向次区域以外的其他东盟国家延伸，最终实现整个区域的可持续发展和社会进步；确立云南省在次区域合作中的核心作用，加大政策支持力度；正视大湄公河次区域所面对的多数成员方为不发达国家的现实，强化次区域经济合作的开放机制，扩大次区域的外围协同空间。

重庆与东盟之间有着产业结构方面的强大互补性。在中国的国家区域发展战略中，重庆是中国西南大通道建设中重要的枢纽和物流中心。如果说云南省是中国参与 GMS 建设的主体，那么，包括重庆在内的西南六省区市势必应当成为这一次区域建设的外围支撑。

重庆如何在次区域经济合作中发挥支撑作用？对于重庆地方政府而言，必须建立一整套与东盟自由贸易区运行机制相配套的贸易、投资以及经济技术合作政策体系。

该体系核心点包括：制定专门的针对次区域各方的投资贸易便利化政策，扩大货物贸易的绿色通道建设，推进检验检疫的认可，逐步实现口岸信息共享，进一步建立健全银行间结算机制，推进一站式通关；率先在次区域范围内简化出入境手续，促进次区域各方在人员、货物、资本流动等方面的便捷通畅等。

同时，重庆还需参与次区域合作的协同性地方立法，利用 WTO 关于边境贸易区例外安排规则，联合达境省区适当界定边境贸易区的形式与范围，制定与之相适应的法律法规，并争取国家赋予其探索构建区域贸易安排法律体系的权利。

重庆作为东盟自由贸易区次区域合作的协同区组成部分，还可以通过一些边缘法律的创新，使一些维护基本权利和自由的法律得以率先执行，逐步实现从边缘到核心的突破。

开放高地与投资环境 *

　　直辖十年，重庆站在了新的历史起点。此起点非同以往，实属跨越式发展必须迈过去的门槛。正因为如此，我才会以初生牛犊般的勇气，冒冒失失地提出了要"建设内陆开放高地"的概念和建言。然而，站在内陆开放型经济的门槛上，注目而望，凝神而思：这一切的一切，还是在于能否脚踏实地抓好招商引资；关键中的关键，仍然取决于常抓不懈地改善投资环境。

　　中国改革开放 30 年的成功经验表明，任何一个地区的招商引资，其最大制约无不根源于投资环境。要理顺这一环节，既不在于对外宣传了什么，也不在于向外商承诺了什么，而在于自己实实在在地做了些什么。只有让现有的外资企业真正地赚钱，它们才会成为招商引资的活广告，宣传和举措才会见到实效。

　　然而，投资环境毕竟是一项综合性极强的系统工程，单靠某一个部门，不可能从根本上提升一个城市的投资环境水平。时下，国家已经批准两路寸滩保税港区，重庆也正在谋划未来可以与上海浦东新区和天津滨海新区比肩而行的"两江新区"。无疑，新区只会是一个平台，唱戏的只能是也必须是外商投资企业，所以，改善投资环境这个"老调"还必须在建设开放高地的新形势下再加"重弹"。

　　由于工作关系，我倒是经常发现一种十分普遍，而且至今仍然改观不大的现象，这就是许多外来投资者对重庆各类投资鼓励政策的喟然长叹："经是好经，就是没有念好。"对此，我很是不自在过一番，同时，当然还伴有一份惊讶。不是因为外商之叹，而是因为我们的有关办事部门身为利益攸关者竟然会哂笑而对，既没有过歉意表示，也未采取过相应的改进措施，更没有向上报

---

　　* 　此文成稿于 2008 年 10 月。

告。改善投资环境的这本"妙经"为何没有念好？我想，这里面的原因也许很多，比如素质低下、观念陈旧之类的问题，但我想，还真得追一追方丈是否有监督不力之责？查一查住持是否也有得过且过的思想？问一问念经的众多和尚是否存在着力有所不殆的情况？

日前，曾经从《重庆晚报》上读到一则消息，标题是"不怕竞争，就怕乱来"，至今回想起来，再与身边的某些现实相对照，仍然有思则心惊之感。且不说这种句式的语用效果本来就很是惊人心、动人魄的，单是从这句话的出处，关心重庆未来的人就不能无动于衷。其实，这句话并不是晚报记者在耸人听闻，而是某个调查机构在进行"外地投资者的重庆体会"的调查过程中，从投资者那里所听到的。由此推理，在制约重庆发展的诸多因素中，投资环境当居其首。另一佐证大抵也可说明这一点：曾经有一项问卷调查，对于"为何来渝投资"，只有70%的被访者做了回答；但对于"何谓最佳投资环境"这一问题，却没有一个被访者拒绝回答。也就是说，重庆的投资环境问题，正在被百分百的投资者所百分百地关心着。

考察一个地区的投资环境状况，除了要看各类基础设施的配套情况，更为重要的是软环境，而软环境之中恐怕又要首推政府的办事效率和服务意识。直辖十年之后，重庆的投资环境无疑有了多方面的改善，但是否最佳恐怕不能由我们自己来说，得要由外商们来评价。对外商进行全面普查显然不太可能，但进行典型调查也能够从一个侧面说明问题。外商说"不怕竞争，就怕乱来"，言下之意，在重庆投资还是有人妨碍了他们的发展。有一项调查说，投资者认为最愿意合作的对象分别是：政府部门10%，企业42%，金融机构24%，中介机构24%，如果非要直白一些，这无异于是在说，外来投资者最不愿意合作的是政府。那么，究竟是什么因素使投资者如此寒心呢？我的感觉是："地方保护主义＋部门利益。"

一是"三乱"现象禁而不止，收费多如牛毛。当时曾有经济学者估算说，全国的税费平均比例大体上在1：1上下，而重庆的有关人士则估算说，重庆的税费比则在1：3以上。不管这一数字是否确切，但确实有另外的事实可做旁证。近来，外国公司在重庆的常驻机构经常抱怨业务难做、收费太高，因而有几家国外的办事处便迁走了事。

二是办事效率不高，环节过多。直辖之初，重庆有过"一站式办公"，很是红火，也让新重庆风光了一阵。但是，在其他地区已经转为"一门式""一楼式"办公之后，我们的"一站式"却变成了官样文章，许多部门的"一站式"只是为应付，甚至视为负担，许多手续并不能通过"一站式"办结。有人说可以通过建立涉外部门联席会议制度来解决，我倒以为，何不成立一个专门负责招商引资的政府机构？专门从事招商引资项目的总体规划、信息搜索、资料加工、客户接待、合作洽谈、业务谈判以及历史资料整理等工作，对于凡是外商提出的需要协调解决的问题，根据涉及部门、机构情况，召集关联单位商讨解决方案，明确责任单位与责任人，一事一议，特事特办，全程跟踪，限期办结，直至外商满意为止。这不只是做事的方式问题，还是一个如何理解对外开放的观念问题——方便自己还是方便外商。

三是服务态度有所改善但素质仍需大幅度提高。心有余而力不足，大概可算是"解放思想，扩大开放"大讨论以来许多办事人员的共同心态了。由于上有杠子压身，不敢再像以前一样搪塞设障，但却没有能力把事办好，满脸笑容可掬，一番手忙脚乱，却不能让外商满意，做的都是些无用之功。门是进来了，脸色也好看多了，可就是最有实质意义的办事效率仍然没有提高。

四是招商机构交叉重叠，有的事多头管，有的事无人管，或各自为政，或各立山头，缺乏对外开放的协调合力。在重庆，有一个问题一直没有得到解决，就是因事设权还是因权设事。我们目前的办事环节多，实际上问题的根子出在机构重叠上，而机构重叠又与部门利益有着千丝万缕的联系。我想，如果把所有的收费全部砍掉，一律改为公开的税，就没有哪个部门再愿意做那些费力不讨好的重复劳动了。

改善投资环境是一项需要综合治理的系统工程，是重庆加速自身发展的必由之路，对这一点恐怕没有人怀疑，但是，这却是一个从上到下综合素质的全方位提升过程，也是一个根除体制的运行惯性、反思人的劣根性的漫长过程。其间需要有策略，也需要有勇气，但更需要上下一心的团队精神和众志成城的凝聚力……

扩大开放的抓手：干部和人才战略 *

作为一个直辖后的新移民，我在重庆工作已经十年有余，而且一直从事涉外经济管理工作，也许是因为职位、单位、岗位十几年如一日，有人给我起了个绰号叫"三一真神"，意思不外乎我是个彻头彻尾的"三位一体典范"。不过，也正是因为如此，我才会对重庆发展开放型经济所面临的挑战与问题，有着切身的感受。

一、从"WT 圈"说起

在入世之初，重庆面对着来自国外和周边省市经济发展的多重挑战。而最大的挑战，就是一些干部的观念问题。当时，好些干部连入世的"ABC"都不太清楚，有的人甚至把"WTO"念成"WT 圈"，还有的人以为世贸组织就是世界上一家大型跨国公司……虽然说这些例子比较极端，但一个普遍现象是，有相当多的涉外干部对入世存在两种严重误读：一种误读是，以为入世只是中央政府的国际事务，如何应对，自有中央政府安排，与自己的工作没有任何关系；另一种误读则是，既然入世了，只要按照世贸规则和相应承诺行事就可以了，而不理解在 WTO 规则与国内法律法规中间还存在一个转换的过程，也不理解进行法律法规清理和重建的必要性。显然，这样的误读，势必会使重庆错失加快发展的诸多机遇。

应对入世不能只靠满腔激情，而是要靠对 WTO 规则的学习和熟悉。为此，2003 年重庆在全国率先成立了 WTO 工作领导小组，我有幸参与其事，并担任办公室主任。面对越来越近的"狼来了"的呼声，考虑到重庆当时应对

---

　　* 原载于《当代党员》2008 年第 3 期。

入世的紧迫性，我们组织有关高校的国际经济和法学专家成立了当时在全国都有影响的"重庆市WTO知识讲师团"。我亲任团长，分赴各区县和市级相关部门讲解WTO基本知识和中国入世将带来的机遇和挑战，以期在短时间内使社会各界尤其是各级政府和企事业单位领导充分认识入世的环境变化并积极行动起来。

入世之后，在过渡期保护机制的作用下，我们赢得了喘息的机会。这时我们却发现，挑战并不仅仅来自外部，最大的挑战在内部、在政府自身，最大的问题是干部和人才队伍特别是公务员队伍不适应入世后的形势。

以WTO框架标准来衡量，当时我们的干部和人才队伍大体上存在以下几个方面的突出问题：一是普遍素质不高，活力不足。主要是：年龄结构难以适应高效、快捷的形势要求；思想观念习惯于传统思维、传统手段，缺乏创新精神；知识结构不合理，多数为传统行政官员，大多数人对市场经济、法律等知识知之不深，不懂外语，缺乏计算机知识。二是价值取向有失偏颇，传统的"官本位"思想根深蒂固。这种思想，至今仍在一些区县和部门领导、公务员队伍中居于主导地位，这使得公务员普遍缺少参与社会流动的意识，而职位、级别又成为地位的象征、能力的体现，受到争相追逐，这又反过来成为滋生"跑官、要官""吏治腐败"等的土壤。三是没有形成优胜劣汰的机制。公务员的评价机制不科学，没有形成与工作实绩相统一并相应晋级、降级的科学管理机制；公务员的选任机制，没有发挥出竞争的动力和压力，机关人满为患，"三多三少"的现象十分普遍，即"官"多"兵"少，后勤人员多、业务人员少，庸人多、能人少的局面长期得不到改变。四是公务员的退出机制没有制度化。普遍只有谋求升迁的惯性，而无下岗、"下海"的压力和动力，对工作岗位"从一而终"，平平稳稳干到退休，缺乏优胜劣汰的竞争机制，必然导致工作效率低下及管理成本高昂。

经过这些年的努力，把"WTO"念成"WT圈"的干部没有了，但干部和人才队伍在开放意识和能力方面存在的问题，并没有完全解决，有的甚至越来越突出。

二、重庆必须实行与发展开放型经济相适应的干部和人才战略

目前，重庆建设内陆开放型经济所应对的挑战，比六年前中国入世时更大、更直接，也更急迫了。如果说入世之初我们在过渡期机制的保护下壮大了自己，那么，在新一轮开放直接挑战内陆地区的形势下，我们也就只能靠自己因势而变、加快探索。但是，我们现在的外向型人才队伍和开放型干部队伍准备好了吗？全方位开放的大环境营造好了吗？全市上下的开放意识和思想解放真正到位了吗？

由于工作关系，这些年我外出公干到过的国家和地区有 50 多个，遍布亚洲、欧洲、非洲、北美洲和大洋洲。这些出访，给我印象最深的是：任何一个发达国家或地区，甚至发展较快的发展中国家，都有一支熟悉国际规则、充满开放意识、具有全球视野的人才队伍。

直辖十年之际，中央对重庆的发展寄予厚望，要求把重庆建设成为西部地区的重要增长极、长江上游的经济中心和城乡统筹发展的直辖市，并在西部地区率先实现建设小康社会的目标。要完成中央的重托，重庆必须扩大开放，通过大开放促进大发展，而要扩大开放，必须实行与发展开放型经济相适应的干部和人才战略。

当前，与沿海地区相比，重庆在对外开放方面存在的严重致命伤和巨大瓶颈，不是时间滞后带来的差距，也不是空间距离带来的差距，甚至也不是基础设施等投资硬环境的差距，而是领导开放型经济发展的干部队伍建设相对滞后、从事开放型经济运行的外向型人才严重不足。这二者的实质，是在新形势下干部的开放素质问题。虽说重庆的开放型经济已经有了良好的起步，但全市干部队伍中的开放意识仍然参差不齐，还没在全社会形成共识。

干部队伍的开放素质决定着一个地区的行政理念、行政效率、投资环境和政策水平，从而最终决定着一个地区的综合竞争力和总体包容性。我以为，所谓开放素质应当包括开放意识、开放视野和开放能力。而这种素质的培养和提升，既要靠在干部和人才队伍中倡导"仕而优则学"的风气，更要从战略高度，调整我们的干部和人才战略，这样才能从根本上解决问题。

首先，用开放意识统领经济工作，实行与发展开放型经济相适应的干部制

度，形成对外开放的用人机制。发展开放型经济需要建设开放型的干部队伍，更需要确立开放型的干部政策。干部选拔制度是干部选用机制中至关重要的一环，也是开放型经济实现跨越式发展的前提条件。当前，随着改革开放和市场经济的发展，尤其是我国加入 WTO 后，国际和国内环境都发生了重大变化，新事物新问题层出不穷，商务活动跟国际接轨的趋势要求干部选拔制度必须进行相应的改进。要立足于发展开放型经济、履行 WTO 的权利和义务的客观需要，进一步解放思想，与时俱进，从人文、开放、竞争、效能和法制的角度，创新干部选拔和使用制度，从而实现干部制度改革的深层次突破。应当确立与发展开放型经济相适应的干部制度，统筹考虑、制定措施，形成有利于外向型人才和开放型干部发挥作用的社会环境。

其次，深化人事制度改革，培养一支与发展开放型经济相适应的政治理论素质高、业务能力强的公务员队伍。实现这一目标的关键，是要从公务员的录用、培训、考核、晋升、监督、辞退等方面形成一套完善的制度体系，保证公务员队伍的素质不断提高，适应经济发展要求。

最后，大力培养和引进开放意识强的专门人才，建立一套让优秀人才脱颖而出的机制。要高度重视人才资源的开发利用，充分认识到人的因素在未来发展中的关键作用，采取一系列求才、育才、用才、留才的措施，建立一整套吸引人才的制度体系，以完善的用人制度、薪俸制度、教育培训制度对人才的开发利用加以规范化，储备丰富的人力资源，为开放型经济发展提供强大的智力支持。

构建内陆国际贸易大通道：重庆的现实基础与作为 *

实施扩大内陆开放是推进重庆市统筹城乡改革和发展的重要战略。积极探索内陆地区发展开放型经济的新路子，就要把重庆建设成为长江上游地区综合交通枢纽和国际贸易大通道，或为内陆出口商品加工基地和扩大对外开放的先行区。由于重庆地处内陆、远离海岸线以及主要依靠自身要素内循环寻求发展，故而其要素流通成本较之沿海地区要高出很多，进出口货物成本相对较高必然顺理成章，陆、河（江）、海联运对于在交货期、时限等方面有着严格要求的外贸货物而言，显然增加了环节、费用和风险。因此，通过构建内陆国际贸易大通道，提高与国外资源（要素）进行交换的效率，实现借用外力带动经济发展，便具有实现地区经济跨越式发展的基础，从而也具有了带动周边地区经济发展的中心城市功能基础。

一般而言，"国际贸易大通道"是贸易货物流动的线路与节点，由本地口岸、运输线路、转关口岸三个主体要素以及信息平台、传输线路、国际结算、金融保险等辅助要素构成。因此，构建内陆国际贸易大通道需要考虑三个层面的问题：一是筹划以交通线路为主的"硬通道"方案，二是综合考虑为货物流动畅通进行服务的"软通道"建设，三是超前考虑支撑贸易通道充分发挥作用的外向型产业发展和周边辐射腹地的纵深拓展。

一、构建大通道：重庆的现实基础

构建内陆国际贸易大通道，重庆先得地利。重庆位于长江经济带承东启西、连接南北的交会点，连通沿江经济带、长三角、西三角、泛珠三角等国内

---

* 原载于《当代党员》2009 年第 10 期。

经济发达区域，周边腹地广阔，三小时车程内覆盖四川、贵州、湖北、陕西、云南等5个省20多个二线城市，覆盖人口约4000万，加上重庆本地的3200万，腹地人口达7000万，GDP超过10000亿元。在大通道建设中，重庆位于中西部地区通往西南出境通道构架的中心，是中央在西部的唯一直辖市和长江上游最大的内陆港。

构建内陆国际贸易大通道，重庆再得天时。中央已经把重庆定位于长江上游地区综合交通枢纽，这既是重庆建设内陆开放高地的基础，也是构建内陆国际贸易大通道的硬件支撑，在某种意义上更是建设内陆开放型经济不可或缺的前提。按照国家对重庆发展的要求，重庆的交通发展目标要"强化出路、加强连接、提高质量"，形成对外通畅、"圈""翼"联动、城乡一体、快捷高效、协调发展的现代化综合交通网络。到2012年，基本形成大西南综合交通枢纽骨架，实现"4小时重庆"目标。到2015年，基本实现周边省会城市8小时公路通达、4小时铁路通达，长三角、珠三角、东南亚8小时铁路通达，长江黄金水道成为西部内陆东向出海大通道，江北机场成为国际性空港。到2020年，建成大西南综合交通枢纽，区域内形成以主城、万州、黔江为中心的"一主两辅"综合交通枢纽和"一圈两翼"地区"三角形"互通的综合交通网络。构架成渝滇东南亚通道、渝京远东通道，全面构筑起快捷通畅的八大对外通道体系。建成"一枢纽十三干线两支线"铁路网、"三环十射多联线"高速公路网、"一环六线"城市轨道，主城区内铁路、机场、城市道路、城市轨道、港口和换乘中心之间实现互联互通，综合交通网总规模达到13.67万公里，长江上游航运中心、区域性航空枢纽地位进一步强化。

构建内陆国际贸易大通道，重庆兼得人和。重庆直辖十年过后，打造内陆开放高地已经成为全市共识，大都市建设的提档加速提振了外商投资重庆的信心，保税港区建设进展顺利，40个区县的特色工业园区正在大开放的平台上大展拳脚，"两江新区"获批在望。经过多年的努力，重庆的开放型经济初具规模，区域性国际化大都市的形象正在建立，外向型人才高地将吸引一大批世界一流的工程师、专家来重庆从事产品研发、设计、生产、营销推广。就此而言，政府服务需要走向现代化、国际化，才能确保政府行为的规范化，为企业提供高效率的服务，为企业的发展创造良好的外部环境，解决"市场失灵"问题。

构建内陆国际贸易大通道，重庆复夺先机。在国家对重庆提出构建国际贸易大通道概念之后，重庆方面已经紧急行动，形成了总体规划，率先付诸实施。依托长江上游地区综合交通枢纽，把重庆和国家开放的大网络连接起来：借长江黄金水道之便，吸纳周边外向型产业，做强内陆口岸经济；依托铁路、公路，把广袤的西部地区的物流、人流、信息流向重庆汇集，以重庆为节点连通上海、广州等沿海地区，把沿海地区的投资、项目、技术、信息先汇集重庆，通过强化直辖市功能性建设，呈扇面形辐射到广大西部地区；各类开放平台与交通骨架相配合，通过兰渝铁路北上跨越欧亚大陆桥，通过渝昆铁路南下直达印度洋，重庆对外开放和物流枢纽地位和作用得到更充分的发挥，进而，为重庆成为区域性国际化大都市做好铺垫。

二、构建大通道：重庆全面准备好了吗？

构建内陆国际贸易大通道，是一个综合性极强的系统工程，不只是交通线路的设计问题，也不只是口岸经济发展中的协作问题，甚至也不只是区域合作和开拓国际市场的问题。我们应当正视某些影响大通道建设的现实困难。

毋庸置疑，与沿海港口相比，除空运方式外，经重庆进出的外贸货物还需要经沿海或沿边口岸中转，面临着环节多、时间长、成本高、流程复杂、通道稳定性差等诸多问题。

从业务层面上看，问题主要集中在四个方面。

一是长江水运通道过度集中，单一通道风险增大。长江水运集中了重庆外贸97%以上的货运量，造成重庆国际贸易通道体系结构严重失衡，也势必带来巨大的安全和稳定隐患。诸如中游航道过浅、长江三峡大坝和葛洲坝设计最大通过能力偏小、支流航道等级不高、沿江铁路仍未通车、江海中转增加时间和运输成本等问题，无一不警醒我们要尽快考虑贸易通道的效能、效率、效益和效果。

二是空运通道方面国际航线较少，与周边国家主要城市的航线网络尚未形成，区域性国际航空货运枢纽地位远未确立。形成这一问题的主要原因在于高新技术产业外向度过低，适合空运的出口产品太少，加之基地航空公司总体实力弱、航线网络资源不足、货运保障能力弱、航空物流企业规模小、口岸环境差、货源流失多以及缺乏发展航空物流的总体规划和保障措施。

三是通达市内外的跨省高速公路网络尚未形成。包括重庆至云南、广西大通道公路等级有待进一步提高,与西安、武汉、长沙等周边省份连接的高速公路网尚未形成,高速公路收费较高,增加了公路运输成本,尤其是路桥费占公路运输总成本的30%—40%。高速公路费较高,影响了对重庆港周边川、黔地区外贸物流的吸引力。

四是铁路行政体制制约明显,通道作用远未发挥。比如在国家铁道部现有管理体制下,由成都铁路局统一管辖重庆境内铁路客货运输组织工作,重庆的铁路运力调配、运价审核和优惠、化危品运输审批、基础设施规划建设等难以得到保障。再比如,铁路基础设施建设相对落后,也使已经形成的铁路运力难以充分发挥效能。

三、构建大通道:重庆的选择与定位

1. 国家战略下的选择

改革开放以来,我国基本上采取环太平洋对西方国家开放,称之为"太平洋战略"。近10余年来,随着我国同东南亚、南亚等沿印度洋国家的交流增加,一些专家将这种状况称为"印度洋战略"。这两个方位的开放,构成了新时期我国开放的一个重要特征,即"两洋战略"。

印度洋连接亚、欧、非三大洲,石油的主要产地中东就在沿岸,是我国和日本、朝鲜、韩国等东亚国家大量战略物资运输的咽喉之地。拓展我国西南出海通道,对于我国实现"两洋战略"意义重大,对于破解"马六甲困局"、确保我国经济安全意义重大,尤其对于加强与东盟合作、扩大地缘政治优势意义重大。

重庆在建设西部重要增长极的过程中,具有行政体制和政策优势,辅以经济总量和工业实力雄厚、经济门类齐全,具有辐射大西南的物质基础,并且在交通运输设备制造业、装备制造业、化工产业等具有较大的优势,特别适合多数东南亚、南亚、非洲地区当前经济发展阶段的市场需求。目前,东南亚、南亚、非洲地区的许多国家正处于为经济起飞创造前提或者经济起飞阶段,其经济活动开始突破地域限制,通过近代工业和交通运输业的快速发展带动其他产业发展。上述国家和地区的经济发展，必然产生对交通运输设备和工业设备的大规模的需求，进而产生对重庆的交通运输设备制造和装备制造两大优势产业的需求，这是重庆最为显著的比较优势，也是重庆着力打造内陆国际贸易大通道的重中之重。

2. 自身优势下的定位

在现代经济中，一个地区尤其是内陆地区要成为国际贸易通道，需要具备几个前提条件：一是国家战略需求，二是地理区位条件，三是国际交通网络，四是区域经济中心，五是辐射腹地纵深，六是对外开放环境，七是国际贸易流量，八是外向产业基础。目前，前两个条件重庆已经完全具备，第三个、第四个条件已经得到国家的大刀支持，后四个条件国家已经明确了相应的支持政策，但是，还需要重庆自己做实、做好、做大、做强。甚至，在某种意义上，我们还需要放下身段，多学习借鉴一下国际上的成功经验，比如世所公认的内陆城市成为国际贸易大通道的典型——芝加哥。正是在经济全球化和国家战略功能区分化的共同作用下，芝加哥才成功地在美国整体经济链中扮演了国际贸易大通道的重要角色，其集聚优势的经验值得借鉴。

因此，重庆在构建大通道中的定位应当是：立足于新时期"两洋战略"的国内生产基地和西南地区国际贸易中心，形成对内、对外开放的"扇面"中心区和西部地区增长极，以重庆为枢纽，以成渝、渝黔、渝湘、汉渝等高速公路为骨干，连接西南、西北公路干线，打通重庆至新疆兰渝铁路进入欧洲直通大西洋，形成第三亚欧大陆桥，打通重庆至瑞丽再经缅甸直达印度洋国际大通道，成为我国西南区域海、陆、空综合运输网络关键节点，稳定和完善我国对外开放格局，促进南向互利合作、西向对外开放战略的推进，保障我国经济社会安全发展。

总之，建设内陆国际贸易大通道，是国家从构架沿海与内陆联动开发开放新格局的高度出发，为重庆量身定做的战略举措，既需要国家在宏观布局上的强力支持，更有赖于重庆自己先行做好内部贸易通道的建设。

辑二

渐悟篇——更与何人说

在西部大开发中给重庆做好开放定位 *

在世纪之交，人类又即将迎来一个千禧之际，能有机会与市领导和各界青年代表们畅谈重庆的未来，共同寄语对重庆 21 世纪的美好愿望，心情格外激动。作为青年人，一个直辖后才落户重庆的"新移民"，对于重庆的跨世纪发展，对于重庆所面对的西部开发机遇，我有着绝对不同于常人的感触——既有青年人对美好未来的憧憬，又有曾经身为学者的思索。我想借今天这个机会，就西部大开发这个话题，把我来重庆两年半时间的所思所想、所感所悟，做一个简短的汇报。

在来重庆之前，对于西部地区的经济发展，我曾有过一些研究，但那时只是从理论的角度所进行的学理式的把握，而并没有现实的真实感和亲近感。两年多之前，之所以参加博士服务团挂职重庆，是凭着一种理性的预感，认为重庆升格为直辖市表明了中央准备实施西部大开发战略的决心。作为一个青年人，一个从事应用经济学研究的年轻人，应当积极投身到这个具有跨世纪意义的伟大壮举之中。来重庆半年后，我曾就我所了解到的重庆几大优势和中西部开发的层次性，通过中国社会科学院《要报》向中央高层提出，应当在重庆设立"中西部对外开放试验区"以加快中西部地区的经济发展步伐的建议，受到朱镕基总理的重视，批示说：加快西部地区开发要全面规划，试验区的设想需要周密谨慎从事。此外，我还通过党派渠道建言将这一建议报全国人大。去年，在分管副市长的牵头下成立了课题组，准备拿出具体方案报请中央研究批准。正是在这个关节点上，中央全面启动了西部大开发战略，这对于地处西部的重庆来说，无疑是一个加快发展的大好机遇。

但是，面对当前的西部开发热，我们重庆还是应当冷静思考、周密布置。

* 此文根据 2000 年 1 月重庆市各界青年新年座谈会发言整理。

现在大家常说，重庆要在西部开发中找准位置、正确定位，这无疑是非常正确的，但是位置怎样才能找准？定位定到哪个层次？定位之后的政策措施如何才能保证上下一心、不折不扣地贯彻实施？我想，这才是重庆在西部大开发中应当统一认识、形成共识的关键。所以，在此我准备就三个问题提三个观点。

第一个问题：重庆如何才能在西部大开发中找准位置？

我的观点是：眼睛向内，摸清家底。

目前，我们处在世纪之交，重庆在原有的直辖市、三峡工程启动两大老机遇依然存在的形势下，又面对着三大跨世纪发展新机遇，这就是：西部大开发、国企改革和中国即将加入 WTO。但是，这些机遇都只是一种对我们有利的可能性，要真正变成现实的东西，还需要与重庆市情密切结合起来。怎么结合呢？我想，最主要的是要发挥我们的资源优势。但是，我所说的这种资源优势，不是我们已经发展起来的、自己跟自己比经济存量较大的优势，而是指与外地相比甚至是放到国际经济中去的比较优势。比如，对于旅游资源，我们的开发、经营、包装都不够，对第三产业发展的带动作用还不大；比如三峡库区搬迁，比如基础设施建设和环境保护项目等，可吸引外来投资的项目多也是一种资源优势，都可以在西部大开发中列为重庆争取国家支持和招商引资的重点来对待。还有，机械、化工、医药这三大支柱产业中哪些在入世之后可以得到迅速发展？哪些需要发展而又会遇到重大挑战？哪些需要通过结构调整来主动收缩战线？对于入世和国企改革所带来的机遇和挑战，应当一并纳入西部大开发战略中考虑，并将其落实到"十五"计划中去。总之，摸清家底很重要，但摸家底的过程中要有外部参照系，不能只看自己。

第二个问题：重庆如何在西部大开发中正确定位？

我的观点是：眼光朝外，立足西南和长江上游。

定位问题说起来好像比较空，但如果认识不统一，工作过程中方方面面的步调就会不协调、不一致。这是一个弹奏乐器时所必须先要解决的"定调子"问题。

重庆在西部开发中的定位，要眼光朝外。虽然是办我们重庆自己的事，但是由于我们毕竟底子薄、基础弱，很多事情我们自己做不了或做不好，需要借用外力。我想，主要的外力有三个来源：

第一个外力是国家的支持。这是目前在西部大开发中最为直接、最为现实的外力。既然国家已经明确在实施西部大开发战略过程中要加强基础设施建设、生态环境建设和人力资源开发，并且在国债发行、加大财政转移支付力度方面，也要增加对西部地区的财政支持和建设投资，那么，我们就要积极创造条件，调动一切可利用的因素，设计好政策公关方案。

第二个外力是国外资金。这需要我们在大力改善投资环境上狠下功夫，加大招商引资力度，硬件与软件都得跟上。比如，我们至今还没有一个像样的会展中心，也没有一个能够代表重庆开放形象的招商洽谈会。为让西部地区更多地吸引外资进入，国家已经明确将优先在西部地区安排资源开发、国外优惠贷款和基础设施建设项目，如果我们在这方面不迅速采取措施，在起步阶段就会落后于其他西部省区。另外，从整个西部开发的走势来看，结合我国入世后的市场准入过程和国际资本流动方向分析，今后重庆利用外资的重头戏在于，既要重视间接利用外资，也要重视外商直接投资。在如何加大利用国际贷款方面，方案尤其要做细，要有针对性，不能坐等国外投资机构，而要有选择、有重点地主动上门。在吸引外商直接投资方面，既要注重出台外资优惠政策，更要重视改善和优化外商投资环境。

第三个外力是国内先进地区，主要是东部沿海地区。国家在西部开发中已经制定了一系列政策来加大东部地区对口支援西部地区的力度，加强西部与东部、中部地区开展多层次、多渠道、多形式和全方位的经济技术合作。这里，对于我们重庆来说，要专题研究如何与东部地区联手加快老工业基地的改造，如何做好东部地区对口支援库区的移民发展。

重庆在西部大开发中的定位，还要明确立足西南和长江上游。西部的概念从区域上又可分成西北和西南两块，重庆在西部大开发中的位置当然应当立足西南，但也不能忽略长江上游对于重庆的至关重要性。中央对重庆的要求是要"把重庆建设成为长江上游的经济中心"，我理解有两层含义，一是说重庆在全国区域经济发展中的位置是长江上游，二是说重庆成为经济中心还有一个发展过程，目前还不能说已经是全国公认的经济中心。能否真正成为中心，还要靠扎实工作，负重自强。远的不说，成都、西安都有成为西部大开发中心位置的潜在实力。但问题并不在于中心这个称号，因为是不是中心不是自封的，而是综合经济实力决定一切，所以，我们在决策时、在考虑发展战略时以及在制订"十五"计划时，必须围绕重庆成为长江上游的经济中心这个主题来做。包括基础设施、老工业基地改造的政策等，都要以此为核心来设计，以此统一大家的思想认识。西安人对于西部开发非常看重，有专家为他们出主意说，西部开发包括西北、西南两条龙，西安正处于两条龙的龙头位置。对于重庆，以前我也曾经主张，重庆位于中国中西部的接合地带，理应担当中国西部地区的领头羊，但现在我已经改变了这种幼稚的想法，还是要从实际出发，调子要定低，声音要喊响，工作要做实，基础要打牢。否则，期望过高，失望会过大，不利于调动各方面的积极性。

第三个问题是：定位之后的政策措施如何才能保证得到上下一心、不折不扣的贯彻实施？

我的观点是：眼睛向下，眼界放宽。

一项正确的决策能否收到预期效果，关键要看是否得到了各个层次的理解，从而保证上下左右一条心地加油干。所以，重庆在西部大开发中的定位不只是决策层的事，也不只是经济部门的事，而是全市人民的事。要让各行各业、各区各县都关心西部大开发，形成一个全民关注并积极为重庆融入西部大开发创造良好社会环境的氛围。我想，在这方面我们要学习西安、成都，在全市上下进行大讨论，主题是"西部大开发，重庆怎么办"，从而在为西部大开发战略的实施营造良好舆论氛围的同时，也为将来制定和实施西部大开发政策创造良好的群众基础。另外，在宣传造势的过程中，也要将西部大开发与中国入世结合起来，让广大市民真切地感到，西部大开发和中国入世所带来的不只是发展的机遇，还会有很多困难，而这需要靠全市上下万众一心的凝聚力来解决，比如投资环境的改善，比如要保持良好的社会稳定局面，比如要妥善处理好失业与再就业问题，等等。所以，不管是西部大开发还是中国入世，不管是国企改革还是库区移民，在对待这些问题上，我们都要眼睛向下，善于调动各方面的积极性。

为保证准确定位后的政策措施能够得到贯彻落实，还需要有一套行之有效的监督机制和考核办法。我理解，我国目前的"西部大开发"，绝对不同于当年美国的"开发大西部"：美国的西部开发是由于西部淘金热所激发起来的，是一种民间自发、从外而内的行为，参与开发的主体是所谓的"外来人"；而中国的西部大开发则是国家有计划有步骤的、自内而外的行为，开发的主体是西部地区，是"西部人"而不是"外来人"。因此，中国的西部大开发实质上是"开放"加"发展"，或者说，就是大开放促大发展。所以，如何更新观念、解放思想，激发内部活力与合力，应当是我们保证政策措施得以不折不扣贯彻执行的关键。因此，我建议在重庆发展战略中把"建立内陆型外向经济体系"作为经济工作的目标之一，更新观念就要改变只有沿海地区才能搞外向经济的传统观念，因为外向经济的实质与核心就是积极参与国际分工，在分工中找到和不断确立比较优势。如果这个观念能够取得全市上下的认同，那么，重庆的经济工作就会有一条明确的主线，西部大开发就会成为内力与外力的有机结合载体。为促使这一观念深入人心，就需要建立一套测评体系，使各区县、各部门在对比中认识自己的差距，制定改进措施。按照我的个人观点，外向经济测评体系至少应当包括以下几个指标：出口占 GDP 的比重、实际利用外资占全社会固定资产投资的比重、三资企业销售收入占全部企业销售收入的比重以及涉外税收占全部工商税收的比重。有了这套测评体系，就有了参照对象，同时也就有了抓经济工作的压力和动力，西部大开发的政策措施也就有了贯彻执行的保证。

西部大开发是个大战略，所以才会成为当前的大话题，当然也要成为重庆经济工作的大课题。今天我只是就其中与定位相关的几个问题谈了一下自己的观点和想法，更为具体的问题，还需要集聚全市上上下下、方方面面的智慧，形成共识，拿出对策。

走出常规发展的四大误区 *

直辖十年，重庆走过了风雨历程，取得了重大成就，又站到了新的历史起点上。但是，我们要真正建成西部地区的增长极、长江上游的经济中心，还必须要有跨越式、超常规的发展，解放思想、扩大开放，我们真的准备好了吗？

有些问题我们是无可回避的。新一轮的解放思想到底应当是什么样的解放？新一轮的扩大开放到底应当如何以及从何处破题？我以为，这不是某个行政单元、某个部门的局部问题，而是各行各业、全市上下都必须结合自身情况认真思考的问题。解放思想、扩大开放，必须从思考制约重庆发展内陆开放型经济的思维方式上，解决思想障碍，走出固守常规发展的误区。

面对解放思想、扩大开放的形势需要，如何辨别误区？形成种种误区的根源在哪里？对此我个人认为，必须首先明确判别的标尺。这个标尺就是：必须站在党中央对重庆发展总体部署的新起点上，谋求重庆在新时期的跨越式发展；必须深入贯彻落实科学发展观，谋划好落实"五件大事"的主体战略；必须在各项工作中体现时代性、把握规律性、富于创造性，敢于先行先试。就此而言，我以为，我们解放思想、扩大开放必须正视现实存在着的四大误区。

一是观念误区：内陆地区不具备发展开放型经济的基本条件？

这主要表现在宏观规划与管理部门对开放型经济发展战略认识不足，总体布局与宏观指导相对弱化。长期以来，我们的经济总体发展战略目标不高，缺乏前瞻性、全局性、系统性和预见性，一直以为重庆地处内陆，不靠海、不沿边，不具备发展开放型经济的基本条件，因而思路不通，开拓不够，创新不多。有的地区满足于现状，小打小闹，因循守旧，不思进取。具体来说，大体

---

* 此文根据 2007 年 9 月重庆市外经贸委中心组学习会上的发言整理。

上也有五个方面的表现：一是在加快发展的问题上思想不够解放。经济发展速度比全国平均水平略高一点就满足了，看不到发达地区加速发展的势头，看不到重庆在全国和 36 个大中城市主要经济指标上排名靠后的严峻现实。二是在改革的问题上思想不够解放。改革不配套、不深入，没有真正形成公开、透明、平等、竞争的市场机制和优质的服务软环境，招商引资中的"吃拿卡要"现象尚未根除。民营经济的发展、行政管理体制改革、文化体制改革和农村改革等与外省市相比，明显落后。三是在扩大开放的问题上思想不够解放。开放领域不够宽，开放力度不够大，招商引资效果不够好，实际利用外资规模过小，与西部地区增长极的客观要求相去甚远。四是在城市建设的问题上思想不够解放。规划前瞻性、系统性不强，执行不够严，建设标准不够高，城市管理体制不顺，城市经营效益不够好。五是在改善投资环境的问题上思想不够解放。政府职能转换不到位，办事效率和服务水平及质量不高，没有形成完善配套的服务机制。实际工作中存在的这种观念误区已经在广大干部群众中造成不良的思想倾向：要么是盲目乐观，夜郎自大；要么是悲观失望，意志消沉；要么是空发议论，乱发议论，论而不干。走出这种观念误区，已经成为我们当前面临的首要任务。

二是理念误区：先行先试与依法治国的要求相背离？

解放思想、扩大开放，必须先行先试、大胆探索，但很多干部往往借口"创新性违规"而缩手缩脚。思想是行动的指南，也是行动的灵魂。扩大开放，就要先行先试，首当其冲的就是要有勇气冲破旧有思维模式和传统观念的束缚，想别人不敢想的事，做别人不敢做的事，不怕出头和冒尖。重庆已经成为国家城乡统筹综合配套改革试验区，就必须主动"先行"，必须在没有可以借鉴的荒漠中踏出一条新路，就必须干别人不曾干过的事；之所以"先试"，是因为我们对规律的认识还比较模糊，存在争议，面对问题，还一下子拿不出好的解决办法和措施，这就需要我们在认真分析的基础上，进行创造性突破。既然是创造性突破，就有可能会与现行法律、规定有冲突，就可能没有明确的法律、规定来支持，就可能与现有的法律、规定不相吻合。在这个过程中，我们的干部要在理解改革创新精神、把握法律法规核心要旨的前提下，发挥好表率作用，带头突破，带头创新，坚决反对"凡事都要慢半拍""多看少动"等明哲保身的做法。只有这样，我们的改革开放和全面创新才能迈出更大步伐。先行先试的过程，其中有的内容肯定会与现存的秩序、制度相冲突，很可能触动一些人的既得利益而招致不满和反对。这无疑要求先行者要具有非凡的忍耐力和承受力，"任凭风吹雨打，胜似闲庭信步"，"咬定青山不放松"，在困难和障碍面前，要坚定必胜的信心和勇气。

三是思路误区：对又好又快的跨越式发展心存困惑

有些领导干部习惯于"单打一"，现在讲统筹兼顾，以为就是要放慢步伐松口气，原地踏步歇歇脚，"问题多、困难多、麻烦多，思路少、措施少、对策少"的三多三少现象十分明显，充电不足和能力欠缺让很多基层干部一时感到无所适从，认为一下背着这么多的包袱，拖家带口赶路，只能步履蹒跚，发展的问题就得放一放了。他们并没有想到，如果没有适度的发展，许多问题就无从解决。但要在统筹中保持发展，就必须把握好发展节奏和发展步伐。发展就要找准突破口，但突破口的选择必须与其他方面的配套密切联系，决不可"单兵突进"。所谓要放下发展看一看的想法十分有害，这是对科学发展观理解片面化、教条化，是对政府在经济发展中的作用认识不够。其结果是，一些干部对以经济建设为中心的意识淡化了，加快发展的紧迫感和责任感减弱了，抓经济工作的力度减小了、标准降低了、韧劲不够了。这些错误的发展观念不澄清，就难以形成一心一意谋发展、聚精会神搞建设的浓厚氛围和强大合力。正因为如此，解放思想必须走出思路误区。

四是行为误区：思想与行为的"两张皮"

解放思想应当是行为主体与客体的有机统一，是主观见之于客观的过程，是主体的自觉行动。在现实中，很多人习惯于拿着解放思想的手电筒，只照别人，忘了自己。实际上，解放思想是探照灯，照亮别人，开拓前行；更是反光镜，对镜自查，更好出发。有些人说起解放思想，觉得很有必要，但总认为自己的思想很解放，不愿意或不想揭工作中的短处，不敢去找自己思想上薄弱的地方，结果是解放思想走过场、扩大开放成泡影；有的人以为当前的解放思想是经济部门的事，自己所从事的工作与经济建设并无直接干系，于是乎事不关己，高高挂起。归结为一点就是：解放思想，不把自己摆进去。解放思想，究竟是要解放谁的思想？毫无疑问，是全体党员干部，是每一个公职人员，甚至是全社会和全体公民。解放思想，首先要结合个人情况去发现问题，从自身做起。谈解放思想谈了好多年，回头看看，我们的思想是不是真正解放了呢？很多传统思想根深蒂固，我们现在需要来一次根本意义上的革命。对比发达省份，我们的步子还是稍显迟缓，官员的思想解放意识和民间的思想解放诉求，都不如广东等发达省份强烈。如何引导广大民众体恤自身利益，积极参与其中，这才是解放思想、扩大开放的关键，也是重庆实现跨越式发展的关键。

扩大开放必须从破除"山头意识"入手 *

　　时下，全市上上下下正在开展"解放思想，扩大开放"的大讨论，力图以此为契机，破题重庆新起点的内陆开放型经济发展。然而，前些天发生的一件"小事"却让我疑惑不解：有个外商十分看好重庆的未来发展前景，想参与某个重点项目的投资合作，但主管部门有关人员与某个国有企业老总衔接情况后，却遭遇了一番尴尬，说是由于主管部门准备引入外资收购这家企业，造成了干部职工的人心不稳，影响了企业的正常经营。

　　此系何理？此为何由？不禁又让我想起了十年前重庆刚刚"直辖"时引进外资工作的另一桩案例。当时，作为西部地区唯一的直辖市，重庆被中央寄予厚望——能够发挥出带动和示范作用，成为长江上游的经济中心。同时，作为中国六大老工业基地之一，新重庆更是百废待兴，亟须借用外力加快发展。借鉴东部与沿海地区的成功经验，靓女先嫁，让那些为外商感兴趣的国有企业嫁接外资，无疑是一条可行之路。但是，我们招商项目清单罗列的却是几百家濒临破产、每家都有成百上千职工需要安置的企业，而且对外商的合资要价颇高，这让很多外商望而却步，延误了重庆成为西部对外开放高地的大好时机。为此，我曾向一个国有企业资深老总探询过与外商合资的意向。确实，重庆人性格直爽，并不讳言其不愿与外商"同宿一床"的苦衷：与老外合资，那谁来做董事长？即使我能保住老总的位置，还有我那一帮兄弟又当如何安排？外资进来之后，肯定不会是由我说了算。

　　目前，中央高层正在为重庆的开发开放殚精竭虑，重庆自身也不乏为开放现状担忧的智者。力帆掌门人尹明善曾引用外界对重庆的解读："四川是一个盆地，但是四川人没有盆地意识，重庆是一个山城，重庆人却有山头观念。"

---

　　* 此文根据 2008 年 6 月在重庆外经贸系统"解放思想　扩大开放"动员大会上的讲话整理。

一方面，多少人正在为重庆的开放现状担忧；另一方面，又有多少人基于本位利益和山头意识而对开放无动于衷。尹明善说，虽然重庆人不排外，但是一些企业家对外资的接纳意识很差，"这就是重庆企业的山头意识"。对此我深有同感。但是，有感之后，还必须有所悟。"山头意识"只存在于重庆企业界吗？我看时下的重庆，方方面面，都或多或少有些山头意识在作祟，否则，我们就不能够理解为何有很多外商考察了重庆与成都之后，却转而投向了成都！为何来到了重庆却迟迟不肯落地？我以为，在这场"解放思想，扩大开放"大讨论中，我们还必须重新认识一下"山头意识"，考察一下"山头意识"对重庆经济发展和改革开放造成的诸多恶果，从而便于我们找到如何破除"山头意识"的法宝。

所谓"山头意识"，无非是说由于地理上的丘陵山地特性而产生的心理和思想上的封闭意识。由于考虑问题只习惯于从自己出发，而不愿意对外沟通、不敢于主动"走出去"、不知道如何与外界整合优势资源共同发展，久而久之便形成了自足、自满、自大以及故步自封、小富即安、循规蹈矩的心态，缺少进取、开放、拼搏和创新的精神。

"山头意识"的根基是赛主秉性，在自认为与其他"山头"出现分歧、纠纷时，便不分青红皂白，立马从部门利益出发，不加以客观分析，不考虑整体利益，在无意中形成自己的一方山寨，自做山头。"山头意识"是在不知不觉中孕育的，它的形成因缘于诸多因素，包括管理者个人心理、个性、企业文化以及社会风气等。对于管理岗位而言，有些人拉来的是自己的同学、校友、朋友、亲戚等，或者是以前公司的同事、自己带过的团队，在不知不觉中形成自己的群体，与单位、部门的其他人员加以区分，搞个三六九等、人以群分。有些人出于某种利益考虑，与本位思维相适应，要打造起自己的"亲信部队"，并欲建立起对他们的权威。还有些人则管理不善，但为了维系上下级之间的关系，便不惜采取讨好的方式，为有一天可以瞒天过海而讨好下属，甚至是其他部门的员工，又或者随意向下属承诺加班费、奖金等，试图以此种方式来维护管理。更有甚者，有些人只是根据自己的喜好、兴趣，而不是基于整体利益、本部门的实际情况来进行有效管理，再加上内部存在的其他问题，"山头"现象的产生也是自然而然的了。

重庆很多企业尤其是国有企业，要认真反思自己的"山头意识"。"山头意识"的具体表现，通常会有三个特征：一是"近视"，只看到短暂的眼前利益，而缺乏长远的发展意识，只看得到局部的得失，而缺少全球化的眼光；二是"斜视"，只看到自己的当下优势，没有意识到未来的潜在危机；三是"盲视"，只知道唯我独尊、盲目自大，只凭感觉与臆断想事办事谋发展，不知道在当今经济全球化时代，既要睁开眼睛看世界、想重庆，还要以世界眼光换位思考，看重庆、谋思路。就此而言，"山头意识"左右了很多人的思维方式，思想观念不够开放、开拓精神尚显不足、创业氛围不够浓厚，已经成为制约重庆经济开放发展的软肋。

"山头意识"在政府及相关部门的主要表现大体有四：

一是只顾埋头拉车，不会抬头看路。当今世界是一个相互依存、共同发展的生态链，在经济全球化趋势的链接之下，任何一个地区和企业都不可能独立发展，更不可能"一招鲜，吃遍天"。"山头意识"支配下的政府行为往往习惯于按传统惯例办事，按陈规旧俗安排，而不懂得如何与时俱进、相机抉择、及时决策，更不懂得如何在全球范围内整合各类优势资源为我所用，实现弯道超车的跨越式发展。

二是强调本位利益，不愿积极配合。本位观念长期牢牢地扎根于大脑，必然会形成一种思维惯性，产生与世隔绝的工作态度和心理状态，从而在处理全局与局部、整体与部分之间的关系时，很容易只顾自己、罔顾大局。在一个单位，不同层级的管理者也会由于自我中心而滋生出"山头意识"。有些人缺少全局观念，喜欢从自己部门的立场考虑问题，团队协作不够，不愿配合别人。

三是突出自我中心，不懂发挥合力。一个人，尤其是领导，在一个单位待长了，环境熟悉了，社会关系也熟络了，便容易滋生出"山头意识"。这时候，便会在潜意识里把自己所主政的单位、所主持的部门、所管理的企业看成是自己的"山头"。一亩三分地，都由自己说了算，拍板决策一言堂，不管是外面来合资合作，还是其他部门来要求相互配合，都会被视为分权，卧榻之旁岂容他人鼾睡？现下有些行业，大呼改革开放的口号，骨子里却万分抵触改革、害怕开放，改革一触及自身利益，便会祭起国家利益的大旗，行诸排外自保之实，遇事只顾自扫门前雪，不管他人瓦上霜。

四是自喜现有成绩，不知天外有天。有些人做事喜欢贪天之功、掠人之美，喜欢讲成绩，讲纵比之下的成绩，禁不起横比尺子的度量。在西部地区，重庆与成都在加快发展上已经形成了比学赶超的局面，虽然重庆 2007 年的 GDP 为成都的 1.24 倍，但我们很多的开放指标却落后于成都很多，比如，我们的外贸总量为成都市的 78%，实际利用外资为成都的 95%，利用内资为成都的 36%，更何况，重庆是省级架构的中央直辖市，成都是计划单列市。

以狭隘利益观念为核心的"山头意识"在政府和企业都有各种不同的表现。历史经验证明，越是处于社会变革的重要时期，本位主义和部门利益的阻碍就越容易显形为"山头意只"。变革意味着对传统的扬弃，要变革，必然就会有阻力、有风险、有代价。改革体制涉及权力的重新调整，改革机制涉及利益的重新分配，改革投资主体涉及决策权力的重新组合。在很多情况下，我们有很多企业和管理部门受制于"山头意识"，在权力和利益面前不得不左顾右盼甚至止步，这往往成为很多重大改革夭折的主要原因。

回顾重庆经济发展中的市场化建设和改革开放所走过的风雨历程，如果说，直辖前 10 年，出现过一些不愿接纳外资、不敢对外合作、不会与外界沟通的情况，也许还可以归咎于自身能力不足等问题。但时至今日，大家对"开放也是改革""开放是发展的最大动力"等已形成共识的情况下，一些单位仍在"明知故犯"，"内部承包""信息孤岛"现象依然普遍，重复开发建设、资源浪费等依然十分严重，一些对开放型经济发展至关重要的项目依然无法得以启动……透过这些问题，反思我们在改革开放和市场化建设方面的经验教训，诚如有专家指出的那样：本位主义的狭隘境界、"山头意识"的闭关自守，使我们的很多干部相信，组织中的一个小组织的取胜，远比整个组织的目标更重要。

种种迹象表明，"山头意识"与本位主义的部门利益已经构成了重庆扩大开放的重大障碍。然而，破除狭隘的部门利益却绝非易事。得中国改革开放风气之先的广东省，在改革开放 20 年之后，突然发现自己所赖以走在全国前列的珠三角经济区，由于产业结构调整没有能够主动适应全球化的需要，而逐步落在了长三角的后面，产业竞争力趋弱、自主创新能力不强、区域协调发展不够等，这已经成为广东上下痛心疾首的共识。为此，他们在保持了全国 GDP 总量 23 年第一的情况下猛然醒悟，正在通过新一轮的思想解放大讨论，确立一系列深层次的改革开放措施，从体制创新到机制建设、从观念变革到能力建设等各个方面主动适应经济全球化的要求，形成了从传统外向型经济向现代开放型经济转型的思想和制度基础。

那么，面临着诸多新发展机遇的重庆，又当如何从破除"山头意识"入手，形成新一轮的扩大开放局面呢？我以为，在"物质决定意识，意识在一定条件下反作用于物质"的哲学命题之下，确实存在着这样一个"刺激—反应"的决定链条：意识→行为→习惯→性格→命运。显然，不克服"山头意识"，不树立全球眼光，重庆在国际市场竞争越来越激烈的情况下就无法立足，就更谈不上实现跨越式发展。

思想是行动的先导，要实现扩大开放的目标，必须通过更大范围、更深层次的思想解放来完成。

要切实破除"山头意识"，必须大胆地"破旧立新"，打破肥水不流外人田的思想。牢固树立外商赚钱我发展、外商发展我繁荣的意识；坚决破除怕丢位子、怕抢饭碗、怕占市场的思想，从破除本位观念入手，坚决打破地方保护主义和部门利益至上；克服"开门招商，关门宰客"等短视行为，既要欢迎外地企业来投资合作，也要支持本地企业到外地发展，敢于拿出优势企业和优质资产吸引外资，积极探索灵活多样的合作方式，主动承接国际以及东部和沿海地区的产业转移，实现互利共赢；从全市的改革大局出发，敢于牺牲眼前利益，敢于放弃蝇头小利，敢于让利于外商。

要切实破除"山头意识"，必须实行科学的制度安排。一是要改进管理方式，建立协作共赢机制。明确事权，解决好应该管什么的问题；强化责任，解决好怎么协调管的问题；考核评议，解决好如何管到位的问题。二是要简化审批手续，完善集中办事机制。开展专项清理，实施行政许可事项、条件、收费、实施机构等专项清理，精简审批事项、简化办事程序、减少申报资料、降低收费标准；以便民中心为依托，健全涉外公共服务体系；理顺高效审批机制；完善全程代理制度。三是要重视培育多元市场主体，营造市场竞争机制。加速开放公共服务市场，扩大市场竞争，打破垄断，切断公共服务行业与特权部门的利益纽带。四是要科学设置考评制度、健全责任追究机制。科学量化、考核工作业绩，不让形式主义、短期行为、弄虚作假有机可乘，营造一种能激励干部勤政廉政、为民务实的良好氛围；要根据实际情况、工作需要、群众呼声不断修改完善制度，不让制度缺陷成为"山头意识"的温床。

要切实破除"山头意识"，必须建立严格的责任追究制度。各级机关和部门要在加强监督检查、及时发现和纠正存在问题的基础上，严格责任追究，把责任追究落到实处，做到该追究的追究、该处罚的处罚，发现一个查处一个，不让责任追究成为一句"口号"。"山头意识"的主要根源在于领导干部，只有从领导干部自身抓起，充分发挥领导干部的榜样示范作用，广大机关工作人员才能自觉转变工作作风，自觉增强服务意识。加强干部队伍建设，对于抵制、阻挠引进先进生产力的官员，要批评教育；不能转变观念、贻误发展时机、造成恶劣影响和重大损失的，该追究责任的追究责任，该撤职的坚决撤职。

要切实破除"山头意识"，必须建立高效的信息披露制度，开辟社会各界参与立法的有效渠道。引入听证制度，在制定行业管理方面的法律时，要加强行业协会和业内人员的参与力度，要明确在制定涉及面较广的社会公共事务特别是行政管理方面的法律时，要进行充分的调查研究，并建立专业机构和人员参与立法的机制。

要切实破除"山头意识'，必须认真贯彻实施好《公务员法》，定期轮岗。任何干部在一个单位、一个岗位、一个职位上待久了，不自觉地、或多或少地都会产生本位主义心态，形成"山头意识"的潜在基础。可以考虑采取干部跨部门交流，对领导职位的公务员也采取竞争录用的方式，其意义不仅仅是打破干部的"部门所有制"，更重要的是干部的跨部门交流可以打破"山头意识"，可以最大限度地挖掘人才，克服任人唯亲、搞宗派、走后门等不正之风，可以优化公共部门的人力资源的管理体制；跨部门交流有利于有效避免长期在一个部门任职而出现错综复杂的人际关系，充分发挥公务员的潜在能力；改变公共部门人力资源管理的官僚化的作风和机制，可以面向市民社会和公民，形成一个开放的公共部门人力资源的管理体系；提高人力资源管理的透明度，便于公民认同与监督，避免由少数人"垄断"公共部门人力资源的管理，滋生腐败和官僚习气；通过交流，可以使公务员开阔视野，丰富经验，提高其自身的综合协调能力。

要切实破除"山头意识"，必须提高利用国际国内资源和市场的能力。一些地方和部门在产业结构调整中，视野不够开阔，习惯于自己有什么就干什么，不善于利用比较优势参与国际分工和区域合作；在经济要素配置中，有多少资源就做多大的事，不善于利用国际国内两种资源、两个市场；在招商引资中，重招商、轻服务，重签约、轻落实，重承诺、轻兑现；在项目合资合作中，不愿意拿出好项目，更不愿意由对方控股。

要切实破除"山头意识"，必须加快行政管理体制的改革，凡是能够用市场的办法解决的问题，就不能使用行政手段。一视同仁地对待各类市场主体，坚持平等保护物权，为各种所有制经济创造平等竞争、互相促进的环境。

要切实破除"山头意识"，必须形成一种学习氛围，培养广大领导干部积极向上、勤于思考、敏于做事、主动奉献的精神风气。一个地区领导干部的精神状态如何，对一个地方和单位的发展，有着决定性的影响。特别是主要领导干部，要用可能达到的高标准要求自己，始终保持奋发有为的精神状态，敢于直面矛盾，勇于攻坚克难。

当今世界发展大势，不进则退，甚至发展慢了也要落伍。新起点上的重庆应当把开发开放置于全球化的大背景中加以思考，既要拉车，更要看路。"前有标兵"——沿海地区开放型经济发展渐入佳境，"后有追兵"——西部地区扩大开放的大手笔竞相涌现。区域间的竞争环境日趋激烈，这是挑战，更是机遇。面对"前狼后虎"这个既严酷又催人奋进的现实，处于"解放思想，扩大开放"的火红年代，重庆别无选择，只有以开放的心态、开拓的思维、开明的政策和开阔的胸怀，主动破除"山头意识"，积极参与国际竞争，在竞争与合作中学习和提高，才可能实现"大合作大发展、大市场大空间"的科学发展目标，才可能在国际竞争的大潮中，迎风击浪，实现更快更好的跨越式发展。

为"渝新欧"加装新引擎 *

重庆是国家推进西部大开发和加快长江上游地区经济发展的战略支点。为此，国务院批准重庆为全国统筹城乡综合配套改革试验区，并先后设立两路寸滩保税港区、西永综合保税区和两江新区，初步形成了以两江新区、两个内陆保税区、7 个国家级高新区／经济技术开发区以及若干个市级工业／产业园区为主的"1+2+7+N"的内陆开放平台，给新时期重庆经济社会发展注入了新的活力和强大动力，推动重庆经济尤其是内陆开放型经济取得快速发展。据统计，2009 年重庆外贸进出口总额为 77.09 亿美元，2011 年上升到 292.18 亿美元，2012 年攀升到 532 亿美元，位列全国第 11、中西部第 2。

随着世界著名 IT 企业纷纷进入重庆，重庆产业结构升级步伐加快，对物流服务的水平和质量要求更高。特别是两路寸滩保税港和西永综合保税区封关运行之后，以惠普、宏碁、华硕、思科、东芝为代表的 IT 企业，迫切需要运输快速化、通关便利化的铁路物流通道。

"渝新欧"国际物流贸易通道是中国铁道部、海关总署及沿线国家各方采用现代化装备技术、信息化管理手段和创新的货协组织方式，在原欧亚大陆桥的基础上优化完善的国际物流大通道。在党中央、国务院高度重视下，在铁道部、海关总署等国家部委的支持下，"渝新欧"国际铁路物流大通道于 2011 年3 月份开通。

"渝新欧"国际铁路物流通道全长 11179 公里，东起重庆（渝）铁路集装箱中心站，经四川达州、陕西安康及西安、甘肃兰州、新疆（新）乌鲁木齐及阿拉山口口岸，进入哈萨克斯坦，途经俄罗斯、白俄罗斯、波兰，到达濒临大西洋的欧洲（欧）转运枢纽——德国杜伊斯堡，并将延伸到立陶宛、荷兰、捷

---

* 此文根据 2013 年 3 月在重庆交通大学管理学院学术报告会的演讲删改整理。

克等国。全程货运最短运行时间为 16 天，比海运到欧洲节约一半以上时间。

"渝新欧"国际铁路物流通道的开通，不仅改变了中国对外贸易的物流格局，而且为突破长期制约中国对外战略的"马六甲困局"提供了一条国家安全战略新通道。同时，该通道也满足了重庆当前和今后一个时期以笔记本电脑为代表的电子信息产业对国际铁路的运输需求，实现了华东方向集货重庆并运往欧洲的目标，打通了西南内陆通往欧洲的一条快速便捷物流通道。

口岸是开放高地的物流枢纽，是开放型经济发展的关键环节。重庆过去几年的内陆开放高地建设给重庆发展内陆开放型经济奠定了坚实基础，使对外贸易取得了突破性进展；外贸结构从以往以机电单一产业集群为主导，发展到以机电、微电子多产业集群为主导，相应的产品出口客观上要求与之相适应的口岸体系。重庆现有两个开放口岸，一个是位于江北国际机场的航空口岸，另一个是位于保税港区的水运口岸，对应一快一慢两种运输方式，前者适应于高附加值货物，后者适应于大宗低价值货物，独缺与中高端价值货物运输对应的铁路口岸。无论是就口岸的规模来说，还是就口岸空间布局、开放程度、口岸功能以及运输方式与产业发展的适应性来说，重庆现有口岸体系确实已经无法满足产业结构调整和对外贸易快速发展的需要。

鉴于上述原因，同时考虑到重庆微电子、汽摩、装备制造等重大产业发展要求及欧货入渝需要的通关需求，开展重庆铁路口岸对外开放的专题研究，不仅非常必要，而且具有重大战略意义。

重庆之所以非常看重铁路口岸开放，基本原因就在于，随着改革开放的深入以及国民经济的快速发展，重庆铁路外贸货物运量增长迅速，特别是 IT 产品出口大幅增长，"渝新欧"呈现出迅猛发展的势头。但从运行情况来看，由于"渝新欧"起点——重庆铁路集装箱中心站并不是国家开放口岸，需要指定口岸的特殊商品进口不能正常抵运，常态化双向对开难以实现，货运成本居高不下，进而影响到"渝新欧"国际贸易大通道的可持续运行。在此背景下，我们也许应该适时梳理一下开放重庆铁路口岸所具有的战略内容。我以为，以下四个方面的重要意义不可忽视。

第一，开放重庆铁路口岸是实施国家扩大内陆开放战略的需要。现阶段，我国经济发展中的不平衡，主要体现为区域发展的不平衡；开放程度的不协调，更多地体现为内陆和沿海开放的不协调。内陆地区进出口贸易和利用外资在全国的占比不到 15%。这种格局已经影响到中国对外开放的战略大局和长远后劲。改革开放前 30 年，成就了珠三角、长三角和环渤海"三大引擎"，改革开放的后 30 年应当凸显中西部地区的地位和作用。党的十八大提出，要优先推进西部大开发，促进沿海内际沿边开放优势互补，形成引领国际经济合作和竞争的开放区域，培育带动区域发展的开放高地。内陆地区不沿边、不靠海，成为开放发展的最大瓶颈，而"渝新欧"的开通，具备了有效化解这一瓶颈的可能。依托"渝新欧"加快重庆铁路口岸开放，有利于弱化内陆地区的区位劣势，推动形成内陆沿海沿边开放优势互补的新格局，切实落实国家扩大内陆开放战略。

第二，开放重庆铁路口岸是实施国家"西向开放"战略的需要。改革开放前 30 年，我国对外贸易的主要市场是欧美日等发达国家，但随着金融危机的影响，这些市场的增长潜力日益衰减，而我国之前高速出口带来的巨大产能依然存在，急需在东北亚、中亚、东南亚等国家寻找新的市场空间。为此，国家提出实施"西向开放"战略。中西部内陆地区与上述国家先行互联互通，有利于加强经贸交流与合作，率先打开"西向开放"的新局面。重庆位于中国地理版图的几何中心，具有承东启西、连接南北的区位优势，借助"渝新欧"国际铁路大通道，可以进一步带动周边地区的开发开放。重庆铁路口岸开放，不仅将带动重庆周边省份的开放发展，而且还将与包括俄罗斯在内的亚欧大陆国家建立起更加紧密的经贸合作关系，推动中国"西向开放"战略的实施。

第三，开放重庆铁路口岸是打造对欧国际贸易战略大通道的需要。"渝新欧"国际铁路货运班列于 2011 年 3 月 19 日正式开通运行。截至目前，共开行 80 班次，货运量达 6960 标箱，进出口贸易额约 20 亿美元。全程最短运行时间 16 天，比传统海运节约运输时间 30 天左右，成本仅为空运的 1/5，改变了货物进入欧洲腹地大多先通过水上运输的传统格局。"渝新欧"班列的开通，已引起国家高层领导的高度关注，要求营运好、维护好这条国际贸易大通道。但是，由于重庆铁路集装箱中心站目前还不是国家开放口岸，特种商品难以直接进入，影响返程货源组织，现在基本上处于单向运行状态。依托"渝新欧"，开放重庆铁路口岸，有利于拓展货源、增加班次，促进班列常态化运行，打造推进中欧贸易的战略大通道。

第四，开放重庆铁路口岸是探索内陆口岸开放新模式的需要。按照现行政策规定，"口岸是供人员、货物、物品和工具直接出入国（关、边）境的港口、机场、车站、跨境通道等"。口岸界定中的"直接"二字，限定了内陆地区设立铁路口岸的法理依据，使得内陆铁路口岸开放缺乏国家政策层面上的支持。但是，随着内陆地区的开发开放，交通运输格局已经发生了重大变化，通过外贸运输方式的多元化，可以培育成型中国在21世纪的大开放格局。同时，运用现代科技确保海关、检验检疫等部门进行有效监管，便于直接将货物放行内地，由内地海关、检验检疫等部门实施查验，做到"一次申报、一次查验、一次放行"，实现"大通关"，切实提高通关效率。依托"渝新欧"，开放重庆铁路口岸，可实现该班列进出口货物直接进出境，为国家在内陆地区开放铁路口岸寻找到新路径。

就现实而言，重庆客观上已经具备开放铁路口岸的条件。重庆在历史上就是一个口岸城市，口岸开放已有100多年的历史。重庆铁路口岸即重庆铁路东站，曾于1996年由四川省政府批准设立为二类铁路口岸。近年来，尤其是在2005—2012年，重庆铁路口岸货物吞吐量虽有过较大幅度波动，但集装箱运量保持了增长，特别是2012年迅猛增长，国际集装箱吞吐量达到18000标箱。在这种意义上，重庆铁路口岸开放的可行性大体上可以做这样的表述：有充足的铁路外贸物流支撑，有便捷的交通运输物流体系，有规范的监管查验配套设施，也有完善的口岸拓展作业方案。

立基于此，拥有良好区位条件的重庆直辖市，在推进内陆开放高地建设中，无论如何也不能忽视重庆铁路口岸开放，这将会为"渝新欧"加装新引擎！

内陆也要争取设立自贸试验区 *

　　中国（上海）自由贸易试验区正式挂牌设立已满百日，这是中国改革开放史上具有里程碑意义的又一件标志性大事。如果说设立经济特区是第一轮全面启动对外开放的象征、设立浦东开发新区是第二轮全面扩大开放的标志，那么，设立上海自贸区则应当是中国面对经济全球化出现诸多变数的国际形势所做出的第三轮全面深化改革开放的战略部署。中共十八届三中全会提出要"构建开放型经济新体制"，"在推进现有试点基础上，选择若干具备条件地方发展自由贸易园（港）区"，"扩大内陆沿边开放"。我认为，在内陆地区适时设立自由贸易试验区是扩大内陆开放的新要求，是创新内陆开放区位条件和营造内陆开放基础的必然趋势，也是加快形成全方位开放新格局的战略性举措。我有一种非常强烈的直感，在内陆地区选择适当区域设立自由贸易试验区，对于构建开放型经济新体制的大局具有重要意义，地处内陆且区位条件优越、引领开放效应突出的重庆，应当积极行动起来，主动思考、超前谋划设立中国内陆自由贸易试验区，从而既把重庆的改革开放事业推向更高层次和更高水平，也为国家推动形成全面开放新格局提供内陆地区的探索样本。

　　我之所以说在内陆地区设立自由贸易试验区具有重大意义，主要理由有三：一是有利于探索内陆开放新路子、新途径、新经验，并与上海自由贸易试验区实现优势互补、联动发展，共同构建更具系统性、整体性和协同性的开放型经济新体制。二是有利于推进"丝绸之路经济带""21世纪海上丝绸之路"建设，扩大基于中国版图的西向和南向开放，拓展国际要素顺畅流动和高效配置的市场空间。三是有利于长江经济带、成渝经济区、关中城市群加快建设，促进东中西协调发展，推动中西部地区有序承接沿海产业转移，进而与上海自

---

* 本文根据2014年1月在重庆市政协四届二次会议小组上的发言整理。

95

由贸易试验区共同形成东西呼应、左右联动的局面，实现内陆与沿海联动开发开放及产业梯度转移。四是有利于内陆地区以大开放促进大开发，更好地发挥内陆开放高地的带动作用，进一步释放内陆地区发展潜力，实现创新转型、科学发展。

有鉴于此，从国家战略部署的角度思考问题，我认为应当在内陆地区选择具备条件、位置适宜、基础良好的区域，建设自由贸易试验区，以便通过先行先试积累经验、强化辐射、带动周边，实现扩大内陆开放的根本目标。

目前，综合多种因素进行综合考量，作为内陆地区唯一直辖市的重庆，内陆开放型经济发展已经取得明显成效，加之地理位置优越、开放基础坚实，应当抓住时机提请中央在重庆设立内陆自由贸易试验区。总体来看，选点重庆设立内陆自由贸易试验区目前已经具备了良好的基础条件：一是重庆辖区内拥有健全的内陆空港、水港、铁路立体化口岸架构，具备较为健全的内陆国际贸易通道体系，正在成长为西部区域性国际物流枢纽。二是两江新区功能开发全面展开，拥有全国唯一的"水港＋空港"保税港区和全国最大的综合保税区（西永综保区），具备较为完整的开放型经济承载平台。三是重庆装备制造和化工等传统产业实现改造升级，汽车、电子信息等产业体系初步形成，通用航空、智能机器人、生物医药等战略性新兴产业加快崛起，具备适应开放型经济发展的产业体系。四是重庆拥有较为完善的生产要素市场，土交所、联合产权所、OTC、畜交所、金交所等金融要素市场健全，区域性金融中心粗具雏形，具备较强的要素保障能力。五是重庆集直辖市体制优势、西部大开发政策优势和统筹城乡综合配套改革试验区于一身，正在加快推进城镇化建设，在"一带一路"建设和长江经济带发展中地位重要，具备不断优化的开放环境。六是重庆创新保税区运行模式，进行了保税展销、保税贸易、服务贸易、离岸贸易、集散分拨、全球维修、委内加工、跨境电商等业态创新，具有建立内陆自由贸易试验区的成功实践。

认真梳理上述诸多优势性条件，重庆应该有申报设立内陆自由贸易试验区的底气、勇气和敢为人先的责任担当。但是，我们也决不能因此而妄自尊大。申报设立中国（重庆）自由贸易试验区，应当在国家的支持下结合重庆自身优势，加大内陆开放的探索，以推进实体经济发展为核心带动内陆地区的开发与开放。总体目标是：通过转变政府职能、创新金融制度、扩大口岸开放、拓宽对外通道、完善保税功能、加强贸易服务、放宽外商准入、优化税收政策等多项改革措施，促进投资和贸易便利化，使之成为我国进一步融入经济全球化的重要载体。

当然，为确保上述目标的实现，也必须争取国家能够在宏观层面上支持先行探索设立自由贸易试验区的重庆加快管理运行体制改革。一是要结合国情并借鉴国际经验，对重庆内陆自由贸易试验区实行国务院和重庆市双重管理体制。二是涉及试验区适用法律法规及有关行政管理事项，要由国务院或国务院提请全国人大常委会进行有关建立重庆内陆自由贸易试验区立法，或授予重庆市人大以重庆内陆自由贸易试验区临时立法权，为试验区运行提供全面的法制保障。三是要创新试验区监管体制，实行"一线放开、二线管住"的分线管理模式和国际贸易"单一窗口"制度，促进试验区内货物、服务、资本等各类要素自由流动，形成公开、透明的管理制度。

中国是一个发展中大国，而大国经济从来都是梯度、腹地、互补和体系的有机统一。所以，重庆在发展开放型经济过程中，必须注意研究和尊重经济规律，特别是区域经济和开放型经济的规律。如果说上海自贸区是第一批开放试验"点"，那么，不远的将来，中国的改革开放肯定还会需要并推动第二批的区域开放试验"线"、第三批的引领开放试验"面"，以至于最终形成结构完备、功能互补的中国自贸试验区开放和发展的网络体系。在这种意义上说，虽然重庆地处中国内陆地区，也应当力争尽快设立自由贸易试验区，从而在当今中国开放发展的大网之中发挥出重要而独特的作用。

关于开放倒逼改革的几点思考 *

近年来，我市对外开放成就显著，内陆开放高地粗具框架。主要标志是：支撑内陆开放的国际贸易大通道体系正在加快构建，分层次的开放平台建设已经完成了基本配置，立体口岸体系及其功能日益完善，区域通关协作机制多元化大大提高了通关效率，外向型产业的产业链及其带动作用日益明显，开放环境正在走向法制化的轨道。但是，从开放倒逼改革的角度来思考，目前，重庆建设内陆开放高地过程中仍然存在着一些问题，需要通过加大改革力度来解决。

在开放型经济的行政管理体制方面，重庆存在着明显的部门过多、划分过细、职能交叉重叠和职责空位并存的问题，影响内陆开放型经济深化发展的端倪频频显现。

一是开放型经济管理体制与功能区域划分不相匹配。目前，重庆的行政管理体制改革中涉及对外开放职能的机构，主要包括市外经贸委、市经信委、市商委等，它们作为内外贸统一、内外开放结合的管理主体分位运行，既与按照经济功能实施分类改革的国家机构改革不相对应，也与精兵简政的区县机构设置不相匹配，形成了开放型经济管理上的"橄榄型"结构——两头细，中间粗。加之，涉及开放管理职能的部门设置过多过细，导致行政权力和资源配置过于集中，政府在事权管理上成本高、效率低，部门协调配合难度加大，经常性地出现政出多门、职能交叉、权责脱节、行政审批程序烦琐、公共服务职能偏弱等问题。

二是招商与投资管理体制运行不畅。目前，重庆还没有发挥出直辖市的体制优势，市投资促进机构在招商引资行业规划、政策制定与企业的项目设

---

* 此文根据 2014 年 4 月在重庆市政协港澳台侨和外事委调研座谈会上的发言整理。

计、商务洽谈、推介宣传、跟踪服务等方面，还没有真正起到无缝对接的串联作用。显然，重庆在扩大开放过程中，寄希望于专业化、市场化的投资促进机构，目前看来还会有很长一段时间空无着落，建立全链条的招商引资与投资促进机制尚需加大整合力度。

三是口岸物流管理体制难以适应内陆开放高地建设的内在需要。我之所以在很多场合表达自己的观点，认为重庆现行口岸管理体制与内陆开放高地建设没有正向匹配，核心理由有二：其一，口岸管理与协调机构的行政层次较低，协调权威与协调效率不足。市政府口岸办只是设立在市政府办公厅的口岸事务服务和协调机构，与协调对象诸如海关、商检、边防、海事等部门和机场、港口、车站以及各类特殊监管区存在着话语权上的非对等问题。其二，口岸管理职能分散，九龙治水现象时有发生。在政府职能部门中，口岸管理权限分散在多个部门，比如口岸办设有航空口岸处、水陆口岸处，经信委物流办则设有航空物流处、铁路物流处，交委设有铁路处、民航处，外经贸委也设有国际物流处，发改委也设有主导口岸发展政策的交通处，从而在培育口岸经济方面经常发生行政管理和政策设计的矛盾。

解决上述问题，最根本的还是要靠改革。首先通过改革激发内部活力和促进开放，其次通过持续扩大开放倒逼更深层次的改革。对此，我有以下三个方面的思考。

思考之一：深化行政管理体制改革，为内陆开放型经济健康发展提供制度保障。

一是积极探索对外开放职能有机统一的大部门行政体制。按照精简、统一、效能的原则，在政府涉及对外开放的部门机构设置上，加大部门横向覆盖范围，将类似职能和关联程度极高的部门尽可能地集中在一个大的部门中，科学确定政府机构设置及其职能分工，形成结构合理、配置科学、行为规范、运转协调、廉洁高效的行政组织体制。我认为要抓住时机，争取在"十三五"期间对外经贸委、商委和经信委的相关职能进行整合，使涉外经济事务管理、国内商品流通、区县特色工业园区管理融会贯通，为市场主体提供服务和创造良好的发展环境。

二是理顺全市贸易商务、招商引资、投资促进和经济技术合作管理体制，提高贸易促进和招商引资水平。建设内陆开放高地，就要特别重视发挥专业贸易促进和投资促进机构的作用，在这方面政府要主动作为，明确专业贸易和投资促进机构的法定地位。比如说，市政府及相关部门要全面清理涉及贸易促进、招商引资、本土企业对外投资的事务性、社会化服务职能，全方位委托贸促会、外商投资促进中心承接事务性工作，加快提升城市对外开放的专业化、国际化服务水平与能力。再比如，要建立贸易促进和招商引资联动机制，营造有利于推动采取"准入前国民待遇"和"负面清单"外资管理方式的体制基础，逐步将禁止或限制外资进入的领域列入清单，未列入的领域外资均可进入，内外资企业享受同等待遇。

三是在市委、市政府层面上要提高认识，理顺口岸管理体制，加强对发展口岸经济工作的领导。我认为应当在"十三五"期间进一步深化行政管理体制改革，整合口岸办、物流办以及外经贸委、交委和发改委所分散承担的碎片化口岸管理职能，组建重庆市政府口岸与物流办公室，赋予其在加强基础建设、改革创新、统筹协作、资源整合等方面的职能，强化其在着力完善物流功能配套、优化通关环境、促进联动发展、壮大口岸经济等方面的责任，确保重庆在内陆地区引领开放、带动开放的桥头堡地位。一个地区如果要成为开放高地，客观上就必须拥有健全完备的开放型经济体系，所以，重庆还需要进一步提升对外开放的层次、质量和水平。在整合口岸与物流行政管理体制的基础上，还应当建立重庆市口岸与物流工作领导小组，形成上下推动、左右联动、内外互动的口岸与物流协作机制。

思考之二：构建有助于提高开放型经济发展水平的投资贸易政策体系。

长期以来，重庆就存在着明显的物流成本较高、引资政策不优、营销环境不顺的问题。与西部其他城市相比，重庆在货物进出口方面有其便利性的水路运输，但由于水路运输时间长，以及体制上的原因，码头装卸费用所占比重较高，在某种程度上反而增加了成本，抵消了重庆水路运输上的相对优势。"渝新欧"运价居高不下，回程货源不足以及与周边地区的内耗式竞争问题尚未根本解决，如此等等，都正在不断加剧着重庆发展内陆开放型经济的物流成本。重庆的国际航空货运在经历了短期的井喷式增长后，目前已经进入稳定发展阶段，但附加值高的科技型产业也正在面临着国际航空货运价格居高不下的难题，国际货运航线支持政策长期缺位的产业效应日益明显。对于这些问题，我的思考是：

一是要尽快出台政策，解决制约我市开放型经济发展水平的物流成本偏高问题，提升物流产业的服务支撑能力。这就需要努力提高"渝新欧"国际铁路联运公共班列，渝深、渝沪五定班列等三个铁路集装箱班（专）列和国际货运航班开行密度和运载能力，实现水、公、铁、空多式联运的无缝对接，提高周转效率，降低物流运行成本。其间的关键是依托内陆国际贸易大通道干线，打造物流网络体系，重点是规划布局与口岸体系相配套的大型专业批发市场和物流园区，在注重功能和降低成本的基础上，形成集铁、公、水于一身的开放型物流网络，同时，还要重视引进一批国内大型物流集团、国际跨国物流企业入驻重庆，并根据重庆的产业特点和内陆特点重点推进制造业与物流业联动发展，加强国际快递物流、仓储物流和冷链物流，形成重庆物流体系与全国统一市场、国际市场相互融合渗透的国际物流大格局。

二是要完善与开放型经济发展相适应的金融支持政策体系，进一步增强金融业对开放型经济的融通支撑能力。地方政府要用好金融办的串联服务作用：一方面要注意与各类银行和金融机构搞好关系，搭建银企常态化对接合作平台，支持各类国有、民营企业境内外上市融资；另一方面要推动面向国际市场的金融产品创新，鼓励发展私募基金、风险投资基金，促进高科技中小企业技术创新和新产品研发，拓展中小企业外向发展过程中的融资渠道。

三是要加快国际营销环境的法制化进程。建设内陆开放高地需要找到合适的参照系或者先进标杆，我认为这就是先行一步的沿海地区。对比一下与上海、广东等地的开放环境，至少政府及其相关部门还是应当多多"走出去"，找到自我革命的切口处。其一，要简化外商投资的审批环节，优化审批流程，建立高效便捷的"并联"办理流程，优化用地审批、项目规划报批等工作流程。其二，要完善外来投资者投诉处理机制，使外来投资者投资兴业、建设运营中出现的各类纠纷处理得到及时解决。其三，要改革商事登记管理，开展全程电子化网上登记注册及年检探索，推行审批许可告知承诺制。其四，要依托贸促会等专业国际商事机构，建立健全我市涉外商事纠纷诉调对接机制。其五，要大力发展涉外会展业，为外向型企业搭建开拓国际市场的对接平台，加快规范发展法律、会计、咨询等各类涉外中介服务组织。

四是要推动结构性减税，用足用够用活中央赋予重庆的各种税收优惠政策。我认为，在推动内陆开放高地建设中更好地发挥政府作用，大体上有三个方面的要求：其一，政府及相关部门应当统一协调，推进银企合作，设立专项出口退税财政铺底资金，形成出口退税资金池机制，提高外向型企业的资金周转效率，节约企业运行成本。其二，要全面清理行政事业收费和经营性收费，除国家行政规章确定的收费事项外，可取消的一律取消，暂不能取消的一律按低限收取，市级及以上各类开放平台的新建外向型产业项目的生产性建筑，减免城市建设配套费。其三，严格执行国家税法，按企业实际融资利息计算财务成本并作为税前抵扣。其四，建立外向型产业发展专项资金与工业税收同步增长的机制，形成政府支持企业发展的动力源泉。

思考之三：切实破除体制机制障碍和政策藩篱，加大重庆辖区内的区域协调与合作，逐步消除要素流动、资源配置的行政壁垒，加大依法行政力度，努力改善法治环境。

重庆是一个具有省级架构的直辖市，既有减少管理层级的体制优势，也存在区际经济发达程度落差较大的难题，从而在构建开放型经济新体制的过程中，区际梯度必然要求开放功能的分层设计。但是，重庆在功能分区过程中却是过分依赖行政力量的外部推动，区域经济发展的市场配置作用有待强化，开放型经济发展的内生机制一直未能真正形成。一是衡量开放型经济发展水平的主要经济指标，通常还需要按照区县的历史基数以行政手段进行分解，其完成进度和进展情况还需要行政督查；二是重大外资项目的谈判与落地，往往与领导个人决断和行政担保有直接关联，项目的当地产业链过短、当地配套体系缺位、长期可持续性较差；三是招商引资过程中在区县之间缺乏全市统一的调配机制，优惠政策的内耗式攀比和对外谈判条件的恶性竞争，难以形成适应市场经济的投资环境和经济发展环境；四是内生的、系统性开放体制以及按功能区域类别设置科学合理的考核体系尚未成型，未能真正体现区际梯度的功能性要求，错位发展的激励机制设计还需要与区域开放的现实基础和发展目标相匹配。

为增强开放倒逼改革的可操作性，我认为目前可以做如下思考：

一是建立辖区内不同梯度之间的开放工作协调机制，提高开放政策、对外策略的科学化、合理化与资源配置效率。这需要对开放发展的具体内容进行战术性设计：其一，不同发展梯度的区县，其招商引资政策应当有所区别，通过政策指引的差异化，实现梯度区域开放发展的错位化；通过建立"注重激励、侧重各异、区际错位、邻间互补"的导向型政策体系，确保开放型经济发展"全市一盘棋"。其二，树立协同配套理念，重视在主城区域以外的区县，推进开放型经济的快速发展。争取尽快设立海关办事机构或建立保税工厂（仓库），为外向型产业发展创造良好的发展环境。其三，建立和规范招商引资管理办法，建立重大招商引资项目的信息共享制度、招商引资联席会议协调制度、重大项目进度会商制度，避免恶性竞争，促进项目落地。其四，完善现行市长—外企对话机制，加强政府与企业间交流，定期举办政企交流会，每季度由市领导及相关市级部门与企业负责人现场交流法规政策、经济动向、企业需求等内容。

二是切实落实"依法治国"方略，在开放型经济体制建设过程中加大依法行政力度，真正形成与内陆开放高地相匹配的法治环境。内陆开放高地建设的核心，是发挥好开放平台的引领带动作用，这就需要建立健全各类开发开放功能区的法律保障机制，提高对外经济活动中的法制化程度，从"文件治市"转变为"依法治市"，率先与国际接轨，形成严明清正的法治环境。目前，重庆只对经济技术开发区制定出台了管理条例，而其他各类开放平台则只是靠政策性文件加以规制，其临时性、随意性和不规范性不言而喻。我认为，在建设内陆开放高地已经成为中央对重庆的要求和重大战略部署的大背景下，应当参照全国各地的成功经验，围绕开发开放功能区的性质、地位、作用和管理机构的事权、政府派出机关性质、综合管理职能，包括财政等问题，由重庆市人大制定重庆市地方性的"开发开放功能区管理条例"，从法律上明确各类开放平台的管理体制、管理职能权限和运行机制，为我市各类开发开放功能区的健康发展提供有效的法律保障。

三是落实区域梯度开放工作目标分类考核责任制。在强化生态保护理念的同时，要淡化生态功能性保护任务比较重的地区的招商引资工作目标，提高善于借外力的能力和水平，重点是创造国际合作的机会和平台，探索开放型生态建设和扶贫合作的有效途径。主城区要加强对外开放目标的责任落实和考核，将重点开放型经济指标分解到开发开放平台，并按功能定位、地理梯度、开放基础等标准设置不同权重加以分别考核。对于开放基础较好的渝西地区，应当主要考核发展增量部分。在开放基础薄弱且生态保护任务较重的渝东南和渝东北地区，则应当淡化产业开放指标考核，并根据实际情况做不同的权衡。更为重要的是，组织部门应当在干部考核管理方面周密思考、审慎设计，建立促进开放型经济发展的科学激励机制，核心是对开放型经济发展较快、特色鲜明、定位准确的区县，制定全面的表彰奖励制度，鼓励区县进一步解放思想，推动重庆开放型经济快速发展。

感悟世界航线发展大会 [*]

9 月下旬，有幸第三次来到重庆对标的开放城市——美国芝加哥，第 20 届世界航线发展大会就在这里举行。目之所及、心之所往，带来的似乎远远不只是视觉上的冲击和心灵上的震撼，更重要的是，身为重庆口岸人行走在内陆开放高地建设中的诸多感悟。

受主办方 UBM 集团邀请，带队与重庆机场集团的国际航线负责人一行四人，赴美参加了为期三天的三式会议。其间，既聆听了国际航空界众多大咖济济一堂的世界航线高峰论坛，也放下过往的身段与 10 余家外国航空公司、世界重要机场进行了多场一对一的会谈交流，并观摩了国内外机场、政府机构的参展推介。

如果要说事事都会有一个总体上的感受，那么，在今天在这个口岸单位联席会议上，我想说的是，通过参加本届世界航线大会，不仅广泛了解了世界航线发展的大趋势——这肯定会对重庆国际航线开发工作产生较大的促动作用——而且，还在具体工作层面达成了国内外一些航空公司开拓重庆航线的意向，学习了国内其他城市尤其是周边城市开展国家航线营销宣传的成功做法和经验。

世界航线发展大会是当今世界最大且唯一的航线开发合作专业会展，由英国 UBM 集团主办，每年举行一次，至今已举办 20 届。除了世界航线发展大会外，UBM 集团每年在美洲、欧洲、非洲、亚洲也分别举办有区域性的航线发展大会。

今年在芝加哥举行的第 20 届世界航线论坛，是历届展会中规模最大的一届，其中参会代表包括航空公司 260 家、机场 415 家、政府机构及相关企业

---

* 此文根据 2014 年 11 月在重庆市口岸单位联席会议上的发言整理。

136家、旅游局92家，总计超过3000人。大会通过举办航空高峰论坛研讨世界航空发展形势，通过会展和一对一会谈，促进政府、机场与航空公司进行直接的航线开发交流，此外，还有针对旅游业的航空旅游高峰论坛。

国际航线是一个国家、地区和城市对外开放程度的标尺，对发展开放型经济、开展经贸旅游合作和文化交流有着重大促进作用。对于正在全力打造内陆开放高地的重庆来说，尤其需要以国际航空运输业的快速发展为支撑，加快建成内陆区域性国际航空枢纽，为重庆早日建成中国内陆区域性国际化大都市保驾护航。

从美国归来，似乎肩上有一种沉甸甸的负重感，不知是否这就是敬业者们所常说的责任感和使命感，但无论如何，当下及今后很长一个时期，国际航线的开发工作肯定是时不我待了。当前，国内各个区域性中心城市对国际航线的开发工作十分重视，竞争异常激烈，政府决策稍有迟疑，就有可能招致落后。参加本次世界航线发展大会的国内机场有首都机场、广州机场、上海机场、成都机场、昆明机场、重庆机场、西安机场、郑州机场、青岛机场、武汉机场、天津机场、深圳机场共12家，其中北京、广州、上海、成都、昆明均单独布展。北京、上海、广州作为国内旅客流量排名前三的城市，虽然国际航线众多，却依然坚持每年都要参加并认真准备这一国际航线开发会展的国际盛事。尤其令我们钦佩不已的是，成都、昆明、深圳等机场不甘人后，近年来已经联合当地政府多次参加此类展览、提供赞助，大力宣传城市、口岸和机场形象，为吸引更多国外航空公司开辟航线打下了良好的市场基础。此外，昆明还成功申办了2015年的亚洲航线发展大会，成都也将于2016年举办第22届世界航线发展大会。周边城市竞相重视国际航线开发，作为直辖市的重庆，如果过分托大，不能抢先一步以更加积极的姿态和更加优惠的政策支持国际航线开发工作，那么，重庆的航空大都市建设将会处于更加落后、长期被动的地位。

国际航线开发需要主动走出去，这是芝加哥国际航线开发大会带给我们的最大启示。长期以来，重庆一直把开展国际航线开发作为一项常规性工作对待，主动不够，创新不多，政策不优，机制不活。在航空口岸的管理和服务方面，我们还是习惯于主要通过政府的口岸管理部门和机场业务部门，同国外航空公司的中国区办公室保持一种日常随意性联系。由于过分依赖于守株待兔式的坐商方式来洽谈国际航线合作，所以，在航线开发初期阶段取得一定成效后，近期便出现了缓步慢行的迹象。通过参加本届国际航线大会并与外国航空公司进行直接沟通之后，我们发现，外国航空公司的中国办公室大多只参与航空公司在中国航线的机票销售和服务工作，航线规划工作实际上主要是由总部的航线网络规划部门负责。航空公司每年引进多少新飞机、对每个市场的新计划、决定是否执行新航线等决策，实际上均由总部掌控。在某种意义上，市场营销和航线规划部门，才是真正能够促成航空公司开通国际航线的关键因素。面对世界众多城市，任何一家航空公司的规划部门都不可能逐一前往调研、拜访。因此，只有通过专门团队主动"走出去"前往外国航空公司进行城市推广和机场营销，才能真正打动并促成开航。目前，重庆航线开发工作经常会受制于出国审批和干部管理规定，而无法主动拜访航空公司或参加世界航线发展大会进行集中营销，客观上影响到了重庆的国际航线开发工作。对此，应当引起我们深思和重视，大胆进行涉外经济的行政管理体制改革和机制创新，并采取切实有效的工作措施，强化开放型经济发展中外部环境变化的积极应对，提高涉外工作的风险防范和化解水平。

国际航线开发是一项业务互联、信息互通、内外互动的系统工作，需要多个工作主管部门及业务单位的紧密配合。在某种意义上，国际航线的开发工作就如同招商引资，有时开通一条国际航线往往就能够撬动几十亿甚至上百亿美元的国际贸易，其对城市形象和产业经济的引领和带动作用不可小觑。本次世界航线发展大会，有92个国家或城市的旅游观光局参加，其中，洛杉矶旅游局、芝加哥旅游局、威尔士旅游局、日本观光厅、澳大利亚旅游局、英国旅游局等政府机构，专门搭建展台，宣传推广国家或城市旅游。成都、昆明的展台均有当地政府的外宣、旅游和商务部门参与推广，航线发展大会已然成为对城市进行全方位宣传与展示的最佳平台。显然，如何在国际航线开发中建立起互联互通的工作机制，是我们必须加快解决的重大问题。我认为，这需要在行政管理体制中理顺开放型经济运行机制，成立国际航线开发联合招商小组，每年针对重点航空公司和重点国际航线，加大政府营销力度。

机场是航空业运行与发展的底盘，是承接国际航线的首要载体，更是开发国际航线的交流洽谈平台，因而推动国际航线开发就必须加快机场枢纽建设。为与内陆开放高地建设形成积极呼应和配套，我们应当把建成中国内陆区域性国际枢纽作为重庆发展开放型经济的重要战略目标，除重点引进国外航空公司入驻外，还要重点培育国内有影响力的航空公司（海航、南航等）在重庆设立第二枢纽，多种渠道培育重庆国际旅游包机公司，调动旅行社参与国际航线合作事务。与此同时，根据中国和世界航线发展趋势，加强基础设施建设和政策支持力度，通过政府的导向性政策，加强与沿海、沿边城市共同开发国际航线的地区合作（如厦门、青岛、乌鲁木齐等经停重庆的串飞航线），积极辐射周边，在国内竞争中占得先机、赢得优势。

重庆是长江上游的经济中心、西部地区功能性金融中心，正在建设内陆开放高地和国际最佳旅游目的地，开发更多的国际航线就应当建立起政府涉外工作的"绿色通道"。当前，重庆的国际航线开发工作亟须加大"走出去"的力度，开展积极营销，通过拜访国外航空公司并参加国际航线专业会展，提升重庆在中国作为内陆区域性国际化大都市的城市形象和知名度。在国际航线的联合开发和对外合作中要从实际出发，建立有益于"走出去"的便捷、高效、畅通的"绿色通道"，为口岸、外宣、旅游、外经贸等业务部门提供更加宽松、便利的条件，形成能够主动与国际知名航空公司建立国际航线拓展合作的体制机制。

总之，重庆是一座大美之城，文史底蕴深厚，发展国际旅游需要密集的国际客运航线；重庆是内陆开放高地，工业体系完备，发展外向型产业需要布局精细的国际货运航线；重庆是中国西部地区和内陆唯一的中央直辖市，建成区域性国际化大都市是党中央对重庆发展的战略定位，构建四通八达、配套完善、功能齐备的国内国际航线网络体系，必须通过深化涉外经济体制改革、健全行政管理体系、优化业务工作流程，为国际航线开发提供全方位服务保障和外部环境。

融入"一带一路"的重庆开放与发展[*]

首先祝贺四川外国语大学重庆国际战略研究院的成立，感谢邀请我参加此次"一带一路"国际研讨会。借此机会与大家一起分享对重庆融入"一带一路"建设的几个观点。

观点之一："一带一路"建设对重庆的开放和发展至关重要，但如果能够把长江经济带战略有机融入进来，形成"一带一路"与长江经济带的水乳交融，对于重庆建设内陆开放高地的实践意义会提升一个数量级。

2013 年习近平主席在出访中亚四国并出席 G20 峰会、上合组织峰会期间，首次提出要建设"丝绸之路经济带"，在同年 9 月份出访东盟国家时又提出要建设"21 世纪海上丝绸之路"。当年 10 月召开的中共十八届三中全会上，就把建设"丝绸之路经济带"和"21 世纪海上丝绸之路"提升为国家战略，形成了我国在新时期发展开放型经济的"一带一路"总体部署。应当说，这对于包括重庆在内的我国中西部地区来说，是一个重大利好，是一个可以依托资源、形成特色、务实合作、加快发展的重大历史机遇。但是，对于重庆来说，国家层面的"一带一路"并不能合二为一，或者说，融二为一需要一个桥梁，这在 2014 年 4 月底，重庆又面临了一个历史机遇，这就是李克强总理在视察重庆期间召开了长江经济带专题会议。以此为契机，长江经济带战略把"一带一路"国际倡议给串联起来了，重庆便历史使命般地成为长江经济带和"一带一路"的战略交汇点和联结点。也正是在这种意义上，重庆的政府和学界经常使用"两带一路"战略这个专用语汇来表达重庆的发展与开放，当然，我个人并不赞成这种方式的合并性使用，因为二者解决的问题不同，一为对外开放，

* 此文根据 2014 年 11 月在四川外国语大学重庆国际战略研究院"一带一路"国际研讨会上的发言整理。

一为国内区域布局。显然，对于这种宏大的国家战略实施，我们绝不能就事论事，一城一池地进行单兵突进，而是必须从顶层设计到具体实施重视"一带一路"可能带来的开发开放，尤其是必须重视加快推动内陆地区的大开放，形成东、中、西开发开放良性互动格局。这既是我国扩大内需、实现科学发展和可持续发展的重要路径，也应当成为广大中西部内陆地区加快发展和扩大开放的主战场。"一带一路"之下，重庆的开放型经济发展会出现新的资源整合，"渝新欧"的通道建设中，货源不会再局限于重庆自身及周边，有助于通过长江黄金水道、公路铁路网络等交通枢纽优势来吸纳沿海地区的货源，从而在中欧贸易过程中科学合理地选择运输方式。

观点之二："丝绸之路经济带"和长江经济带发展战略是重庆发展与开放过程中的近期重点，必须找准接合部大做文章、做大文章、文章做大，这是由国际区域经济发展的竞争态势所决定的。

作为新战略的交汇点，重庆参与"丝绸之路经济带"和长江经济带的建设更为直接，这是由地理因素所决定的，所以应当把工作重心进行适当调整。同时还要处理好区域合作问题，不能大包大揽，也不能只想独占独赢，要有取有舍，有分工有合作。长期以来，我国中西部内陆地区在开发、开放中处于劣势，其中最主要的原因是受地理区位的限制，缺乏连接全球主要市场的贸易大通道和开发开放平台。在中部崛起和西部大开发中，郑州、武汉、重庆、成都、西安等地，不断加快综合交通枢纽建设，特别是"郑新欧"国际班列、"蓉欧"国际快铁、"长安号"中欧班列、"渝新欧"国际班列等国际贸易大通道建设在探索实践中迅速成型，成为多起点、多线路、多产品、横跨欧亚大陆多个国家的铁路联运国际贸易大通道，实现了我国内陆地区与欧洲市场的直接连接，打破了近百年来内陆地区货物主要经沿海地区、太平洋、印度洋再到欧美、大西洋的国际贸易格局。因此，重庆要与通道沿线国家之间开展全方位合作、共同建设"丝绸之路经济带"，就必须重视发挥中西部内陆地区的资源优势，形成向西开放战略中的比较优势，扩大综合服务的系统性集聚优势，紧紧依托各具特点的中欧国际铁路贸易大通道，形成贸易、投资、产业、科技等多领域务实合作局面。

观点之三：要重视"一带一路"建设实施过程中贸易大通道的特殊作用，重庆的优势在于三个方面：一是"渝新欧"铁路的通道先发优势，二是重庆制造业的完备体系优势（IT、装备等），三是西部地区对外投资能力和区域性金融中心优势。

中欧国际铁路的开通和发展，可以向西支撑"丝绸之路经济带"建设。长远而言，扩大对欧贸易，加强产业互补，需要改变我国改革开放以来一直以东部沿海城市为重点的一枝独大的对外贸易格局。中国是欧盟第二大贸易伙伴和出口市场、第一大进口来源地，每年有超过 400 万标箱的货物输往欧洲。其中，中西部内陆地区与欧洲市场的关系也越来越密切，"郑新欧""蓉欧""渝新欧"等国际铁路班列的畅通运行，使笔记本电脑、移动硬盘等电子类产品以及汽车配件、工程机械、医疗器械等工业产品不断运往欧洲，昭示了这条国际贸易大通道的广阔发展前景。中欧国际铁路向南延伸发展，可以与泛亚铁路相连，打通与东亚、西亚、南亚、东南亚的联系，连通西部地区、珠三角（含港澳）和东南亚地区，促进我国与欧盟、东盟贸易往来，弥补两座大陆桥目前的辐射缺失，强化南线欧亚大陆桥功能，加快实现亚欧铁路一体化建设。

观点之四：必须充分正视和重视中欧国际铁路贸易大通道支撑"丝绸之路经济带"建设中存在的主要问题。否则，我们会丧失抢占先机的历史机遇。

第一，现行中欧国际铁路班列运输费用较高，对丝绸之路经济带建设的战略支撑作用不足。目前，中欧国际铁路班列的运行价格构成，主要包括铁路运输费用、集装箱调租费用、国内短驳费用、报关费用以及其他营业费用。据测算，中欧班列的全程试运行价格在 9000—12000 美元／集装箱之间，但是，由于各地对中欧贸易物流大通道的高度重视和寄予厚望，为确保在经济带规划成熟前抢占战略地位，从而成为交通节点性城市，享受政策扶持，并进而为本地产业升级和对外贸易谋取利益。中欧国际铁路班列的线路竞争也十分激烈，很多国内沿线节点城市的地方政府通过财政补贴、降低价格等途径争夺货源，客观上延缓了"丝绸之路经济带"的建设步伐。比如，为揽到更多发往欧洲的货物，"郑新欧"对 1500 公里以内的输欧货物实施免费运到郑州的鼓励政策；重庆则利用产业优势，把本地笔记本电脑等电子产品通过中欧班列运往欧洲，同时对笔记本企业的产品直接参照海运价格进行专项补贴；武汉也是财政补贴到与海运价格相当。基于上述财政补贴政策,目前"郑新欧"班列的到站价格仅为 3000—6800 美元,成都和重庆的到站价格也只有 7000—9000 美元。有关部门统计数字显示,目前中线大陆桥货物在口岸的平均滞留时间占全程时间的 30%,其中因单证、海关查验造成滞留的占 60%,由运力衔接等其他原因造成滞留的占 40%。正是由于上述原因,中线尽管比北线在距离上要少了 2000 多公里,但实际运行时间却往往受到不确定因素的影响,运价也大大超过北线。《国务院关于改革铁路投融资体制加快推进铁路建设的意见》提出,"要创造条件将铁路货运价格由政府定价改为政府指导价,增加价格弹性",实质性的中欧国际铁路运价还会进一步上涨。因此,降低运输费用已经成为中欧国际铁路贸易通道提升竞争力的瓶颈问题。

第二,中欧国际铁路班列的通关环节过于烦琐,制约了"丝绸之路经济带"建设的实效和进展。目前,中欧国际铁路班列沿线各国初步建立了货物通关协作谅解机制,电子结算功能已经健全运行,从国内各起点出发的货物通过中欧国际铁路班列抵达欧洲实现了一次申报、一次查验、一次放行,大大缩短了货物发运时间。但是,由于国际铁路运输的运单制度不同于海运,需要以车皮为单位提交运单,造成通关手续极为复杂烦琐,既占用了大量人力,又增加了贸易成本。

第三,中欧国际铁路班列存在着明显的、持续性的、长期性的回程货源不足,"丝绸之路经济带"建设面临着互动双赢难度加大的问题。中欧国际铁路班列在实现双向开行方面面临着很多难题,至为关键的难题是受中欧贸易结构的影响缺乏足量的回程货源。目前中欧每年陆路运输量为 7000 多万吨、海运量 2 亿多吨,但大部分货物都是由中国出口欧洲,而欧洲出口到中国的货物仅有少量的精密仪器、机械、高档服装等。回程货少,意味着多条起点不同的中欧班列都面临巨大的盈利考验。回程货的组织需要与欧洲一些知名企业合作,但在欧债危机的影响下,欧洲经济并不景气,开拓欧洲市场压力不断加大。

第四,内陆口岸体系创新存在着较大难度,制度约束刚性化的问题短期内难以解决。欧亚大陆桥发展过程中的实践表明,沿边地区铁路口岸的建设对于吸引、带动周边地区经济发展和贸易往来发挥了重要作用。因此,无论是发展内陆开放型经济还是畅通内陆国际贸易大通道,都必须充分正视和重视内陆口岸的平台作用。但是,广大内陆地区在发展开放型经济过程中,长期存在着开放平台不足、口岸体系不配套的现实问题和突出矛盾。大多数内陆地区只是拥有航空口岸或内河水运口岸，但缺少与中高端价值货物运输对应的铁路口岸。要改变内陆地区天然的地理区位劣势，落实西向开放战略，亟须在内陆地区扩大铁路口岸开放，以便各地根据自身实际情况探索内陆开放型经济发展新模式。但是，目前国家对口岸管理的法制化层级较低，《口岸工作管理条例》至今未能通过并出台，口岸的内涵中一直沿用"直接进出境"的刚性约束，铁路口岸的正式开放尚有待时日。

观点之五：要积极向中央高层提出建议，今后在国家外交事务中，应当把中欧国际铁路贸易大通道建设纳入我国与沿线国家之间战略对话框架，否则，很多涉及国家事权的国际合作事务无法落实。

目前，已经开行的八条中欧国际铁路贸易大通道大体上要途经中亚和欧洲六个国家。需要国家把中欧国际铁路大通道建设纳入我国与有关国家战略对话框架，在国家层面上推进我国与沿线国家的协调与合作，解决好换装能力不足、拥堵和开行速度低以及货物运输安全、环保协调等问题。可以作这样考虑，即由海关总署和交通运输部加强与中欧国际铁路沿线国家海关和铁路运输管理部门的合作，在中欧国际铁路联运中参照国际海运模式，利用现代信息化技术手段简化运输单证，优化通关流程，提高跨境运输通关的物流效率，缓解由于现行铁路运输单证填报烦琐而制约中欧国际铁路班列运输速度的问题。同时，还要确立中国与哈萨克斯坦、波兰与白俄边界的宽轨、准轨"两次换轨"的操作办法，实现货物集装箱在沿线准轨铁路与宽轨铁路间的高效调装，创造条件争取早日实现全线统一使用准轨的铁路建设。

观点之六：发挥多地多方多层次的联合作用，推动并理顺便捷高效的国际通关体制机制，把重庆参与"一带一路"建设的经验加以全面推广。

一是在中国海关总署与哈萨克斯坦、俄罗斯、白俄罗斯、波兰、德国、荷兰、比利时海关共同发起建立"渝新欧"关务协调机制的基础上，还应当推广"渝新欧"被正式纳入中欧"安智贸"试点计划的成功做法，推动中欧铁路沿线各国海关在监管互认、信息共享、执法互助、一次申报、一次查验、全线放行等方面取得重大进展，积极消除国际物流合作和海关协作方面的误解与矛盾，形成中欧国际铁路绿色通道的国际物流管理体制。二是要在"丝绸之路经济带"建设中明确沿线各国铁路部门的责权利，确保在每段的安全快速运行，建立各国铁路的信息沟通机制和快速处理突发事故机制，探索建立国际铁路联席会议机制和合作的市场机制。

观点之七：要统筹建立国内跨省区、跨部门、跨口岸协调机制，推动国内区域合作共创品牌，形成重庆参与"一带一路"建设的利益分享格局。

完善国家各部委、省区协调机制，包括海关、检验检疫、外贸、铁路等部门以及沿途各省区工作协调、利益分享机制。打造中欧国际铁路货运品牌线路，聚集沿线国内各省区的合力，统一开展国际贸易谈判，提高话语权，扩大知名度，避免重复建设、同类竞争。提升中欧国际铁路各类平台公司的营销管理水平，与国际贸易、货代公司建立合作伙伴关系。加强国内海关协调合作，促进区域通关便利化，由国家海关总署牵头协调国内沿线海关，在电子产品快速通关模式基础上，建立多样化货物快捷通关模式，如建立电子预报关制度，沿线海关对中欧国际铁路各类运营平台建立认证考核机制，对通过考核的公司给予绿色通关认证。改革现行中铁联集统筹机制，创新现行铁路统营、统运管理体制，将货物编组功能下放到中欧国际铁路的国内主要节点城市和口岸，从体制上保障起点城市和口岸的集货功能。

观点之八：要以深化改革和政策创新为突破口，加快中欧国际铁路国内起点的区域性物流中心建设，形成重庆参与"一带一路"建设的内部实体支撑。

在国家层面上，要赋予中欧国际铁路国内各起点铁路中心站以较高的战略定位，适时将其升格为国家开放口岸并进行完备的规划设计和政策支持。目前，国内各条中欧国际铁路线路起点基本上属于我国铁路集装箱中心站，承担了内陆铁路枢纽及周边 500 公里范围内集装箱运输的组织、编组、调配、信息管理等，应当从形成开放型经济新体制的战略高度出发，赋予其区域性物流中心的定位，以此为依托形成支撑中欧国际铁路的国内交通运输物流体系。一方面要与国家骨干高速公路网相通，与内河口岸、航空口岸，各类保税区、开发区等进行铁路专线相连；另一方面在此基础上实现区港融合、区区联动，开展全国范围内江海联运、铁海联运、水空联运，建设 B 型保税物流园区，在产业规划、用地保障、建设规划和信息化规划等方面给予相应的政策支持，形成有利于外贸运输货物在铁路站集散和分拨的平台条件。

观点之九：要加大我国各省份与中欧国际铁路沿线国家之间的区域合作，发挥重要产业的比较优势，在重点国家布局境外产业园区，培育重庆参与"一带一路"建设的新优势。

推进旨在降低区域内贸易和投资成本的物流、贸易和投资便利化，是全球性的大趋势，也是发展区域经济合作的关键。"丝绸之路经济带"建设，应当以中欧国际铁路为中心，以形成综合交通通道为支撑，依托沿线交通基础设施和中心城市，对区域内贸易和生产要素进行优化配置，促进区域经济一体化，最终实现区域经济和社会同步发展。为此，应当研究制定中欧国际铁路大通道沿线国家的境外产业园区方案，并纳入国家境外产业园区发展规划。吸引欧洲各国大型跨国物流企业如 TNT 公司、德讯集团、德铁等一批世界知名物流运输企业融入中欧国际铁路货运物流体系，为中欧铁路的通畅和高效提供稳定的货源，形成和谐共赢的国际合作机制。积极探索由中国铁路总公司确定散货集结地、共同形成货源充足的中欧班列模式，在满足各地经济发展需要的前提下，避免相互间恶意抢货竞争。鼓励和支持中国企业在通道沿线国家并购知名企业、先进技术之后再进行远程投资，实现"走出去"与"引进来"有机结合的良性互动。推动外贸企业加快"走出去"，通过并购欧洲发达国家和地区的营销网络、知名品牌、研发中心，加快进入国外终端消费市场，扩大欧洲市场份额。鼓励中国企业在欧洲、中亚等国建立加工贸易、科技研发、农业合作、资源开发等产业合作基地，带动国内"丝绸之路经济带"各省区的产品出口和服务出口，不断提高中欧国际铁路的回程货源附加值。在这种意义上，以中欧国际铁路贸易大通道为依托，分步推进贸易投资便利化、深化经济技术合作、建立自由贸易区，应当成为推进"丝绸之路经济带"建设的三部曲。

口岸管理、体制改革及开放问题*

口岸是我国改革开放的窗口，在扩大国际经贸交流方面具有重要作用。但是，随着我国对外开放的不断扩大，长期制约口岸发展的矛盾和问题也在日益凸显，不仅影响了口岸功能的提升，也在一定程度上影响了我国开放型经济的发展，应当引起有关方面的高度重视。无论是纵观还是横看，也无论是国家分级管理还是地区自主探索，我认为，当前我国口岸开放与管理工作中尚存在着诸多突出矛盾和问题，应当引起高层重视并采取有效应对措施。

问题之一：缺乏完备的综合管理法律保障。我国的口岸管理体制在国际上并不多见，是一个事权划分极细、部门管理层次极多的行政性管理体系，这在市场经济发展到一定阶段，尤其是在开放型经济成为区域经济发展的核心之后，必然会严重束缚羁绊全面开放格局的形成。比如：《口岸管理工作条例》或《口岸管理法》至今了无痕迹，地方口岸管理缺乏上位法，各口岸查验单位业务职责界定上交叉与空位并存的现象十分突出；国家口岸办设在海关总署，但地方口岸办设置五花八门，分布在商务、外事、旅游、交通、发改等诸多部门，且多为部门内设处室。这种口岸管理机构设置多样化和机构职能不健全，造成了口岸协调的机制弱化、权威不足以及障碍多、难度大等诸多问题，管理体制亟待理顺。

问题之二：缺乏动态调整的口岸设立标准，无从适应多变的国内外形势。在开放型经济迅速发展的情况下，国家原有口岸开放所需查验配套设施建设的标准已经不符合形势要求，新的标准迟迟未能出台，而海关、检验检疫、海事、边防等口岸查验单位各自出台了相关设施建设标准，且在具体执行过程中相互攀比，导致口岸配套设施建设成本不断攀升。为了实现口岸开放，原本应

---

　　*　此文根据在中国口岸协会 2015 年年会上的小组讨论发言整理。

由查验单位配备提供的配套设施，也不得不由地方政府自行承担。

问题之三：缺乏配套的业务发展联动机制，或单兵突进或无力协调。入世之后，中国经济开放度迅速提高，但承担国门任务的口岸查验机构编制明显不足，历史欠账较多，由于国家层面没有建立查验机构人员编制数量与口岸业务量、关税收入金额等量化指标相挂钩的联动机制，部分查验机构更多地强调要求增加编制并与口岸开放、提供协管人员或加班经费等事项挂钩，地方政府的口岸开放和管理成本越来越高。

问题之四：缺乏高效的审批一体化机制，"九龙治水"的机构设置抑制了口岸服务经济发展的功能发挥。按照现行国家口岸管理规定，口岸开放（包括临时开放）必须征得大军区及其相关兵种主管以及省军区的同意，在征求市、省和国家三个层面四个查验单位10多个有关部门的意见后，再报经国务院批准，之后还要通过省级预验收和国家级正式验收同意才能实现口岸开放，开放口岸的审批流程中部门多、环节繁、周期长、效率低，已经难以满足经济快速发展的需求。

问题之五：缺乏畅通、高效、共享的信息平台，老死不相往来的部门利益至上无从生成真正意义上的电子口岸。国务院要求建设以口岸通关执法管理为主，逐步向相关物流商务服务延伸的大通关、大物流、大外贸的统一信息平台，并且要把电子口岸建设成为具有一个"门户"入网、一次认证登录和"一站式"服务等功能、集口岸通关执法管理及相关物流商务服务于一身的大通关统一信息平台。各地按要求将大量人力、物力和财力投入电子口岸建设，但由于缺少权威协调和整合手段，地方电子口岸平台与查验单位的平台很难做到互联互通，信息资源共享始终停留在纸面上、口头上，难以真正实现一个"门户"入网、一次认证登录、"一站式"服务和降低通关成本等功能的发展目标，口岸大通关建设中的信息"孤岛"问题十分突出。

革故鼎新、兴利除弊，从来都是改革的基本要义。在口岸服务经济的层面上，口岸管理、体制改革与开放问题是紧密相连的有机整体，如果不能以壮士断腕的勇气加大改革力度，构建开放型经济新体制就会成为一句空话。

第一，要为口岸工作立法，推进口岸开放与管理步入法制化轨道。尽快出台《口岸管理工作条例》，为向《口岸管理法》过渡奠定基础。这就需要切实明确口岸综合管理部门的管理权限和职能定位，赋予口岸管理部门在口岸开放、日常管理、大通关建设以及口岸信息化建设等方面的组织、协调、监督等管理权力，使口岸开放与管理有法可依、有章可循，扭转口岸运转中建设无资金、管理无依据、协调无手段、监管无力度的被动局面。

第二，要加强口岸协作，完善口岸管理体制。一是完善口岸系统相关单位之间的联系会商制度。定期通报口岸开放需求协调解决水陆空域开放、军事设施迁建和查验设施建设等重大问题，充实联席会议内容，尤其要把地方口岸管理的重大事项纳入协商议程。二是完善口岸综合管理部门与政府职能部门的协作制度。在规划立项阶段，相关部门要提前向口岸管理部门通报备案；在建设实施阶段，由口岸管理部门牵头协调各查验单位，指导完成口岸查验设施及航道、锚地等配套工程建设。

第三，要健全口岸发展联动机制，完善口岸设立动态调整标准。按照查验设施建设"四个统一"的要求，进一步理顺口岸项目报批程序，确保口岸管理部门参与口岸项目建设的全过程。按照分类管理的原则，尽快完善口岸查验设施建设标准，由国家发改委或国家口岸办牵头，会同财政部等有关部委，按照沿海口岸、边境口岸和内陆口岸的不同特点，以口岸查验业务量和口岸类型为主要依据，重新制定口岸查验单位业务编制、办公用房和现场查验监管设施建设的具体标准。

第四，要理顺口岸开放审批流程，简化临时开放报批程序。以服务开放型经济发展为目标，加强国家层面的沟通协调，简化口岸临时开放的报批程序，减少审批环节，适当下放口岸管理权限，除首次临时开放由国家相关部委负责审批外，临时开放延续项目应当下放到省级口岸管理部门。

第五，要加强口岸信息化建设，加快实现跨区域、跨系统的电子口岸数据互联互通和资源共享。进一步明确中国电子口岸与地方电子口岸职责分工及平台功能定位，协调国家有关部委向地方电子口岸开放报关、报检以及其他各类办事审批流程等相关数据，消除信息化"壁垒"。建立中国电子口岸与地方电子口岸互利共赢机制，在技术、数据等方面加强对地方电子口岸建设的指导、支持和帮助。

让"一带一路"为重庆口岸经济插上腾飞的翅膀 *

日前,国家发改委、外交部、商务部联合发布了《推动共建丝绸之路经济带和 21 世纪海上丝绸之路的愿景与行动》(以下简称《愿景与行动》),明确指出:推动口岸基础设施建设,畅通陆水联运通道,推进港口合作建设,增加海上航线和班次。认真研究《愿景与行动》,我认为重庆口岸经济的发展将迎来多方面的机遇和挑战。

《愿景与行动》是第一份关于"一带一路"的白皮书,也是中国政府有关"一带一路"带有规划性质的文件。由于"一带一路"倡议本身是一项涉及国际合作与国内协作相融合的重大行动,必然要对具有联结内外、融合进出功能的口岸提出明确定位。我以为,正是在这种意义上,《愿景与行动》才会特别强调要加强口岸基础设施建设等相关内容,这实际上也是在特别强调,实现"一带一路"倡议的国内区域重要节点城市,将会成为口岸经济的重点发展地区。为此,国家必将会依托开放口岸、贸易通道,制定相应的外向型产业布局、开放平台设计和基础设施建设等支持政策,从而客观上为内陆地区进一步开发开放带来重大机遇。同时,由于区域布局和分工不同,也势必会形成某些关键环节的重大挑战。

一、重庆口岸经济发展机遇

重庆在探索内陆开放型经济发展路径方面卓有成效,《愿景与行动》则对"一带一路"所涉及的国内相关区域进行了有利于各地区发挥优势的分工和定位。因此,新时期、新形势、新背景下,重庆在壮大口岸经济方面将会面临多

---

* 此文根据 2015 年 5 月在四川外国语大学"一带一路"学术研讨会上的演讲整理。

重发展机遇。

其一是通道建设机遇。"一带一路"倡议的落地，需要特别重视通道建设，尤其是随着"渝新欧"国际铁路货运通道的常态化运行，以及长江黄金水道成为"长江经济带"建设的重点内容、国际客货运航线强力开通和航班加密，重庆的国际贸易大通道体系的立体构架正面临着前所未有的发展机遇。

其二是国际通关协作机遇。通道建设尤其是"渝新欧"铁路通道建设为重庆奠定了在"一带一路"建设中的物质基础和现实优势，《愿景与行动》特别提出要推进建立统一的全程运输协调机制，促进国际通关、换装、多式联运有机衔接，逐步形成兼容规范的运输规则，实现国际运输便利化，并将为此建立中欧通道铁路运输、口岸通关协调机制，打造"中欧班列"品牌，建设沟通境内外、连接东中西的运输通道。这对"渝新欧"铁路完善国际通关协作机制无疑具有强力推动作用，从而有助于提高通关效率、缩短运行时间、降低物流成本。

其三是外部市场机遇。"一带一路"将会联结沿线国家和地区成为一体化市场，重庆也将会通过立体化的贸易通道体系与相关国家和地区建立起贸易、投资、资源和产业等全方位合作关系，从而扩大重庆的国际市场区域，深化国际合作领域，为口岸经济发展开拓市场空间。

其四是产业外向发展机遇。《愿景与行动》强调要推动新兴产业合作，特别是在新一代信息技术、生物、新能源、新材料等新兴产业领域的深入合作，优化产业链分工布局，推动上下游产业链和关联产业协同发展，这对重庆发挥制造业体系完备、科技研发能力相对较强的优势是一大利好，有助于通过建立研发、生产和营销体系，提升区域产业配套能力和综合竞争力。

其五是开放平台建设机遇。《愿景与行动》提出，要根据"一带一路"走向，陆上依托国际大通道，以沿线中心城市为支撑，以重点经贸产业园区为合作平台，共同打造贸易物流新通道，并鼓励合作建设境外经贸合作区、跨境经济合作区等各类产业园区，促进产业集群发展。重庆已经建立起了"1+2+4+36"的开发开放园区平台体系，又有水陆空齐备的口岸平台体系，如果能够在新形势下借助"一带一路"倡议的推进，在沿线国家谋划建立起依托重庆比较产业优势的境外经贸合作区，将会对新一轮对外开放产生实质性突破。

二、重庆口岸经济发展中的主要挑战

目前，国家在推动"一带一路"建设方面已经形成了总体规划框架，重庆在口岸经济发展方面也取得了一定成绩，但就《愿景与行动》的定位和布局来看，重庆还面临着多方面的严峻挑战。

一是全市上下尚未就口岸在开放型经济发展中的重要作用达成共识，尤其是一些部门和干部对口岸发展与对外开放的辩证关系认识不清，对口岸经济是内陆开放型经济的核心内容和基本载体理解尚不到位，因而在体制机制以及工作配合中经常出现不必要的纠葛和问题。

二是口岸平台布局大多集中于经济发达水平相对较高的主城区，口岸平台的区域配置不平衡。

三是口岸经济发展中的基础设施、物流体系、重点产业、专业市场、衍生服务等有效培育不足，以口岸为核心、依托和衍生的服务贸易水平不高。

四是交通枢纽、口岸、保税区三类平台融合度不高，"三个三合一"功能发挥尚需通过深化体制改革来实现机构整合。

五是口岸辐射带动功能释放还不够充分，口岸基础设施投入不足，口岸体系有待完善，客货航线网络急需丰富。

六是口岸运行机制还需创新优化，统筹协调有待加强。

三、重庆在"一带一路"中的国家定位

实际上，为积极推进"一带一路"建设，在《愿景与行动》中，中央政府特别强调要充分发挥国内各地区比较优势，实行更加积极主动的开放战略，加强东中西部互动合作，全面提升开放型经济水平。尤其是内陆地区具有地域纵深广阔、人力资源丰富、产业基础较好的优势，国家提出要以若干城市群为重点区域，推动区域互动合作和产业集聚发展，要把重庆打造成为西部开发开放重要支撑，还有一些内陆城市将成为内陆开放型经济高地。

在《愿景与行动》中做上述统筹考虑、分类施策，实际上也是对内陆地区如何融入"一带一路"建设所做的具有规划性质的区域布局。对重庆的要求

是"西部开发开放重要支撑",因而定位更高、意义重大。如果把推动"一带一路"建设的国内布局比作人体,那么,包括西北、东北、西南、沿海和港澳台以及内陆地区就构成了战略骨架。重庆能够成为支撑而且是重要支撑,是对重庆前期在内陆开发开放重要成就的肯定,更是对重庆在今后继续发挥辐射和带动作用寄予了厚望。在某种意义上,或者说,如果把开放高地看作战略"支点",那么,是开发开放重要支撑就是战略"中轴"。我认为,"一带一路"建设是国家在全球政治与经济新格局中考虑的一种"点轴战略"新设计,通过这种点轴战略的发散式实施,形成新的国际合作经济带,达成集"点向性""线向性"和"面向性"于一身的区域合作政治格局和经济态势。在这一战略实施过程中,重庆要特别注意释放自身在西部开发及内陆开放中的重要作用,建设好以"渝新欧"为载体的国际贸易大通道,发挥好"三个三合一"的口岸开放平台作用,配置好以电子信息等制造业为核心的外向型产业体系,带动好长江上游和西南地区的开发开放取得更大成就,为"一带一路"建设提供坚强的资源、市场和产业基础。

重庆地处长江经济带与"一带一路"的交会点,全方位融入"一带一路"建设的关键只能是发展口岸经济。在传统意义上,口岸是一个国家对外开放的门户,是开展国际贸易的平台和通道。由于重庆不沿边不靠海,所以除了航空口岸之外,并不具备"直接出入境"的传统口岸设立条件,这也是改革开放30多年来,重庆对外开放步伐一直受到多方制约的重要原因所在。但是,随着经济全球化趋势加速发展和信息科技水平的迅速提高,现代口岸已经突破了传统的"直接出入境"的界限,只要依托现代信息技术保证严格监管,口岸开放完全可以不受地理区位的瓶颈限制,关键是要有全域开放的理念和体制机制设计。也正是在这种意义上,重庆在发展内陆开放型经济过程中,已经开始谋划适应新形势的口岸经济体系,这是确保重庆参与全球资源配置的重要形式和内容,有利于深度融入"一带一路"建设,把重庆建成丝绸之路经济带、21世纪海上丝绸之路和长江经济带的战略支撑、枢纽节点,加快建成内陆开放高地和口岸高地。

四、重庆壮大口岸经济的现实基础

目前，重庆已经具备了发展口岸经济的条件和基础，这也是由重庆的开放型经济发展现实所决定的。

其一，重庆口岸平台体系正在逐步完善。近年来，重庆已经建成了"三个三合一"的口岸开放平台，拥有了以航空、水运、铁路三大交通枢纽、三大一类口岸、三大保税区为主的 16 个口岸区域，电子口岸虚拟平台初具规模。

其二，内陆国际贸易通道体系日渐成型。长江黄金水道、"渝新欧"国际铁路大通道、近 50 条国际客货运航线以及"渝深快线"，构成了重庆水陆空立体化国际贸易通道网络，可以连通世界主要口岸。

其三，大通关格局基本形成。海关在市内各口岸以及特殊区域初步实现"区港融合、区区联动"，检验检疫推行"通报、通检、通放"，关检合作"三个一"顺利启动，国际国内区域合作密切，国际贸易"单一窗口"建设正式启动。

其四，产业外向度不断提高。作为全国重要的现代制造业基地，重庆的传统支柱产业稳步成长，摩托车出口量居全国第一，通机出口量占全国的 50%；形成了以笔记本电脑为龙头的"5+6+800"电子信息产业集群，全球 1/3 的笔记本电脑产自重庆；保税展销、跨境贸易电子商务等新兴产业开局良好，服务贸易五大专项全面启动。

其五，口岸环境不断创新优化。口岸功能日趋完善，为打造"五低"发展环境创造了良好条件；拥有口岸签证、72 小时免签、保税航油等功能，形成了汽车整车、进口肉类、水果和冰鲜水产品等指定口岸。

正是由于具备了上述重要的开放基础，重庆发展口岸经济才具有了得天独厚的优势，平台型口岸经济基础牢固，依托型口岸经济初具规模，衍生型口岸经济蓄势待发。2014 年全市外贸进出口 954.5 亿美元、增长 39%，列全国第 10 位。服务贸易额达 131 亿美元、增长 25%。离岸结算 824 亿美元。航空口岸出入境人员达 176 万人次，列全国第 11 位，国际航空货邮 12 万吨，居中西部 22 个省区市第 3 位。水运口岸国际物流总量达 923.5 万吨，进出口集装箱达 58 万标箱，列全国内河口岸第 4 位。铁路外贸集装箱为 4.7 万标箱，居内陆铁路口岸第1位。

五、重庆发展口岸经济的基本原则

口岸经济是一种复合型经济体系，它以口岸为核心，直接或间接依托口岸发展，涉跨一、二、三次产业多个经济领域。从基本概念上来理解，口岸经济包括前后相继、相互依赖、相互支撑又层次分明、各有重点的三种形态，即平台型口岸经济、依托型口岸经济和衍生型口岸经济。作为内陆地区的典型代表，重庆在口岸经济的发展过程中先后经历了三个阶段，即以平台建设保障客货通行为主的起步阶段、以保税加工贸易为主的拓展阶段、以现代服务贸易和自由贸易为主的深化阶段。口岸经济是现代经济发展的新引擎，对我市努力建设西部中心枢纽和国际化大都市、主动融入国家"一带一路"建设和长江经济带发展、加快经济转型升级、推进区域经济协调发展、建设内陆开放高地具有重要意义。

从国家战略要求和重庆开放实践的结合角度上看，重庆的口岸经济发展前景广阔，在未来规划层面上，必须充分发挥"三个三合一"开放平台的体系优势，以开放口岸为平台和载体，以提升辐射带动作用为核心，以培育口岸经济主体为抓手，以优化做强加工贸易、加快发展服务贸易、构建开放型物流体系为重点，不断拓展内陆开放高地建设的高度、广度和深度。为此，在规划方向上就需要坚持好以下几个基本原则：

一是加强口岸规划布局。通过构建分工明确、功能优化、互为支撑、统一协调的口岸开放平台体系，促进水、空、铁口岸间互联互通，加强国际和区域合作，实现口岸经济的内外联动、区域联动。

二是积极培育外向型产业体系。立足口岸经济发展的层次性特点，推动口岸开放与产业发展互动，大力发展高端制造、国际贸易、保税加工、展示展销、跨境电商、离岸金融、仓储物流、中介服务等行业，将口岸优势转化为经济发展优势。

三是注意完善口岸功能配套。加强口岸主体工程建设，推进查验、检测、物流、仓储等配套设施建设；围绕重点口岸大力加强交通设施建设，发展集铁、公、水、空等于一身的无缝衔接、高效运转的口岸物流体系，提升口岸集疏运能力，为口岸经济发展提供核心基础和运行平台。

四是深化体制改革和机制创新。整合口岸经济行政管理体制，不断增强口岸监管能力、运行效率、服务水平和支撑力度；推进"三互"改革，优化监管查验模式，促进通关集约化、便利化；充分发挥市场在资源配置中的决定性作用，不断激发市场主体活力。

六、重庆口岸经济发展的未来趋势

让"一带一路"建设为重庆口岸经济插上腾飞的翅膀，并推进好长江经济带建设。今后一个时期，重庆在建设内陆开放型经济中的重点任务就是要加快壮大口岸经济，这将会成为重庆实现"加快发展、富民兴渝"目标的重要地方战略。如果在这方面寻求重庆扩大开放的愿景或看点的话，应当从以下几个方面来理解重庆口岸经济发展的未来趋势：

一是口岸功能体系建设将逐步加快。根据各区域发展定位和资源禀赋，科学合理布局口岸，拓展指定口岸功能，促进"三个三合一"联动，推动与信息化建设的高度融合，不断完善口岸基础设施、功能体系及管理体制，通过口岸功能与外向型产业互动，实现各功能区的均衡、有序、同步发展。

二是口岸经济互联互通道本将会不断完善。加快铁路大通道建设，大力拓展"渝新欧"国际铁路大道道功能，不断提升长江黄金水道航道通航能力和港口集疏运能力，加快构建以高速公路为骨干的公路通道体系，丰富和完善机场布局与空中航线网络，为口岸经济发展和发挥辐射带动作用奠定基础。

三是便捷高效一体化大通关体系将会日益通畅。建设电子口岸"单一窗口"，加快实现"信息互换、监管互认、执法互助"。全面推行"一次申报、一次查验、一次放行"的关检合作。深化大通关国际合作，搭建国际合作交流平台，推进国际海关、检验检疫信息共享、执法互助，提高整体通关效率，服务口岸经济发展。

四是口岸经济产业集群将会加速成型。不断优化口岸经济产业布局和联动发展，在加快发展一般贸易、加工贸易等口岸经济传统产业和业态基础上，突出发展与口岸相关的新型服务贸易业态。大力发展总部经济，推动口岸经济向集群化、全产业链方向发展，不断提升口岸经济规模和附加值，促进产业转型升级。

五是口岸经济的辐射带动作用将会全面显现。以口岸经济发展为突破口，密切重庆与全球经贸合作，进一步融入"一带一路"等国家开放战略。通过发展口岸经济促进西部地区和长江经济带区域合作，提升周边地区人流、物流、资金流、信息流在重庆的集散程度，凸显长江上游经济中心、西部地区重要增长极的功能定位。

七、重庆口岸经济发展的动态带动效应

口岸经济体系的成型，要求总体经济的外向性必须达到一定水平，就此而言，地处内陆的重庆产业结构需要认真梳理并积极培育比较优势。选择口岸经济作为一个地区的开放型经济模式，确实需要具备一定的区位条件和开放基础，尤其是对经济体系和相关产业的外向度有一定的要求，并不是任何地方都可以把口岸经济作为培育重点。重庆虽然地处内陆腹地，但却具备良好的口岸平台和通道基础，尤其是在产业结构上与其他内陆地区相比，重庆正在建立起具有国际竞争力的外向型产业体系，信息制造业外向度超过80%，汽摩产业外向度超过20%，2014年重庆的进出口贸易总额逼近千亿美元大关，稳居内陆地区第一位。这是重庆发展口岸经济的重要起点，也是内陆地区发展口岸经济并多向延伸的基础和依托。

重庆通过大力发展口岸经济，将会带动一批产业取得快速发展。

一是口岸平台型行业将会发展迅速，如电子信息、手机等现有加工贸易产业将会加快转型升级。以临港和临空区域为核心的口岸物流产业、以口岸和保税区域为核心的保税物流产业、以国际物流大通道为核心的高端跨境物流产业以及多式联运物流产业，会使重庆成为内陆区域性国际物流中心。

二是口岸依托型行业将会占据重要地位。比如通过依托口岸、保税仓储区域、主城及区县商业中心，将会形成保税展销和跨境贸易电子商务；通过发挥"渝新欧"铁路和"三合一"的通道及平台优势，开展快速拆拼、集运业务转口贸易，提升口岸集聚辐射能力；依托铁路口岸大力发展汽车整车进口业务，打造内陆进口汽车贸易中心。

三是口岸衍生型行业将会如雨后春笋般蓬勃发展。如现代服务贸易业中的

金融、通信、保险、会计、咨询、设计研发、信用评估、信息服务、检验检测认证等资金技术密集型服务业，将会借助制度创新和产品创新得到重大发展机遇。另外，结算型金融、要素市场、基于互联网的大数据处理业态、大数据产业公共服务平台、跨境旅游、会展业以及口岸服务专业市场也会在口岸经济不断壮大和衍生下得到重大发展。

八、在推进"一带一路"建设中重视重庆口岸经济发展中的新课题

"开放也是改革，开放需要改革，开放倒逼改革。"口岸经济发展到一定阶段，如果不科学整合，可能会滞后甚至阻碍经济的发展。内陆地区发展口岸经济，存在着先天性的难题，尤其需要通过深化改革来为扩大开放开辟道路。重庆在发展口岸经济的远程中，要有忧患意识、超前理念和问题导向，正视口岸经济发展过程中可能会遇到的新课题，以问题导向和改革思维确立应对之策。

第一个新课题是如何理顺与内陆口岸运行直接相关和正向匹配的行政管理体制。目前，口岸经济在管理、协调和服务方面存在着明显的部门过多、划分过细、职能交叉重叠和职责空位并存的问题，已经初步显现出影响口岸经济深化发展的端倪，如果不及时进行科学整合，势必会阻碍口岸经济向更高阶段发展。

第二个新课题是如何加快口岸开放步伐和功能提升。由于历史原因和地理区位等因素影响，我市的口岸平台一直集中于都市功能区，没有形成实施全域开放的强力支撑，应当尽快调整布局、科学规划，形成层次分明、梯度推进、各有侧重、功能互补的口岸平台体系。

第三个新课题是如何打造好内陆地区与沿海、沿边地区互联互通的多式联运网络。重庆地处内陆纵深腹地，但又有长江黄金水产之便，兼得创新"渝新欧"铁路之利，更逢国家支持为陆开辟国际航线之机，如何在大力发展口岸经济的总体框架之下，优化内陆国际贸易大通道，加强市内及周边通道建设，实现多种运输方式无缝连接，构架支撑现代口岸经济的多式联运网络，将会是重庆在下一步口岸经济发展中不可回避的新课题。

第四个新课题是如何为口岸经济的创新运行和深化发展保驾护航。既然口岸经济是一种复合型经济，又有平台型、依托型、衍生型之别，在不同发育阶段需要有相应的培育政策措施。这就需要加快研究发展现代口岸经济的保障措施体系，包括扩大投资领域对外开放、提升开放型经济行政效能、设立口岸经济发展专项资金、出台汇聚国际高端人才鼓励政策以及加强口岸经济的组织领导和统筹协调。

口岸经济的大发展，肯定会不断产生新课题，最有效的应对之策还是深化改革。口岸是开放的历史和逻辑起点，是开放的核心和平台，是对内对外开放的桥梁和纽带。如果说开放也是改革，开放需要改革，开放倒逼改革，那么，口岸经济发展中出现的各种新问题、新课题、新难题，尤其需要加大改革力度。

以全面开放新格局拓展内陆开放新空间 [*]

今年的政府工作报告特别重视开放在经济发展新常态中的作用和地位，提出"开放也是改革"的新理念，要求"必须实施新一轮高水平对外开放，加快构建开放型经济新体制，以开放的主动赢得发展的主动、国际竞争的主动"。如何才能构建全方位对外开放格局？政府工作报告也对此有明确的部署，这就是要把谋划对外开放新格局与拓展区域发展新空间结合起来，同时扩大内陆和沿边开放。按照推进"一带一路"和长江经济带建设的要求，内陆地区的开放和发展，只有在拓宽视野与夯实操作的有机结合上下更大功夫，才能在新形势下牢牢抓住拓展区域发展新空间的牛鼻子，推进内陆口岸开放建设不断提升质量和水平。

（一）重视内陆地区的国际物流大通道建设

在"十三五"规划编制过程中，要认真审视和梳理对外开放中的国际物流大通道设计方案。有一种说法认为，"一带一路"就是沿着陇海线、由东向西梯度开发一直到延伸到境外。这种观点实际上既不符合目前我国区域开放的现实，也不符合"一带一路"作为统一整体国家战略的顶层目标设计。"一带一路"是党中央、国务院根据国际形势变化、统筹国际国内两个大局做出的重大战略决策，对外是要营造好发展的国际环境，对内则是要拓展好利益共享的区域发展空间。在这种意义上，就必须尊重基层人民群众的创造，尊重地方政府的创新，与时俱进地处理好开放通道重要口岸支点的建设布局。比如，近年来重庆在建设内陆开放高地过程中，开通了"渝新欧"铁路，目前已经开通四年，开行班列 140 多班，阿拉山口口岸的过货量中由重庆始发的"渝新欧"货物比重在 80% 以上。显然，界定"丝绸之路经济带"的支撑通道时，应当以

---

* 此文根据 2015 年 3 月在全国两会期间的联组讨论发言整理。

现实中的货物集散地为主要参照，并据此来设计开放通道的建设方案。加之，重庆作为长江上游的经济中心，是黄金水道上游的重要港口，可以通过长江经济带把"一带"和"一路"进行有机串联，使之真正成为一个相互支撑的整体性国家战略。与此同时，建设"21世纪海上丝绸之路"的基本前提，是探索陆海互联互通的通道性国际合作机制，如果没有西部内陆地区的积极参与和主动作为，"一带一路"就会被割裂开来而成为互不相干的"一带"和"一路"。在这方面，同样需要国家支持和启动内陆开放发展中所长期呼吁的"南向通道"建设。

（二）加强内陆地区的口岸开放平台建设

现行政策中对口岸的界定客观上制约了内陆口岸的开放。目前，国家口岸主管部门确定口岸开放的法规依据中，对口岸的定义是："供人员、货物、物品和交通工具直接出入国（关、边）境的港口、机场、车站、跨境通道等。"片面强调"直接"出入境，对于内陆地区来讲，只有航空能够直接出入境，铁路、公路、水运都必须通过沿海、沿边口岸转运。这种十几年前通过政府规章对口岸的界定方式，显然已经难以适应开放新形势、发展新常态、科技新趋势的需求，应当顺应、推动和鼓励在内陆地区重要开放支点即开放高地设立口岸。这样，就可以使内陆地区成为产业转移的承接地，成为发展内陆特色经济的新区域。党的十八届三中全会之后，内陆地区的经济活力逐渐被激发，开放型经济正在发力，也急需国家提供开放平台，助力内陆地区的外向型企业发展壮大、走向国际市场。也正是基于这种考虑，政府工作报告中才会专门指出，在长江经济带建设中要"建设产业转移示范区，引导产业由东向西梯度转移"。所以，应当根据推进"一带一路"和建设长江经济带的总体部署，在国际物流大通道的沿线地区科学布局和适当设立内陆的内河水运口岸、铁路口岸，探索设立内陆公路口岸，并纳入国家口岸"十三五"发展规划。

（三）加大内陆地区"三互"大通关改革和"单一窗口"建设推进力度

去年底，国务院下发了关于落实"三互"、推进大通关建设改革方案的文件，这对内陆地区大通关建设意义重大，可以大大提高通关效率，降低企业通关成本，减少口岸重复建设和重复投资，整合口岸资源。但在实际工作中，口岸联检部门的协调配合难度依然很大，部门利益、各自为政、"一亩三分地"等思想依然存在，场地共享难以推进，多次短驳、多次开箱依然故我，个别部门其至提出自建系统，这明显不是在深化改革，而是在走改革的回头路，应当由国务院牵总头加大督察力度，要求各联检部门及其各地直属机构站在国家整体利益的高度，严格按照国务院部署，支持地方政府电子口岸建设"单一窗口"，推动"三互"大通关改革。

（四）切实解决好区域通关一体化改革中出现的新问题

区域通关一体化的本质在于如何更好地方便企业办事，但是目前出现两种现象与改革初衷不符：一是长江经济带区域通关一体化后，内陆的审单放到了上海，但上海的审单中心并不了解内地企业的情况，造成有些手续又不得不转回内地海关，这样让本来可以在本地办理的企业增加了通关环节和成本。二是有的地方保税区本来已经实现了"区区融合、区港联动"，相当于已经实现了关区内的通关一体化，这符合海关总署倡导的"多式联运、一体化通关"的改革精神，但是，最近却出现了在保税区和口岸之间新增关区内转关手续的现象，这又是在深化改革中出现了走改革回头路的问题。为此，有两个可行思路：一是审单中心不一定要在物理上放在一个关区，可以考虑利用电子口岸平台等信息技术，通过虚拟审单中心的模式，既解决了专业化审单、统一执法等问题，又能更好地为各地企业服务。二是减少关区多余的通关手续，依托电子口岸平台，实现关区内通关一体化（包含海关、检验检疫、外管、税务等监管部门，外贸企业，航空、船运、铁路、汽车等物流企业等涉及进出口贸易相关的全流程通关信息一体化）。

（五）支持长江上游地区开展启运港退税试点，促进内陆地区外向型企业的大发展

目前，启运港退税试点主要集中在长江中下游的港口，地处长江上游的重要外贸港口尚未纳入。财政部、海关总署等国家有关部委应当支持长江上游地区依托黄金水道，开展集中汇总纳税制度试点，在长江上游地区重要外贸港口开展启运港退税试点，以弥补长江上游地区不沿边、不靠海的区位劣势，推动长江上、中、下游地区协调发展，发挥启运港口对周边地区国际物流的集聚作用，增强对"丝绸之路经济带"的战略支撑，并且从根本上解决内陆地区出口退税滞后的问题，为企业降低成本、增加效益，同时促进长江上游航运事业的发展。

（六）研究海关、国检等部门在内陆开放中的机构人员问题

按照改革开放的总体布局，沿海属于先富起来的地区，由于长期处于改革开放的前沿，因而各项经济指标和机构编制比较完善；相反，内陆地区发展长期滞后，但在新形势下又必须承接国家战略产业转移和经济发展的任务，所以，不少企业满负荷生产，内陆地区报关报检量呈爆发式增长，现有的海关、国检机构布局及其人员编制，已经不能适应企业就近报关、快速报关的迫切需要，这与现有的开放平台和组织架构不相匹配。在当前国务院严控机构编制的情况下，应当按照区域发展阶段的差异和口岸发展的实际需要，实事求是地进行内部结构调整，向内陆地区倾斜，海关总署、质检总局要加强在西部内陆地区的机构设置、人员配备，以完善其对外开放功能，提升其对外开放水平，构建内陆开放大平台。

丝绸之路经济带要看重"渝新欧"*

构建丝绸之路经济带，是我国适应国内外形势变化、创新开放型经济体制的重大举措，需要国际贸易大通道的强力支撑，以确保这一国际倡议得到国际社会的广泛响应。因此，必须从顶层设计到具体实施发挥好中欧国际铁路的通道支撑作用，尤其是要重视发挥曾在中欧国际铁路班列运营中先期探索并取得首发效应的"渝新欧"铁路的积极作用。

近年来，在内陆开放型经济发展与西部大开发战略实施过程中，重庆不断加快综合交通枢纽建设，特别是"渝新欧"国际班列作为内陆国际贸易大通道在探索实践中迅速成型，实现了我国内陆地区与欧洲市场的直联互通，打破了近百年来内陆地区货物主要经沿海地区、太平洋、印度洋再到欧美、大西洋的国际贸易格局，为推动丝绸之路经济带的贸易、投资、产业、科技等多领域务实合作提供了强力支持。

但是，目前"渝新欧"国际铁路在支撑丝绸之路经济带有序发展方面遇到很多困难，主要是现行"渝新欧"国际铁路班列运输费用较高、通关环节过于烦琐、回程货源不足以及与口高端价值货物运输对应的铁路口岸较少，从而其对丝绸之路经济带建设的重要战略支撑作用也亟须提升。这是成长中的烦恼，也是发展中的问题，需要引起中央政府的重视，在"一带一路"中更加看重"渝新欧"在丝绸之路经济带建设中的作用。

第一，把依托"渝新欧"国际铁路的贸易大通道建设纳入国家战略。为提高解决关键问题的效率，此项工作还是应当由国家发改委牵头、中铁总公司参加，推动以"渝新欧"为代表的中欧班列进入国家"十三五"规划和国家"一路一带"专项规划，从国家层面加强中欧班列的总体规划。建立中欧铁路大通

---

* 此文根据 2016 年在全国两会期间小组讨论的发言整理。

道建设国内联席会议制度，按市场化原则理顺和完善"渝新欧"国际铁路的运行机制。推进我国与沿线国家的合作，解决好换装能力不足、开行速度低以及货物运输安全、环保协调等问题。参照国际海运模式，利用现代信息化技术手段简化运输单证，优化通关流程，提高"渝新欧"跨境运输物流效率。

第二，推动形成便捷高效的国际通关体制机制。海关是国家事权，地方政府作用有限，遇有国际合作问题则会力所不及，手无法伸得更长，因而需要中央政府出面加以协调，促进"渝新欧"铁路沿线各国海关在"监管互认、信息互通、执法互助"和"一次申报、一次查验、全线放行"等方面全力施为、取得进展。要积极消除国际物流合作和海关协作方面的误解与矛盾，形成"渝新欧"国际铁路绿色通道的国际物流管理体制。要推动国外降价，重点是倡导途经国与需要装卸操作的起点终点国家区别运价，推动哈萨克斯坦、白俄罗斯、俄罗斯和波兰将运价降至低于中德的水平，协调减少宽轨段查验次数，提高通关效率。要明确沿线各国铁路部门的责权利，确保在每段的安全快速运行，建立各国铁路的信息沟通机制和快速处理突发事故机制。

第三，统筹建立国内跨省区、跨部门、跨口岸协调机制。打造中欧国际铁路货运品牌线路，统一开展国际贸易谈判，提高话语权，扩大知名度，避免重复建设和同类竞争。国家发改委牵头，海关总署、质检总局、中铁总公司参加，从国家层面进一步加强与沿线国家和地区的协作配合，研究解决提高通关效率、保障货物运输安全、常态运输国际邮件、降低运输价格和统筹回程货源等重大问题，协同发挥各地对欧物流运输平台的作用，增强对中亚、欧洲等地区进出口货物的吸引能力，形成完善的中欧国际班列常态运行机制。加强国内海关协调合作，促进区域通关便利化，建立多样化货物快捷通关模式。改革现行铁路统营统运管理体制，将货物编组功能下放到中欧铁路的国内主要节点城市和口岸，从体制上保障节点城市和口岸的集货功能。

第四，加快中欧国际铁路国内段、多起点的区域性物流中心建设。适时把中欧铁路国内各起点铁路中心站升级为国家开放口岸，并进行完备的规划设计和政策支持。加快中欧国际铁路起点口岸与国家骨干高速公路网相通，与内河口岸、航空口岸，各类保税区、开发区等铁路专线相连，实现区港融合、区区联动。开展全国范围内的多式联运，建设 B 型保税物流园区，形成支撑中欧国际铁路的国内交通运输物流体系。由海关总署牵头，交通部和财政部参加，将关税中按国际段运费为税基征收的税金，调整为参照沿海口岸平均值执行，并明确认定阿拉山口为起卸地点，阿拉山口至国内整车进口口岸段不计算国际运费，以培育内陆整车进口口岸。

第五，加大我国各地与中欧铁路沿线国家之间的区域合作。吸引欧洲各国大型跨国物流企业融入中欧铁路货运物流体系，为"渝新欧"铁路的通畅和高效提供稳定的货源。积极探索固定散货集结地、形成货源充足的中欧班列模式，消除国内恶意抢货竞争。制订面向沿线国家的境外产业园区方案，鼓励和支持我国企业在沿线国家并购知名企业、先进技术后进行返程投资，实现"走出去"与"引进来"的良性互动。

第六，加快突破中欧国际铁路的重大技术问题障碍。严格规范使用统一运单，解决国际铁路联运单据不统一的历史性难题。研究开发并创新采用先进工艺技术，解决电子产品冬季运输问题。普及使用集装箱卫星定位跟踪系统，实现国际陆路长途运输的全程卫星定位监控。确立中国与哈萨克斯坦、波兰与白俄罗斯边界的宽轨、准轨"两次换轨"的操作办法，实现货物集装箱在沿线准轨铁路与宽轨铁路间的高效调装。

"渝新欧"是"一带一路"建设中的地方创新探索，是中国为国际社会提供的开放型世界经济发展公共产品，其发展中的问题和困难尤其需要在更高层面上给予充分的重视，并加以及时和有效的国内协调和国际斡旋。

发挥好长江水运口岸的开放平台作用 *

推动长江经济带发展是国家一项重大区域发展战略，需要充分发挥长江黄金水道在引领开放型经济、开拓区域发展空间中的重要作用。目前，由于长江经济带涉及 11 个省级行政单位，利益关系复杂、发展矛盾突出，虽然在整治航道、利用水资源、控制和治理沿江污染、推动通关和检验检疫一体化等方面取得了积极的前期成效，但是，如何把长江黄金水道作为重要依托、把长江水运口岸作为内陆开放的高效平台，形成航道畅通、枢纽互通、江海联通、关检直通的有机体系和综合立体交通走廊，仍然需要在政策和体制层面加以全面规划和统筹协调。

为此，我们需要梳理好长江水运的问题。近年来，国家提出把打造全流域长江黄金水道作为长江经济带建设的重要内容，水路运输体系正在不断健全完善，辐射能力不断增强，货源腹地正在向纵深拓展，特别是一些重要开放平台的建设步伐加快，为水运口岸迎来了巨大的发展机遇。但在实际运行中，由于存在着一些突出问题，制约了长江沿线水运口岸的发展。

问题之一：长江沿线港口码头作业费过高

一是港口码头装卸费区域落差过大。目前，长江沿线港口码头装卸费落差极大，不利于水运物流业的协同运行和健康发展。比如，重庆港 20 英尺和 40 英尺外贸集装箱的码头装卸费分别为 644 元 / 箱和 1065 元 / 箱，太仓港则分别为 200 元 / 箱和 300 元 / 箱，增加率分别高达 222% 和 255%。而且上述费用尚未含港口建设附加费、外理费。沿线港口码头装卸费存在明显差异，造成许

---

* 此文根据 2016 年在重庆交通大学管理学院研究生选题报告会上的演讲整理。

多从事集装箱运输的支线船公司经营日益困难，部分企业处于亏损经营状态，企业缺乏发展后劲，影响了长江航运事业以及物流行业的健康发展。

二是长江沿线港口的水运集装箱超重费收取不尽合理。按国家 GB/T 1413-2008 标准规定，20 英尺和 40 英尺集装箱的最大额定重量不得超过 30.48 吨（含箱体重量），对超过额定载重的集装箱港口和船公司不得装船运输。但是，有的港口往往自行制定超重费的收费标准，而不是按集装箱箱型大小来收取集装箱码头装卸费，造成船公司无法向客户收取，只能自行承担。此项收费不仅不合理，也不符合相关法规，从而加大了支线船公司的运行成本。

三是重箱免堆期与堆存费港间差异过大。目前，长江沿线各港口规定有重箱免堆期，上海港是 14 天，武汉、南京等港口是 7 天，重庆港是 3 天，而且各港口的重箱堆存费也不尽一致，增加了支线船公司的运输成本。

问题之二：水水转运矛盾突出

水水转运是实现港口业务资源共享、信息系统互通的一体联动方式，有助于充分发挥黄金水道航运价值，有助于突出支流港口与干流港口之间、上游港口与中下游港口之间现有基础设施的互补优势，有助于促进沿江物流产业的融合和最大限度地降低腹地物流成本。目前面临的主要问题如下：

一是长江沿线海关在一体化建设中还没有形成统一的《水水中转合作备忘录（协议）》，地方政府、海关、港口对水水中转支持不够。

二是部分港口的水水中转作业费用太高，客户不能承受水水中转的高额费用。尽管地方政府大都制定与集装箱码头作业费财政补贴政策，但往往缺乏连续性和一致性，且地方保护主义盛行，对外地企业限制过多，尤其是在上游港口的枯水季节，由于航道条件、油价成本高、装载率下降、货源不对称等因素，各支线船公司在该航线上运输出现不同程度的亏损，部分支线船公司只有选择绕道中转。

问题之三：增开由下而上的五定上水快班轮业务明显受阻

为进一步规范长江支线五定班轮运作要求，有效提高上海港的码头作业效率和班轮运作质量，缩短支线班轮在港口的待港作业时间，长江上游地区已经有部分支线船公司与上海港签署《长江支线五定班轮作业协议书》，即上海港对长江上游港口的每周定时发航的外贸集装箱五定快班，安排靠在一个作业点连续完成全船卸装作业。此方式提高了船舶装卸作业效率，避免一船多靠，节省船舶在港作业时间。为确保经洋山进出口外贸箱能与支线班轮及时对接，上海港专门开通了外高桥到洋山的固定"穿梭巴士"，每天对开，此举大大提高了上海港的中转效率，为江海对接创造了更加快捷的物流通道。但是，由于外贸进口业务的不断增长，上游地区的生产企业对水路运输时间要求越来越高，在采用"零库存"方式的情况下，由供应商通过物流供应链直接供货，在水路运输上则要求上海到重庆10—12天的运期。为进一步缩短上海到重庆的运输周期，确保船舶周转率，支线船公司希望增开上海到重庆的五定快班轮。但是，此类上水五定班轮在纳入优先安排三峡大坝过闸范围方面受到重重阻碍，影响了长江水运物流效率。

问题之四：长江上游港口的运输船舶优先通过三峡大坝船闸的问题长期未能得到有效解决

从2011年起，三峡船闸的通过能力出现饱和，上水集装箱班轮平均等闸时间在3—4天。近两年来，三峡船闸每年要进行20天左右的岁修，在三峡船闸岁修期间，使本来就拥堵的三峡船闸通航能力大大降低，各上游地区的支线船公司通过船闸的时间从原来3—4天，延长到8—9天，致使船舶无法按时到达上游港，船舶周期增大，发班密度减小，给运输企业造成巨大损失，甚至有时还出现过保税航油几近断供的情况。

而且，在三峡船闸岁修时，三峡通航管理局实行"紧急物资优先过闸"的政策，分别给予湖北、重庆、泸州等地优先过闸配额各15班，而重庆市场需过闸货物量是湖北和泸州货物总和的2倍，对重庆市场的生产需要造成很大影响，对重庆各支线船公司造成巨大的经济损失。比如，重庆地区曾有船公司为按期交货以保住运输货源客户，在上水轮船到达宜昌后，不得不将货物改用汽车中转拖箱，产生额外运输费用高达数千万元。这些高额运费本来主要应当由货源企业承担，而这些企业在既不愿继续承担这样高额的运费、船期又不能保证的情况下，被迫放弃走水路，而选择铁路、公路甚至采取空运的方式运输生产急需物资。

问题之五：水运口岸多头管理问题亟待解决

目前，长江经济带沿线的水运口岸管理和协调工作，各省市大多分别由市交通、商务和政府口岸机构在职能分工上实行业务管理，客观上形成了多头领导的体制格局，比如：对于码头的财政补贴由交通部门出台，国际物流支持政策则由商务部门出台，水运口岸的规划和设立又由省级政府口岸管理机构具体牵头。这种多头管理和协调机制的状况，对建设长江经济带的绿色交通走廊形成了极大制约，对水运口岸的统筹规划、管理、协调和支持极为不利，经常性地引发多个部门处在管而管不好的九龙治水尴尬局面。

由于今天是研究生论文选题报告会，所以，在此我只能就目前长江水运存在的问题作一梳理，至于如何解决及相关对策性的思考，需要给大家留出思考的空间，以便根据自己的选题加以阐释论证。但是，在此我可以提几条方向性的思路。

一是降低码头装卸费收取标准，延长集装箱免费堆存期限，取消超重费的收取。

二是加强长江沿线港口水水转运的协调工作。比如，长江航运管理部门要主动会同海关、检疫、海事等执法查验单位，加强与港口所在地方政府及相关职能部门的联系，在货源流向上要真正贯彻市场配置资源的原则，提高水水转运效率。

三是支持各地支线船公司增开五定班轮。三峡通航管理局要把上水五定班轮纳入优先过闸的范围。

四是重视长江上游港口在长江黄金水道体系中的作用。三峡通航管理局要加强协调，在三峡船闸岁修期间，确保上游航运企业的外贸货物优先过闸。

五是尽快制定航运指导性运价规范。在保持原有集装箱码头作业费扶持政策的基础上，研究集装箱公路运输支持政策、五定班轮财政补贴等相关支持政策，鼓励从中央到地方分级建立航运国际物流专项支持资金。

六是重视长江水运口岸多头管理的问题。明确牵头单位，做好水运口岸统筹协调发展的近期和远期规划，相关支持政策要落到实处，杜绝九龙治水现象。

以上只是一家之言、管窥之见，仅供参考。

高标准高水平建设重庆自贸区 *

今年两会的政府工作报告指出："面对国际环境新变化和国内发展新要求，要进一步完善对外开放战略布局，加快构建开放型经济新体制，推动更深层次更高水平的对外开放。"尤其是在具体工作部署中，要求"扎实推进'一带一路'建设"，"高标准高水平建设 11 个自贸区，全面推广成熟经验"。近年来，重庆在建设内陆开放高地的实践过程中，形成了较为雄厚的开放型经济发展基础，积累了较为系统的内陆地区对外开放经验，具备了积极主动扩大对外开放的体制机制条件。为此，去年 9 月，重庆成为国家第三批 7 个自贸区之一，并由此启动了以自贸区为核心内容的、构建内陆开放型经济新体制的主动探索之旅。面对世界经济和贸易持续低迷、国际金融市场波动不断加剧、地区和全球性挑战突发多发的外部环境，以及结构性问题突出、风险隐患显现、经济下行压力加大的国内复杂局面，在改革进入攻坚期、利益关系深刻调整、地区经济走势分化的形势下，如何在自贸区建设中加大探索力度、形成可复制经验、提升辐射周边的带动能力，已经成为重庆在新一轮改革开放中所必须切实重视的战略问题。

因此，有必要在回顾重庆自贸区产生过程的基础上，把握其意义和突破口，并由此确定其探索定位、建设重点和发展前景。

一、重庆自贸区的提出与探索方向

上海自贸区于 2013 年 9 月正式挂牌运行以后，全国各地包括很多内陆城市在内，都在跃跃欲试筹划申报自贸区，尤其是中共十八届三中全会提出要

---

* 此文根据 2017 年 3 月在重庆大学新闻学院的演讲整理。

"构建开放型经济新体制"，"在推进现有试点基础上，选择若干具备条件地方发展自由贸易园（港）区"，以及"扩大内陆沿边开放"之后，在具备条件的重要节点城市设立更多的自由贸易试验区，已经成为中国构建全面开放新格局的题中之义。

由于突出的内陆开放高地建设成就和良好的区位条件，在内陆地区适时设立自由贸易试验区，也就理所当然地包括重庆在内。在经过前期论证的基础上，基本确立了设立重庆自贸区的必要性：这是扩大内陆开放的新要求，是创新内陆开放区位条件和营造内陆开放基础的必然趋势，也是加快形成全方位开放新格局的战略性举措。

从总体上考察，我认为重庆设立自由贸易试验区至少在现阶段有四个方面的重大意义：一是有利于探索内陆开放新路子、新途径、新经验，与上海自由贸易试验区实现优势互补、联动发展，共同构建更具系统性、整体性和协同性的开放型经济体制。二是有利于推进"丝绸之路经济带""21世纪海上丝绸之路"建设，扩大向西向南开放，拓展国际要素流动和配置空间。三是有利于加快长江经济带、成渝经济区、关中城市群建设，促进东中西协调发展，推动中西部地区有序承接沿海产业转移，与上海自由贸易试验区共同形成东西呼应、上下联动的局面，实现内陆与沿海联动开发开放及产业梯度转移。四是有利于内陆地区以大开放促进大开发，更好地发挥内陆开放高地的带动作用，进一步释放内陆地区发展潜力，实现转型发展、科学发展。

理解内陆设立自由贸易试验区对于中国未来扩大开放的意义，需要深刻领会和把握国家适时推出第三批自贸区序列的布局理念，从中也可以准确找到重庆自贸区的基本定位和实践方位。

大家都知道，2016年是中国进入"十三五"的开局之年，全国各地申建自贸区的热情明显高涨，这也成为当年全国两会的一个热点。当其时也，除已经设立自贸区的上海、天津、福建、广东四地之外，另有21个省、直辖市和自治区把申建自贸区作为政府工作的一个重要方向。上溯到2015年，当时明确提及申建自贸区工作的省份尚不足10个。当然，具体称谓有自由贸易园区、自由贸易试验区、自由贸易港区之别，但它们对构建自贸区体系具有基础动力的支撑作用却毋庸置疑。多地对于自贸区心驰神往、情有独钟，相比沿海省份，内陆和沿边地区由于在开放程度和经济发展程度上大都较为落后，对通过开放和创新来拓宽经济发展空间的需求也更为迫切。因此，在今年申报自贸区的行列里，地处中西部地区的内陆和沿边省份更为集中。全面贯彻五大发展理念，需要地方政府在厚植开放方面争当"改革促进派"，并在以开放促改革、促发展方面加大探索与创新力度。这是地方政府竞相申报自贸园区不断升温的深层原因，也是以"一带一路"建设为核心的开放型经济提质增效的内在动力。

去年8月底，国家明确在河南等七个省市设立自贸区。第三批自贸区总体方案近期将获批，国家也将择日对七个新设自贸区举行统一挂牌仪式。而在地方层面上，上述七个省市有关自贸区建设的相关试验早已如火如荼地展开。但是，我个人一直认为，无论第三批自贸区建设位于沿海还是地处内陆，都应先行做好两项基础性工作：复制和创新。实际上，中国的自贸区建设已经迈进3.0时代，自贸区家族第三批成员分别落户辽宁、浙江、河南、湖北、重庆、四川以及陕西等七个省市，由于各自资源与产业优势不同，肯定需要基于不同的战略考量来加以定位，并设计自贸区的试验内容。也正是因为均处于起步阶段，第三批的七个自贸区也只能是先行复制、再图创新。

国家对重庆自贸区的定位是"落实中央关于发挥重庆战略支点和连接点重要作用、加大西部地区门户城市开放力度的要求，带动西部大开发战略深入实施"。这就需要我们认真地梳理一下重庆建设自贸区的优势，以便我们可以从中精准定位，扬长避短。我以为，就经济发展方面而言，重庆的突出优势主要体现在交通物流方面，正因为如此，重庆自贸区的规划应当更加注重功能性。由于重庆在内河航运、铁路和航空方面的区位优势，因而重庆自贸区的特色也应当是发展转口贸易，同时货物贸易的发展也会带动结算金融，推动重庆成为功能性金融中心。此外，重庆自贸区总体方案设计与其他地方自贸区的最大不同之处，在于提出了要探索陆上贸易规则，这也是基于复制经验的创新选择，因为，沿海地区的自贸区所面对的贸易通道均是海上通道，而重庆则是以"渝新欧"国际铁路和面向东盟的铁路、公路以及陆海互联互通的多式联运通道。长期以来，中国和欧洲的贸易主要是通过海运完成，贸易规则并不适应西部内陆地区以铁路为主的方式，这种以典型的陆上交通物流为主的贸易通道，其所遵从的贸易规则在当今以海上贸易为主流规则的形势下，必然会由于不相匹配而形成极大的不适应，内陆开放过程中会出现水土不服的各类症状。因此"陆上贸易规则"的建立，也应当以"中欧班列"和未来"南向通道"的建设为基础，探索陆路贸易的立法体系。

二、重庆自贸区突出内陆特色的重点领域

重庆自贸区探索的基本内容，应当是现代服务贸易，既包括重庆在此前已经布局的十大新兴服务贸易产业，也涵盖中新合作项目内的四大领域。对此，我们只要对其稍加关注，就会从布局的细节之中发现内陆自贸区之于沿海自贸区的主要区别。

第一，加快发展新型贸易业态。一是依托口岸、保税仓储区域，加快发展保税展销和跨境贸易电子商务。这就需要完善智能化仓储、第三方物流、公共服务平台等基础设施建设，优化跨境电子商务通关流程，拓展线下保税商品展示平台，促进在线通关、检验检疫、仓储物流、结汇退税和线下展示等全业务协同发展。二是积极推进保税区贸易多元化试点。为此就要用好用足重庆致力于内陆开放探索的"10+1"政策创新，在保税区内开展全球维修、委内加工、集散分拨业务。还要在此基础上创新监管理念和许可制度，重点引进贸易订单集中运营和金融结算、生产生活资料集散分拨配送、保税医疗和设计研发、融资租赁等新业态，推进贸易功能区与其他海关特殊监管区域联动，实现内外贸易一体化发展。三是大力发展转口贸易。这既需要发挥好"渝新欧"铁路的"三合一"通道及平台优势，开展快速拆拼、集运业务转口贸易，提升铁路口岸的集聚辐射能力，也需要实施好离岸贸易政策扶持计划，建立大宗商品期货、期权金融交易中心，以提升重庆口岸在内陆地区的国际贸易地位。四是加快依托铁路口岸大力发展汽车整车进口业务，构建进口汽车展示展销、保税仓储与转口贸易、零部件区域供应中心、汽车检测维修、平行进口汽车金融服务"五位一体"的进口整车全产业链，打造内陆进口汽车贸易中心。五是鼓励经济成本、环境成本、人力成本过高的制造业开展以出料加工为主的出口加工贸易，引导传统优势产业和高端制造业将初加工环节服务外包。

第二，加快发展现代服务贸易业态。一是巩固发展运输、仓储等传统劳动密集型服务业，鼓励企业建设电子货架，用好"同库堆存"的保税区政策，为区内区外企业提供零库存配送服务，提升规模优势和服务附加值。二是重点培

育金融、通信、保险、会计、咨询、设计研发、信用评估、信息服务等资金技术密集型服务业，推进制度创新和产品创新。三是打造保税检测维修产业链，加快推进保税维修中心建设，着力发展航空器、航空发动机、机载设备、电子产品、成套设备等保税维修和检测业务，探索开展航空器拆解和资产交易。四是探索信息化背景下的服务贸易发展新模式，依托新技术推动服务贸易模式创新，打造服务贸易新型网络平台，促进制造业与服务业、各服务行业之间的融合发展。

第三，加快发展现代物流业态。一是发展口岸物流产业，以临港、临空区域为核心，引进跨国公司区域总部，设立区域国际物流运营中心，建立进口货物专业市场和内陆国际物流集散分拨中心，开展大宗进出口货物国际采购、分拨和国际中转。二是发展保税物流产业，以口岸和保税区域为核心，围绕装备制造业、电子信息产业和新型加工制造业，以供应链集成运营为重点，建立供应链管理中心和零部件分拨配送中心，开展保税仓储、分拨配送等全产业链和全供应链集成运营的生产性物流业。三是构建功能齐备、方式多样、互联互通的跨境通道体系。以江北机场国际客货运航线、果园港及寸滩港的外贸"五定班轮"、"渝新欧"国际物流大通道和"南向通道"为核心，强化互联互通、外向拓展的立体通道体系，为培育外向型产业和带动周边地区的开发开放奠定基础，同时，建设国际快件区域转运中心和冷链物流体系，满足国际快件、跨境电子商务、冷链进口食品等产业的发展需求。四是发展多式联运物流产业，建立以铁路、水运、航空三类开放口岸为中心的互联互通体系，发展江海联运、铁海联运、国际铁路联运和陆空联运等国际多式联运产业。将"渝深快线、区域联动"模式拓展到公路口岸，开通"渝桂快线""渝滇快线"，服务进出东盟国家的货物。建设重庆拼箱网，发展拼箱拼舱业务，提高配载率。五是发展物流金融产业，建立金融服务体系，发展航运金融、航运保险和仓单、提单质押融资等金融服务产业。

第四，加快发展创新型金融业态。一是大力发展结算型金融产业。基于重庆的内陆特点，需要明确相关领域的重点，确定相应的开放业务内容。以加工贸易离岸结算为重点，扩大并完善跨国公司总部外汇资金集中运营管理；以跨境电子商务结算为重点，扩大第三方支付对外开放，引进、培育经营主体；以市场采购结算为重点，着力发展与物流分拨业态相适应的交易结算体系。二是大力发展融资租赁。为凸显内陆开放的特殊需求，重庆自贸区内要谋划创建国家租赁业务创新示范区，扩大业务品种和规模，积极开展飞机、工程机械、新能源汽车、基础设施建设等租赁业务。当然，其间的重要前提就是建设好服务国内外的租赁资产交易平台，推进租赁资产权属登记、建立退出机制、租赁资产证券化、租赁资产流转、兼营商业保理业务等试点。三是加快金融要素市场建设。推动市场服务多元化和业务创新，探索参与全国中小企业股份转让系统建设、扩容，探索设立跨境贵金属交易平台。立足线上货币基金销售、众筹融资模式优势，建设、完善互联网金融综合服务体系。培育商业保理等资产金融行业组织。

第五，加快发展基于互联网的大数据处理业态。一是建设云计算设备生产基地，逐步建成包含模块化预制数据中心设备、云存储设备、桌面云终端、电源、智能家居家电等云计算设备产业链，构建智能装备产业集群。二是推广大数据分析在传统制造、商贸服务、银行、证券、保险和公共管理等领域中的应用，形成大数据采集、加工、分析和应用服务领域的特色产业集群。三是强化国家级互联网骨干直连点功能，大力发展服务外包，重点发展离岸数据外包、跨境电商、国际结算等业态，引导企业面向国内外市场承接外包业务。四是加快第四代通信网络的覆盖，打造"无线宽带城市"，引进和培育发展基于5G的移动智能终端、移动互联网、移动语音、移动视频等产业。五是构建大数据产业公共服务平台，建立大数据产业认证、测试、检验、信用评估、信息服务、信息安全等公共服务平台，完善产业生态环境。

第六，加快发展数字与文化创意业态。一是推动工业设计服务领域延伸和服务模式升级，重点发展基于新技术、新工艺、新装备、新材料、新需求的设计应用研究。二是加快数字内容产业发展，鼓励企业对外交易软件编程、动漫创意、手游交易、游戏点卡、在线技术、在线教育、网上图书音像、咨询呼叫等服务。推动动漫游戏与虚拟仿真技术在设计、制造等产业领域中的集成应用，推动产品设计制造与内容服务、应用商店模式整合发展，培育数字电视终端制造业、数字家庭服务业和内容服务业，提升全产业链竞争力。三是培育面向国内外的文化服务产品交易市场，依托自贸区探索建立文化艺术品保税交易市场，开展面向全球的文化艺术品保税展示、拍卖、交易业务。四是培育文化保税加工业态，重点发展影视后期制作、光盘复刻、印刷、胶片拷贝、游戏机组装等。

当然，上述所列出的重庆自贸区重点发展领域，只是根据当前和所能预想得到的趋势所做出的谋划和判断，在发展过程中肯定还会由于外部环境的变化而出现动态调整，在任何时候，相机抉择和及时跟进都是保证一个地区在发展中抢先一步所必须保有的理性心态。

三、重庆自贸区在新一轮自贸区体系中的定位

站在推动全国自贸区建设与发展的视角上，我国在建设自由贸易试验区方面已取得了初步成就，下一步的发展必须在方向上、内容上、阶段上、体制机制上做进一步明确，仍需完成四项试验任务，分别是：建立完善的市场经济、明确建设自贸区地方和中央政府的权责分工、微调自贸区的管理体系、建立自贸区的实体管理机构。不管是沿海地区还是内陆地区，所有自贸区的共性问题，都是围绕让市场在资源配置中起决定性作用来展开的，这是我国自贸区发展中的一个核心问题。所以，应当加强全国 11 个自贸区的交流、联动、互动，真正使 11 个自贸区构成一个全国自贸区网络体系。其中，如何形成统一的制度安排，特别是统一的市场制度和管理制度，都应当鼓励地方政府的主动探索。

但是，作为"一带一路"开放战略的国内平台支撑，自贸区建设还应当在定位、方向、内容等方面形成特色和体系，否则就有可能落入一哄而起、盲目设立的跟风式陷阱。对此，中央高层对于自贸区的功能发挥已做通盘部署。在国务院对前两批的四大自贸区建设方案中，其共同的基本定位在于贯彻三大国家战略，当好改革开放排头兵、创新发展先行者。一方面，既要积极探索外商投资准入前国民待遇加负面清单管理模式，深化行政管理体制改革，提高行政管理效能，提升事中事后监管能力和水平；另一方面，更要及时总结评估试点实施效果，形成可复制可推广的改革经验，更好地发挥示范引领、服务全国的积极作用。近期对第三批自贸区更是从开放定位、产业导向、试验内容等多个方面进行了明确分工。

在深入实施"一带一路"建设、全面发展开放型经济方面，四大自贸区的先期实践将会在制度探索、改革创新和辐射带动方面起到引领和示范作用。但

是，要在新批七个自贸区之后的新一轮改革开放中，真正构建起互补完备、相互支撑的自贸区体系，还必须在尊重地方政府的改革激情和创新热情的前提下，科学设计并积极推动自贸区的制度探索和功能创新。

第一，不能把自贸区仅仅限于或止步于一种示范，顶层设计下的自贸区体系重在试验，需要在推进过程中建立容错机制。上海的自贸区战略在 2013 年曾"一枝独秀"，但过长时间的"一览众山小"，不可能全面推动中国开放型经济的发展，更不可能包揽"一带一路"建设的全部开放内容，很多先行先试的改革必须加快推行，以期能够在思想认识层面给后续申建的自贸区提供一定借鉴。

第二，不能把自贸区所试验的内容和方向局限于对标 BIT（双边投资协定）和 TPP（跨太平洋伙伴关系协定），或者对标 FTA（自由贸易协定）的谈判。毕竟，在当下中国的开放型经济体系中，宏观战略设计与中观微观运作的指向不尽相同，二者既不能相互替代，也不能相互混同，甚至更进一步还需要相互补充。国内自贸区建设应当是经济全球化与区域一体化的结果形态，成为多边开放与诸边开放甚至双边开放的国内基石和强力支撑。

第三，不能把自贸区的政府职能转变、过程监管和政府全方位改革混为一谈。无论未来的自贸区体系架构如何，作为自由贸易试验的主体，其所在区域的政府职能必然会发生转变，但这既会表现为政府机构的重构，也需要对开放型经济领域内的整个"放开、管住、服务"链条进行整体打造。如果在自贸区建设中过分把其他领域的改革，诸如社会管理、城市管理等重要领域的改革，与自贸区对外开放的经济改革混在一起，便容易使自贸区的试验靶心不明、目标难以集中、针对性不强、试验效果不佳。在某种意义上，自贸区更应该集中在投资和贸易的自由化、便利化等领域内，实施开放格局的打造、政府行为的过程监管以及市场运行的环境营建。

第四，不能把自贸区当成一个可以独立运转的封闭单元，应当立基于作为目标、过程、问题、修复的耦合性系统工程，加强政府、企业、市场和社会在创新中的互动与协同。通过自贸区的建设与实践，政府要形成行政管理的体制机制体系，企业要能够降低成本、提高效率，市场要拥有企业创新的激励和良好的营销环境，社会要和谐安定并拥有包容生产力持续发展的空间。

协同高效的自贸区体系，必然既是一个各类主体之间信息交流无障碍的社会系统，也是一个以信用体系为基础的多元共生的生态系统。以此为参照系，积极构建中国新一轮改革开放的自贸区体系，我们还有进一步完善的巨大空间；从顶层设计出发上升到国际化高度，我们还有更长的路要走。

高标准、高水平的自贸区，不管地理位置如何，首先都要按照国际规范的自贸区模式去做，然后在此基础上结合实际情况和当地优势突出区域特色。自贸区要成为真正意义上的自由贸易试验，就必须体现自由贸易的本质要求，而不能只是拼政策洼地，因为，自贸区从来就没有、也不可能有政策洼地。

因此，重庆如何定位自贸区？相比于外地成功经验的复制，创新是一条更为艰难的路径。重庆在建设自贸区方面固然有自己的诸多优势，但同样也面临着诸多问题和挑战。其中，除来自劳动力、土地、能源等要素的制约，国际贸易投资和区域竞争压力相向加大，都是不容忽视的挑战。重庆自贸区最大的特色就是凭借区位交通优势，一方面，承接两个产业转移（国际产业布局国内，东部产业向中西部转移）；另一方面，不断深化与"一带一路"沿线国家的经贸合作。当前，郑州、西安、武汉、长沙、合肥、成都等中西部地区的中心城市，都在不断加快承接产业转移步伐和"一带一路"沿线国家经贸合作力度，使得重庆在承接产业转移和深化国际合作方面面临日益激烈的市场竞争，重庆将自身优势转化为与相关地区和国家经济持续深度合作的产业优势，任务还很艰巨。

四、内陆自贸区面对的约束条件与前景分析

在内陆地区设立自贸区，本来就存在着极大的效果不确定性，基本原因就在于开放的综合条件和开放环境处于相对劣势，需要通过一定程度上的智慧性政策设计来规避外部环境变动的不确定性和内在动力支撑不足等多重约束条件。但是，无论内陆自贸区面对的环境如何地各有区别和特点，政策的基本路径还应当是要从多个视角加以综合考量：其一，既要借鉴国外经验，也要复制先行自贸区的可行做法，加快进行开放制度创新；其二，整合区位优势，拓展开放通道；其三，转变政府职能，优化开放环境；其四，参与全球分工，坚持错位竞争。

对于重庆自贸区来说，重点是要实现从综合保税区到自由贸易区，从境

内关内到境内关外，从正面清单到负面清单，从政策红利到制度红利的四个转变。

第一，要梳理重庆自贸区建设需要面对的约束条件。

从国际经验来看，内陆自贸区的建立与发展具有一定的共性：一是较好的区位交通条件、完善的基础设施；二是广阔且不断壮大的经济腹地；三是强劲的产业和服务支撑以及丰富的人力资源；四是融资、财政等方面的支持，以及健全高效的配套服务等。面对第三批自贸区建设带来的发展机遇，重庆要提高自由贸易试验区的建设质量，就必须在更大范围内重视推广复制。我认为，重庆自贸区要注意破解以下几个方面的约束条件：

一是在自贸区方案设计与具体实施中如何体现出内陆地区的创新特色。这一点应当与上海、广东、福建、天津自贸区有显著不同。其定位应走内外贸并重的发展模式，为内陆地区企业提供国际贸易的便利，努力发挥内陆腹地的辐射带动作用，增强对"一带一路"沿线国家和地区的多式联运与转口服务功能。

二是如何确保创新探索和构建必要的保障机制以及事后监管机制，避免出现系统性风险和违法行为。我认为，应当本着梯次推进、有序渐进、风险可控的原则，加强立法和多类型监督，包括人大的法律监督、政协的民主监督、公民的社会监督和媒体的舆论监督。

三是如何明确自贸区的功能定位与组织体系。比如，自贸区的各功能区之间如何分工协调，每一个功能区内部的园区定位、功能与规划的关系如何协调等。

四是如何确保加强基础设施、信息化和环境建设。这既需要精心设计行政管理体制和组织架构，做好专业人员培训、信息系统建设、业务流程梳理、相关政策落地等工作，也需要强化平台建设，强调技术创新、产业创新、市场机制创新，更需要加快内陆地区立体交通基础设施建设。

五是能否做到细化各项实施内容。这需要探索制定"重庆版"的外资准入前国民待遇加负面清单管理模式，扩大服务业开放，创新外资管理模式，复制上海自贸区的"分账核算"管理模式；需要创新口岸监管服务模式，完善大通关体系；需要深化简政放权的行政体制改革；需要推出转口贸易、离岸贸易、跨境贸易人民币结算等多元贸易模式。

第二，在构建全面开放新格局中看好重庆自贸区的发展前景。

设立自贸区的目的在于通过新一轮高水平对外开放，提升包括货物、商务、服务、资本等要素的流动性，围绕政府职能转变、金融改革、贸易投资便利化和服务业扩大开放四大任务，倒逼政府行政体制改革，改善商品及服务供给，衔接国际贸易投资规则，实现产业结构转型升级和经济增长的动能转化与方式转变。因此，重庆自贸区的意义远非保税区、免税店所能承载，建设自贸区也并非仅仅关税调整、税收减免或放宽准入那么简单。作为一项国家战略，需要从全面深化改革与新一轮对外开放格局的国家高度，以及重庆的优势、短板与担当等地方特色进行总体设计。

随着国内外形势日益复杂和多样化，重庆自贸区建设仅靠现有的上海自贸区并通过"复制＋粘贴"的推广模式是远远不够的，此外，四个沿海自贸区建设经验也无法完全覆盖中西部内陆地区。这恰恰也给了重庆自贸区探索发展的新机遇，同时也必然要求重庆必须在复制推广基础上，突出地方特色创新，为国家战略探索出有用且可推广的经验。第三批自贸区的地域分布已经部分地反映出新一轮对外开放的格局，内陆自贸区将有机会成为赢家。

自贸区的使命决定了其必然要在改革、开放和创新的活跃地区落地。重庆自贸区之所以入围，并非零基础地坐等而来，而是做足了功课。其未来发展前景也要看下面几个方面的表现：

一看综合实力。重庆的经济总量、产业基础、区位条件、交通物流设施、营商环境、消费市场、政府效能等因素支撑了自贸区落地。3300万的常住人口规模、直辖市和国家中心城市的地位，由此所带来的发达零售业及强大吸金能力也为其提供了巨大的市场规模。

二看城市格局。重庆作为西部地区国际门户城市和内陆开放高地早已写入国家战略，重庆也在加速区域性国际化大都市进程，以作为内陆典型城市代表中国嵌入全球城市网络，参与国际化竞争。

三看开放基础。近年来重庆主动复制推广上海自贸区成功探索经验，提出了"10+1"改革开放举措，在十大服务贸易重点领域提出了改革举措。为摆脱内陆地区开展国际贸易的对外通道困境，开通了"渝新欧"国际铁路大通道，成为"中欧班列"的翘楚，航空口岸T3航站楼的扩建使重庆"放开了天空"；中新合作项目开拓了服务贸易新领域，跨境电商新业态的快速发展更加便利了全球化商品交易。这些努力正在推动降本增效，活跃了经济，融入了世界，增加了重庆的影响力和吸引力。

展望重庆自贸区发展的未来前景，我们有理由相信，重庆将会提供内陆自贸区的重庆样本，形成全面创新改革的重庆经验：其一，内陆地区依靠政府职能转变和监管创新等举措降成本、补短板，推进供给侧结构性改革的成功经验；其二，内陆地区依托体制机制及科技创新，实现内生式经济增长的实践经验；其三，成渝城市群如何共同推进内陆与沿边沿江协同开放的经验做法；其四，西部大开发的战略支点如何融合长江经济带与"一带一路"联结点的区位优势、带动周边地区共同开发开放的经验；其五，区域中心城市如何建设自贸区、推进区域经济均衡、协同发展的经验。

正确理解内陆开放中的"单一窗口"*

作为国际贸易数据申报、收集和反馈的公共平台，"单一窗口"是党中央国务院为加快形成全面开放新格局、促进贸易投资自由化便利化而做出的重大决策部署。去年，中共重庆市委书记陈敏尔在调研我市内陆开放高地建设情况时，曾专门听取"单一窗口"运行和制度创新情况，强调要推进通关一体化建设，不断提高监管服务水平，提升便利化程度。今年的政府工作报告提出要"改进口岸服务，深化国际国内通关协作，拓展国际贸易'单一窗口'功能，推进智慧口岸建设"。在近期专题调研过程中发现，重庆内陆开放中的"单一窗口"建设已取得初步重大进展，不仅走在了中西部地区前列，而且很多建设性思路得到国家主管部门的充分肯定，很多功能开放设想成为国家建设"单一窗口"的模板。但是，如果对标经济全球化国际先进水平、对标我市内陆开放高地建设要求，重庆所谋划的国际贸易"单一窗口"建设仍然存在着多方面的问题，需要加快解决通关环节不畅、通关环境不优、通关国际化标准不高等诸多问题和隐忧。

通过初步梳理，我认为重庆在建设内陆开放高地的现阶段上，"单一窗口"建设存在着以下几个问题，需要我们作为重点课题的研究内容。

一是"单一窗口"建设还没有真正成为推动内陆开放高地建设的重要基础。目前，在重庆建设内陆开放高地过程中，尚未形成支持"单一窗口"建设的综合环境，尚未建立支撑"单一窗口"运行和维护的长效机制，尚未重视完善"单一窗口"持续创新的核心人才政策。特别是"单一窗口"核心人员不在关键岗位，外行管理内行问题突出，不仅功能开发时常出现贻误战机的状况，而且正在面临"单一窗口"领域专业人才流失的重大挑战。

---

　　* 本文为2018年3月在重庆市生产力发展中心重点课题"发挥重庆国际贸易单一窗口功能若干问题研究"开题座谈会上的发言。

二是"单一窗口"建设存在系统壁垒和信息孤岛等制度性因素掣肘。长期以来,重庆的国际贸易领域中"独立烟囱"式信息平台多,互联互通协调难度大。主要是"单一窗口"平台与口岸各单位的业务融合度较低,与口岸现场物流信息缺乏深度互动;加工贸易尚未与"单一窗口"进行有效衔接,与外向型产业的结合度不高;进出口业务与"单一窗口"衔接度较低,国际物流对"单一窗口"高效运作的支撑不够。

三是"单一窗口"在国际贸易业务中的普及程度仍然受到多方制约。大多数重庆外贸企业对"单一窗口"先进功能尚未了解,甚至根本就不愿意去主动了解和适应,仍然习惯于沿用传统方式开展国际贸易,贸易效率低和交易成本高的问题十分突出。外贸业务人员往往把"单一窗口"功能理解为简单查询,处理国际贸易关联性业务的主管部门不了解"单一窗口"特色功能,无法将信息资源进行深度整合以推动贸易效率提升,难以从提质增效的高度加强管理。

四是与"单一窗口"相配套的多式联运支撑体系尚未建立。主要是重庆外贸业务所开展的铁海、铁空、水空、陆海等多式联运方式,在监管单证流、货物单证流、实货运行流等方面的衔接不够紧密,"单一窗口"功能开发缺乏业务拓展基础,导致多式联运支持体系缺乏信息平台基础,在转运阶段、前期准备、通关过程和货物提离四个阶段支持中欧班列、南向通道、长江水运以及航空物流的应用难以向更高层次深化。

客观而言,"单一窗口"的建设和完善确实是一个需要久久为功的长期过程,因而只有建立起长效机制才能够保障双向开放业务的持续创新发展。因此,这需要正确理解内陆开放高地建设与"单一窗口"建设之间的辩证关系,并在此基础上采取措施,有效应对。

第一,统一认识,加强领导,把建设和完善"单一窗口"作为实施内陆开放高地建设行动计划的基础工程抓紧做实。此前,重庆"单一窗口"1.0版本中数十项特色功能已在全国领先一步,应由深化改革的主管单位加大对改革开放重大项目跟踪力度,推动政府相关部门积极配合应用,确保"单一窗口"各项创新功能真正落地。与此同时,还要大力激发和留住"单一窗口"核心业务人才,避免我市"单一窗口"建设陷入"起大早、赶晚集"的不利局面。

第二,深化体制机制改革,推动形成适应全面开放新格局的"单一窗口"框架。在具体操作层面上,有几项重点工作决不能虚置:一是要加快市口岸物流办成立后的功能整合，尽快形成管理体制上整体协同、运行机制上统一运作和职能定位上的明确分工。二是要分类施策、加强协作，重点理顺口岸监管部门、口岸经营单位和众多进出口代理机构等环节的业务关系，努力消除各自为政、系统壁垒和信息孤岛现象。三是要整体规划、分步建设，做好着眼长远和立足现实的有机结合、国家标配和地方特色的有机结合、"单一窗口"公共平台和各类企业及监管部门原有平台的有机结合。

第三，加强"单一窗口"的普及使用和培训力度。一是要加大面向各类政府主管部门的"单一窗口"业务培训力度，用好"单一窗口"现有功能。二是要加大面向各类外贸企业、报关货代物流企业、各口岸经营单位、口岸监管单位、金融服务企业的分类精准培训，扩大应用普及效果。三是要加强"单一窗口"远期发展研究，对标国际标准和国家顶层设计，同步拓展开发新功能，满足贸易投资发展的未来需要。

第四，在"单一窗口"建设中适时引入区块链技术，探索实现数据信息的跨境实时共享。当今世界科技发展速度日益加快，尤其是信息技术对于各类产业经济的融合发展提出了更高要求。为适应现代国际物流多式联运业务的需要，应当加快运用区块链技术在我市港口、航运、铁路和口岸跨部门之间构建跨境多式联运体系、推进"单一窗口"建设，形成多主体分布式记账、信息实时更新和互联互通机制，强化国际贸易数据的安全性和真实性，大幅度提升"渝新欧"班列、南向通道和长江水运五定班轮运行效率。

辑三

求索篇——路漫漫其修远兮

适时设立"中西部对外开放试验区" 探索内陆地区加快发展之路[*]

一、问题的提出

中共十五大之后，中央对于我国区域经济的合理布局和协调发展非常重视，提出"中西部地区要加快改革开放和开发，发挥资源优势，发展优势产业。国家要加大对中西部地区的支持力度，优先安排基础设施和资源开发项目，逐步实行规范的财政转移支付制度，鼓励国内外投资者到中西部投资。进一步发展东部地区同中西部地区多种形式的联合和合作"。因此，在发展战略思路上，我们必须把改革初期区域经济发展的梯度战略转向点轴战略，从对沿海地区的政策倾斜转向对中西部特定经济中心点的政策倾斜。显然，这就需要国家在中西部地区选择一个适当的城市进行试点，探索内陆地区深化体制改革、扩大对外开放、加速经济发展的可行模式。

基于这种考虑，我们最近特别加强了对内陆地区经济发展战略的研究，并对中西部经济社会问题进行了一系列专题调研。在此基础上，多层次、全方位地分析了中西部和内陆地区经济和社会现状与难点。我们的看法是：从促进国民经济总体协调发展的角度上讲，目前，我国中西部地区的经济开发和对外开放水平大大落后于东部沿海地区，这对于我们实施面向 21 世纪的经济发展战略是一个难度很大的制约因素。如何加快中西部的对外开放步伐，是我国在建立社会主义市场经济体制过程中的一个跨世纪难题。因此，中央应当根据我国经济改革与对外开放的战略部署，利用我们在创建沿海经济特区和上海浦东新

---

* 原载于《中国社会科学院要报》1998 年第 17 期。

区时的成功经验，在适当时机选点设立"中西部对外开放试验区"。

二、试验区的资格与选择

根据我国中西部地区的经济社会发展现状和我国对外开放的总体战略要求，"中西部对外开放试验区"的试点城市应当具备以下三个方面的资格：

1. 试验区的选点必须具有典型性，其试点经验对于其他中西部内陆地区要有一定的借鉴意义。

2. 试验区的选点必须在中西部地区处于经济中心的地位，通过开发与开放的试验之后能够得到迅速的发展，并在这一过程中能够带动周边地区的发展，具有较强的示范和辐射作用。

3. 试验区的选点必须在中西部地区具有相对较强的经济发展基础和科技实力，有相对较好的投资环境，对于国际社会和跨国公司具有较强的吸引力。

如果不具备上述几个条件，很难保证这种试验区的成功。所以，我们建议把"中西部对外开放试验区"的首选试点放在重庆。

三、在重庆设立"中西部对外开放试验区"的必要性

在重庆设立"中西部对外开放试验区"，是我国在新的经济形势与发展战略部署下，加快内陆地区经济发展步伐的一种有益探索，不仅对于促进我国整个国民经济的地区布局调整和区域经济协调发展具有重要意义，而且对于中西部地区加快发展，尤其是对加快重庆直辖市的发展具有重要作用。

1. 在重庆设立"中西部对外开放试验区"，既是我国经济发展战略调整的需要，也是重庆特定区位与经济发展格局的需要。重庆市位于我国中西部的结合地带，兼有中部和西部的特点，是"东北现象"和"西部现象"的交叠地区，同时对整个中西部尤其是西南地区具有极大的示范、辐射和带动作用，是一个不可多得的中西部对外开放试验场。另外，重庆市目前正面临着老工业基地改造、大面积扶贫和三峡库区移民等多项繁重任务，亟须在对外开放方面先行一步，为中西部和内陆地区加快开发和开放的步伐闯出一条新路子。

2. 在重庆设立"中西部对外开放试验区"，有利于带动我国中西部地区的

经济发展，为内陆地区扩大对外开放提供经验。一方面，这必将促进重庆直辖市以更加积极的姿态走向世界，使中共十五大关于对中西部地区的支持力度、鼓励国内外投资者到中西部投资的精神得到真正落实；另一方面，也会使重庆继沿海经济特区和浦东新区之后，成为中西部扩大对外开放的样板，并为内陆地区在更大范围内的扩大对外开放，寻求适合中西部特点、能够发挥比较优势、全面参与国际分工的外向型经济发展模式，探索道路，积累经验，从而有力地促进区域经济合理布局和协调发展。

3. 在重庆设立"中西部对外开放试验区"，有利于中西部内陆地区扩大对外开放的程度、提高利用外资的规模和质量、增加利用外资的方式。重庆是中西部内陆地区唯一的直辖市，设立开放试验区，必然会带动起新一轮扩大利用外资的热潮，从而可以更好地借助国外资金、先进技术、管理经验和营销渠道，并使之与自身的资源优势、市场优势、劳动力优势、科技优势和工业优势紧密结合，从而有效地促进重庆市经济结构优化和国民经济素质的提高，加快向现代化、国际化区域经济中心发展的进程，并成为全国最为开放、最有活力和最富生机的地区之一。

4. 在重庆设立"中西部对外开放试验区"，有利于中西部地区加快发展步伐，提高经济发展的质量。试验区内的政策倾斜，有可能使重庆在较短时间内缩小与全国先进地区的差距，增强经济实力，更好地担负起中央赋予重庆直辖市的重大历史责任，实现党中央提出的"把重庆建设成为长江上游经济中心"的宏伟目标，真正发挥对中西部尤其是对大西南地区的示范、辐射和带动作用。

5. 在重庆设立"中西部对外开放试验区"，是重庆更好地完成多重历史使命的要求。重庆直辖市设立一年来，在党中央、国务院和全国人民的关怀和支持下，全市上下一心、负重自强，以经济建设为中心，以改革开放统揽全局，圆满实现了"一年起步"的奋斗目标。但是，重庆市作为我国最年轻的直辖市，在对外开放中起点低、起步晚，在经济发展中困难大、任务重，在体制改革中包袱多、问题杂，因而迫切需要借鉴沿海经济特区与上海浦东新区的成功经验，探索内陆地区加快发展、扩大开放的新模式。

四、关于试验区的内容与领域

目前，我国正处于申请加入世界贸易组织的关键阶段，许多方面都面临着重大挑战，尤其是服务业市场的对外开放，必须根据自身发展水平，循序渐进，谨慎从事，严格试点。从世界经济全球化大趋势来看，21世纪将是一个服务社会化的时代。中西部的经济发展不仅需要大力发展国内服务业，而且还要立足于本地资源优势，高起点地发展服务贸易，并以此来带动内陆地区第三产业的发展。

因此，根据重庆市的现有资源状况、潜在优势以及市场需求，建议在重庆设立"中西部对外开放试验区"时，试验内容应确定为服务贸易和服务业的对外开放。在重庆进行对外开放试验的主要领域，可考虑为金融、运输、外贸、旅游等制约重庆和中西部地区经济发展的重要环节。凡是国家准备在我国实施开放的领域，都应在试验区内先行试点，然后总结经验，全面铺开。

在西部大开发中培育具有重庆
特色的内陆型外向经济体系 *

世纪之交，国家启动实施了西部大开发战略，重庆要想抢得先机，争取主动，就必须注意"做势"：认清形势，顺应趋势，发挥优势，高起点、大手笔地把培育具有重庆特色的内陆型外向经济体系作为积极参与西部大开发的着力点。

一、培育内陆型外向经济体系的必要性

重庆在西部大开发中把培育内陆型外向经济体系作为工作重点，是由目前的国际国内经济形势所决定的。在经济全球化趋势日益加速发展的大背景下，任何一个国家或地区都不可能再行自我封闭地发展。严格说来，西部大开发实质上就是一个以开放促开发、以开发促开放的互动过程，对外开放的程度、广度和深度，将会在某种意义上决定重庆在西部大开发中的战略位置。因此，在今后一个时期内，重庆的经济和社会发展必须正确地处理好"国际大循环、全国大开放、西部大开发、重庆大发展"这四个层面的关系，厘清优势，灵活应对，勇于参与国际分工，善于分享"两个市场、两种资源"的比较利益，从而营造出适合重庆自身特点的经济发展模式。

直辖以来，重庆一直把经济结构调整作为全市经济工作的重要内容。在众多机遇与诸多挑战并存的背景下，全市的改革开放和经济社会发展取得了多方面的成就。但是，与直辖市地立相比，与所付出的工作努力相比，与区域性经济中心的要求相比，仍然存在着不少问题，最突出的表现是全市范围的对外开

* 原载于《今日重庆》2000 年第 2 期。

放观念没有真正树立，经济发展中的外向程度低，直接面对国际市场的竞争能力弱。1999 年，重庆出口占全市国内生产总值的比重仅为 2.74%，全部工业中三资企业产值占全市工业企业总产值的比重不足 8%，实际利用外资占全社会固定资产投资的比重仅为 3.54%。在国家全面实施西部大开发战略的形势下，如何提高我市经济工作的总体质量，营造面向 21 世纪全方位国际竞争的基础，已经成为我们必须认真对待和全面考虑的重要问题。尤其是在我国即将加入 WTO 的背景下，全市的经济工作必须在机遇与挑战中正确定位、权衡利弊、发挥优势、超前决策，尤其是要把培育和发展有重庆特色的内陆型外向经济体系作为经济工作的战略目标。

二、重庆培育内陆型外向经济体系的基本内容与衡量标准

长期以来，外向型经济一直被认为是沿海地区所特有的经济发展模式，而广大的内陆地区似乎只能被动地走一条内敛或内向式的发展道路，从而在经济发展的观念与思路上，西部地区存在着一种思维定式。实际上，内陆地区也同样具备发展外向型经济的需要和条件，甚至，由于特殊的资源优势、市场条件，内陆地区发展外向型经济的前景较之某些沿海地区更具发展潜力和可持续性。

对于内陆地区而言，选择外向型经济发展模式需要具备以下几个前提条件：（1）具有成为区域性经济中心的物质条件，如雄厚的工业基础，良好的交通、通信设施，健全的金融、海关等涉外机构等；（2）拥有通江达海的天然条件，如水、陆、空等港口条件，具备成为区域性物流中心的地理和区位优势；（3）兼具区域性政治、经济、文化、对外交流中心的功能。显然，重庆作为长江上游的工商重镇、西部地区唯一的直辖市、西南地区的交通信息枢纽，已经具备选择外向型经济发展的前提条件。

但是，重庆要真正确立外向型经济的发展模式，还必须全方位地厘清自身优势，并不断创造新的优势，超前地与国际经济接轨。因此，根据我市实际情况，重庆在西部大开发中所培育的内陆型外向经济体系，在基本内容上，应当是一种积极参与国际分工、以扩大对外贸易和经济技术合作为主导、以扩大利用外资为先导、带动整体经济发展的经济体制。具体说来：（1）内陆型外向

经济体系的建立，需要政府制定一系列的放宽贸易限制、鼓励利用外资和技术引进的政策，来大力发展面向国外市场的产业，最终以出口贸易带动企业和国民经济的技术发展，加速产业结构、产品结构的优化，实现与国际经济的互动式接轨。（2）内陆型外向经济体系的运行，应当以促进资源、商品、技术、资金、人才等生产要素的国际交流和企业的国际化为标准，建立对国际经济变化具有较强动态适应性的调控机制，善于有效地利用外部环境变换所提供的机会，及时进行结构和政策调整，从而实现经济增长。

构架内陆型外向经济体系，必须有一套衡量标准。衡量这种内陆型外向经济体系的标准有两个：一个是数量标准，一个是质量标准。

数量标准，主要是用相对指标来衡量，包括：（1）投资总额中外资所占比重；（2）产品出口收入加上非贸易净收入占 GDP 的比重；（3）外贸出口增长速度快于经济增长速度；（4）外商投资企业销售收入占全部企业销售收入的比重；（5）涉外税收在全部税收中的比重。

质量标准，主要是考察一个地区在鼓励经济外向发展方面的政策取向如何，包括：（1）整体经济对国际环境变化有较强的灵敏度和适应能力，政策的主动调整能力较强，有一个较为完整的、有利于培育出口生产基地的政策体系和管理体制；（2）以出口生产企业为主体来支撑整个经济发展的骨干作用，企业外向发展的总体效益比实行内向发展的经济效益好；（3）具有区域性经济中心的战略位置，对于国外经济有较强的吸引力，并对国内市场有较高的辐射力。

三、在厘清优势的基础上寻求内陆型外向经济体系的生长点

西部大开发是在国家的统一部署下对各种资源的重新调动与配置，是西部地区自我发展与寻求合作的有机结合，是一种内力与外力的合力发挥过程。有效动员各种力量的共同参与是顺利实施这一战略的关键。对外贸易是经济增长的发动机，对经济的发展具有不可忽视的拉动作用。利用外商投资在弥补资金不足、引进技术和管理、促进对外贸易以及增加财政收入和提供就业机会等方面具有不可忽视的作用，同时还可以引入竞争机制、促进国内企业的外向经营，为企业实施跨国经营奠定基础。因此，重庆在参与西部大开发中必须积极

主动地发现和培育外贸发展、利用外资和经济技术合作的增长点，必须重新认识重庆的各种优势并加以正确定位。

1. 资源优势与经济优势。在经济发展中，重庆无疑拥有许多方面的资源优势，但是，资源优势并不直接等于经济优势，没有经过开发和商品化的资源，就不能在真正意义上进入国际市场参与国际大循环，从而对重庆外贸的发展不可能起到支撑性的基础作用，引进外资就不具备有效的招商项目基础。选择和培育外向经济的生长点只能从商品化、市场化的资源优势着手，只能从加大资源的市场开发力度考虑。而且，这种市场开发还必须建立在比较优势基础之上。

2. 比较优势与竞争优势。比较优势是培育重庆外向经济新的生长点的必要前提条件，但是，在中国即将加入 WTO 的基本背景下，决不能仅仅停留在简单的比较优势层次上，还必须积极抢占国际市场高地，成为拥有国际竞争优势的产业，开发具有国际垄断地位的产品优势。否则，不具垄断地位培养潜力的资源性产品出口，不拥有为外商所特别看重的优势领域、优势产业和优势项目，外向经济体系就成了无源之水、无本之木，难以成为可持续发展的基础，从而难以成为重庆外向经济的生长点。

3. 现实优势与潜在优势。在新一轮的对外开放和西部大开发中，仅仅着眼于现有的产业、产品优势是不够的，还必须超前地注意培育发展外向经济的潜在优势，培育支撑重庆产品出口的支柱产品和吸引外来投资者的优势项目，而这种支柱产品和优势项目应当符合四个选择基准：一是适应国际分工需要；二是具有市场竞争优势；三是具备长期发展的弹性与空间；四是拥有产品开发科技含量的容纳能力。

4. 传统优势与现代优势。无论是西部开发还是外向经济体系的培育，都不能背离现有基础，必须具有发展的连续和持续性，外向经济体系的培育，必须建立在发挥传统优势的基础上。但是，基于我们所必须面对的知识经济与科技进步的国际趋势，外向经济的发展还需要依赖于对传统优势的现代化创新，依赖于用高新技术对传统产业的现代化改造，使之成为具有现代优势的朝阳产业。同时，也必须注意那些对于重庆经济整体发展具有带动作用的传统产业的外向发展（如劳动密集型产业、资源开发型产业等）。

5. 内向优势与外向优势。西部大开发中的对外开放包括两个层次：一是引进来，二是走出去。在引进来方面，除了要引进资金、技术、管理、人才等之外，还要引进信息和渠道。但对于西部大开发具有战略转变性和决定意义的还是要走出去，除了产品走出去外，企业也要走出去，进行对外投资和跨国经营。目前，重庆正面临着严峻的结构调整任务，国内市场竞争激烈、生产能力过剩，筛选优势领域、运用现有设备、结合成熟技术到发展中国家开展对外投资（如摩托车、家电、日用品等行业），这不仅在当前有助于产业结构调整，也可以带动重庆产品的出口和劳务输出，同时还可以分享到利用两个市场两种资源的国际分工利益。在一定程度上，对外投资战略的推进与实际对外投资规模，将是重庆总体经济实现向内陆型外向经济跨越的关键和重要标志。

6. 优势的超前培育与适当收缩。对于重庆来说，参与西部大开发必须充分发挥各类优势，必须超前培育有发展潜力的贸易主体、贸易方式以及有比较优势的出口产品和出口产业，并辅以相应的政策支持。但是，基于重庆的特殊情况，在西部大开发中，并非所有已经具有优势的产业都应当在外向经济体系的培育和发展中加以放大，还必须有选择地考虑某些当前优势的适当收缩。比如，三峡库区内必须优先考虑生态环境保护，污染较大的出口产品必须逐渐收缩，原来的部分优势出口产品如化工、冶金类产品就要进行必要的品种筛选。

四、重庆培育内陆型外向经济体系的相关对策思路

西部大开发，对于西部地区各省区市来说，在某种意义上也是一种开放观念、开放政策和投资环境的公平竞争机会。为使重庆在新一轮的对外开放和西部大开发中抢得先机，营造特色优势，必须努力做好以下工作：

（一）紧紧抓住西部大开发和中国即将入世的跨世纪发展机遇，持之以恒地把解放思想放在一切工作的首位，超前性地做好制度建设的准备工作。以各级党政机关工作人员为重点，在全市范围内开展"西部大开发，重庆大发展，我们怎么办"的大讨论，解放思想，更新观念，切实破除那种"只有沿海地区才可以走外向经济之路"的陈旧意识，树立全方位、多层次、宽领域的对外开放观念，全市上下共同努力，探索出一条具有重庆特色、充分发挥比较优势的内陆型外向经济体系发展道路。全市各个层面和各行各业都应当尽快熟悉和掌握 WTO 规则的有关条款，并结合重庆实际情况，深入分析和研究将要面对的

新机遇和新挑战。政府部门尤其要清理现有政策，凡是与西部大开发与入世后形势要求不相适应的政策、法规与相关文件，必须废止；必须尽快制定出有重庆自身特色的投资鼓励政策和外向发展机制；必须加快转变职能，加强政策研究和宣传，加大宏观经济调控、政策调整和立法的力度，真正使建立的外向经济体系取得雄厚的制度基础。

（二）在制定"十五"规划中，充分考虑重庆比较优势，将之逐步发展成为市场竞争优势。在重庆的外向经济体系中，要把利用国际和本地两种资源、两个市场作为参与国际分工的核心，把西部大开发、中国即将入世和国有企业改革三大跨世纪发展机遇结合起来，把重庆经济与国际经济结合起来，把提高国际竞争力放到重要位置，把建立有重庆特色、能够发挥比较优势的内陆型外向经济体系作为全市经济发展的战略目标，正确定位，通盘规划，周密论证，大胆实施。逐步使外向经济体系成为重庆经济和社会发展的主动力，带动全市产业升级、技术进步、制度创新和整个国民经济协调发展，为重庆经济的"后来居上"创造条件。

（三）采取积极措施，开拓国际市场，拓宽营销渠道，拓展贸易方式，实现国际市场的多元化。立足于重庆技术密集型产品加工能力强但地处内陆的实际，扬长避短，因地制宜地发展高附加值产品、高能耗、高劳动密集度的加工贸易。充分发挥三资企业尤其是跨国公司在国际营销渠道、技术水平和竞争力等方面的优势，推动重庆产品的出口。结合对外承包工程、技术服务出口和优势产业的对外投资，积极支持各类企业在国外设点或组建生产、加工、组装企业，近期应以开展境外带料加工装配业务为主进行剩余生产能力和设备的对外投资，尤其是应结合我市产业结构调整，将我市有一定先进性但产品在国内无市场的设备，输送到非洲等不发达国家投资建厂，用设备性的对外投资带动劳务输出，解决重庆多方面的就业压力。以建立贸易信息服务体系为先导，加强贸易促进，逐步建立贸易促进机制，为中小企业发现、进入和开拓国际市场服务。

（四）突出利用外资在我市内陆型外向经济体系中的重要地位。把利用外资作为缓解全市投资需求矛盾的主要途径，积极探索适应重庆实际的利用外资方式，扩大外商投资领域，拓宽招商引资渠道；从创造政策环境优势、提供综合服务水平入手，把重庆建设成为西部乃至全国投资环境最好、投资政策最优、投资机会最多、投资方式最活的地区。采取切实措施，力争使利用外资规模扩大的速度快于经济增长的速度；利用外资与产业结构的调整相结合，重质量、重效益，鼓励外资流向与国有企业的战略重组相结合的领域与项目，开辟新的外资利用领域和方式，积极改善投资环境尤其是软环境，加强利用外资的宏观政策引导与后续管理。

（五）切实转变部门管理观念和政府职能，实行政企分开，由直接管理模式转为间接管理模式。实行面向全社会的宏观管理，强化宏观调控、政策引导、信息服务、市场监督等间接管理职能；发挥商会对外经贸秩序的协调作用，为政企彻底分开创造条件。政府要加强对全市外向经济的统一规划和领导，打破地区、部门和所有制界限，实行统一的外向经济政策，防止政出多门。要加强部门和地区间的协调，杜绝因维护部门和地区利益而造成的扯皮、失职和渎职。在外向经济体系中，政府部门尤其是垄断性的公共部门，要彻底消除官僚和官商作风，切实为各类企业开拓国际市场提供高质量的服务。加大法制化、规范化工作力度，使我市各级各类管理部门尽快学会并善于运用经济、法律、社会中介等手段，促进、管理、指导、服务外向经济的各项工作，以适应市场经济的发展需要。合并现有多家机构与功能重叠的对外经贸管理部门，建立一个崭新的、统一管理和协调全市构架外向经济体系工作的宏观管理部门。

（六）建立和完善区、县（市）外经贸机构，使内陆型外向经济体系的运行取得扎实推进的体制基础。作为中国西部的经济中心，重庆是内陆地区经济的典型代表。因此，在西部大开发中以扩大对外开放为契机和动力建立外向经济体系，必须走与沿海地区不同的道路，经济发展战略中必须有适合自己特点的新思路，而不能沿用东部地区的发展模式。根据我市幅员辽阔、各地情况差异较大的现实，应在我市主城区、近郊区、远郊区和三峡库区，建立起完整的外经贸管理机构，为我市的外向经济体系准备好经济管理的体制基础。在时机成熟后，政府可以考虑直接向区县（市）下达考核实际利用外资占全社会固定资产比重、外贸出口占国内生产总值比重、三资企业产品销售收入占全社会企业销售收入比重、涉外税收占全部税收的比重等一整套调控性指标体系，以调动各区县（市）对全市培育外向经济体系工作的重视，促进区县（市）加大对外开放的力度。

内陆开放型经济的战略支撑点 [*]

　　当前，区域经济一体化正在加速凸显功能性优势，并成为经济全球化发展的新趋势。为此，基于自身区位和资源状况，重庆应该结合国外成功经验，在经济发展产业链中准确形成大国经济的区域经济定位，突出功能性经济优势，为国民经济发展全局服务。

一、区域定位的国际经验

　　在世界经济全球化和功能区分化的发展环境中，芝加哥成功地在美国整体经济链中扮演着重要角色，是重庆经济发展中的开放模板，应当对其发展历史和现实进行认真研究并加以借鉴。

　　与芝加哥相比，重庆有着相似的地理位置优势和产业优势。重庆濒临长江、嘉陵江，拥有天然水路运输条件，地处中国大陆腹地，以短距离辐射中国版图各个方向。重庆是全国重要的机械工业基地、常规兵器生产基地、综合化工基地、医药工业基地和仪器仪表工业基地。重庆有以汽车摩托车为主体的机械工业、以天然气化工和医药化工为重点的化学工业、以优质钢材和优质铝材为代表的冶金工业三大支柱产业以及以一些优势行业为支撑的工业体系。特别是汽车摩托车工业发展较快，重、轻、微型汽车和经济型轿车都已形成规模，1999 年重庆已成为中国第三大汽车生产基地。与其他中国长江沿岸城市相比（武汉、南京等），重庆是中国西部最大的城市，处在我国中西部地区的接合部，物流效率高，成本低，具有承东启西的区位优势。在这种意义上，重庆完全可以成为中国的内陆区域性国际物流枢纽和中心城市，成为中国的芝加哥。

---

　　*　此文根据 2008 年 9 月在重庆市工商联民营企业培训班的演讲报告整理。

170

二、交通能力建设是内陆开放的基础

从国际经验和沿海地区的发展历程来看，地处西部内陆的重庆要实践跨越式发展，必须通过扩大开放实现外部资源有效使用的积聚和整合，必须加快加大交通基础设施建设力度，形成辐射国内国外、方便快捷高效的现代化交通网络。

虽然重庆交通发展已经比原来的规划加快十年，高速公路已经有 2000 多公里，但要从建成西部物流中心或者内陆国际物流枢纽的角度来衡量，差距仍然很大。至少在全国区域经济发展的定位上，重庆必须用高速公路网络连通重庆所有的 40 个区县及乡镇，像美国农村一样，实现家家户户门前有公路、乡乡镇镇连接有高速。修建轨道交通连接市内主要经济城市中心区，用铁路连接全国运输干线。还要规划建设，增加民用小型机场、民用直升机场数量，扩大现有大型机场吞吐能力和大型客货飞机起降能力，以满足不同层面的物流需求，形成低廉的运输成本，提高运输效率，使全国各地产品汇聚于重庆、销售于全国，重庆制造的产品也能搭上国际化快车走向世界。要力争通过大规模商品集散，带动下游庞大的产业群的发展，其中包括：交通基础设施建设、维护，大型吊装机械及零部件制造、维修与保养，交通设备（轮船、火车、汽车、飞机等）及零部件和周边高新科技产品生产制造、维修、保养，大型仓储设施建设与维护，工商产品组装业，食品深加工产业，物流服务业，以产品集散为基础的金融服务业等功能服务型产业。

虽然以前一些专家和学者提出过将重庆建设成为中国的物流中心的观点，甚至像武汉、南京等城市也提出相同的功能性定位，但是都没有将这一观点放在"内陆开放型经济"的大环境中进行分析和研究，仅仅局限于建设几个物流工业园区和几个配送中心的初级层面上，而没有触及相关基础产业的发展问题。重庆作为内陆区域性物流中心的功能性定位只是其整体社会经济向纵深发展的一个开端，需要以下游庞大产业群作为支撑，把延展性影响力向区县延伸并发挥带动作用，从而达到城乡统筹发展的目的。

各区县应当根据自身区位优势，配合全市整体功能定位，选择不同的下游功能型产业作为发展方向，打破传统三大支柱产业均衡发展的定向思维，为重庆总体功能型格局服务，各司其职，淡化主城与区县的边界概念，树立"大重庆"的一体化观念，为城市人口走向农村提供必要的机会和平台。例如，主城周边区县可以打造优良人居环境和商业市场，吸引主城居民外移，像国外的大城市一样，定居郊区，工作在主城，扩大主城区外向影响力。沿江区县可成为大型码头和港口，也可成为水上运输工具的制造、修理、维护中心或大型吊装机械的生产基地。沿铁路区县可成为机械、运输工具及零部件制造商，为物流系统的稳定运行做保障。偏远区县可因地制宜成为食品深加工基地，扩大农业产业化，大力发展生态农业和绿色食品，利用便利公路运输系统成为人们基本生活保障的后盾。以此思路构架内陆物流中心，就不会只是一个单纯的物流工业园区，也不只是一个配送货物的交通枢纽，而是一个以物流为中心、相关产业统筹发展的产业链经济体，凸显城市核心竞争力和功能性经济优势，成为国内外商品进出集散的经济中心，成为真正的内陆区域性国际物流中心，可以与作为国际金融中心的上海遥相呼应。

三、构建内陆开放型经济发展新机制

在内陆地区发展开放型经济，无疑会经历较长的过程，不仅情况非常复杂，涉及面相当广，而且还会受诸多制度和体制性因素制约。在这种意义上，重庆市应当加大体制创新力度，在市委层面上成立"体制改革和对外开放工作指导委员会"，其主要职责是宏观把握全市开放型经济发展方向，科学合理、统筹安排和制订主城与区县的相关功能性及产业规划，从中协调各职能部门间、各区县间的关系，对执行力度进行监督。在这个框架下重庆应在以下几方面加大改革开放力度，在发展功能性经济的前提下促进内陆开放型经济发展。

（一）整合行政区划，壮大主城经济影响力

在区域功能性经济定位的基础上，推动差异化产业发展，使城市形成核心竞争力和周边辐射力。只有建设强大的城市中心和经济中心区域，才能改变重庆"小马拉大车"的现状；只有增强城市的辐射力度，才能有效带动相关产业发展；只有增大主城综合实力，才能有效带动城乡统筹发展。

目前，重庆经济辐射能力最强的行政区域，是传统"主城八区"，其中渝中区居于"老大"地位。但是，渝中区行政区域偏小，只有 23.71 平方公里，

陆地面积只有 18.54 平方公里，且被江北、南岸、九龙坡、沙坪坝四区紧紧包围，其经济实力与渝中区相差无几，加上行政区划和地理位置因素影响，包括渝中区在内的五区，近年来逐渐形成了你追我赶、相互竞争的局面，在总体上出现良性竞争的同时，客观上也出现了行政性内耗，负面地降低了各自的周边辐射能力，特别是渝中区由于缺乏可持续性发展的土地资源，只能在旧城改造上下功夫，经济扩展性不强，提高发展质量难度大。按照经济学中的"涟漪效应"理论，经济区域的辐射劳动力会随着其能量的不断消耗而出现速度逐渐降低、影响逐渐减小的现象，综合实力接近的相邻地区之间，在其外围辐射过程中会使涟漪效力相互抵消，甚至中心区域的外向辐射力根本无法扩散。因此，必须大胆改革行政区划，将渝中、江北、九龙坡、沙坪坝和南岸合并为一个规模较大的重庆市中区，整合行政资源和经济资源，加强城市持续发展性，避免不必要的经济内耗，放大对周边地区的经济辐射能力。把五颗小石头变成一块大石头，把小马变成一匹大马，形成"变形金刚效应"来拉动重庆直辖市这架大马车，为经济向纵深发展、为产业升级形成强势经济做好铺垫。

（二）设立重庆期货交易所，打造金融物流高地

期货交易所是买卖期货合约的场所，是期货市场的核心。比较成熟的期货市场在一定程度上相当于一种完全竞争的市场，既是经济学中最理想的市场形式，也是现实经济生活中一种较高级的市场组织形式，当然也是市场经济发展到一定阶段的必然产物。芝加哥期货交易所是当前世界上交易规模最大、最具代表性的农产品交易所。19 世纪初期，芝加哥是美国最大的谷物集散地。随着谷物交易的不断集中和远期交易方式的发展，1848 年，由 82 位谷物交易商发起组建了芝加哥期货交易所。该交易所成立后，对交易规则不断加以完善，于 1865 年用标准的期货合约取代了远期合同，并实行了保证金制度。芝加哥期货交易所除了提供玉米、六豆、小麦等农产品期货交易外，还为中长期美国政府债券、股票指数、市政债券指数、黄金和白银等商品提供期货交易市场，并提供农产品、金融及金属的期权交易。随着期货产品的增加，芝加哥也逐渐成为矿产资源和工业产品的集散地。经过改革开放 30 年的发展，重庆已经具有较好的开放型经济基础，应当加快提升开放质量和水平，成立重庆期货交易所，用期货交易带动物流产业的发展和升级，以期货交割所形成的物流业发展为基础，建设重庆期货市场。由于期货市场会带动期货交易所、结算所或结算公司、经纪公司的发展，通过与围绕物流产业开展的银行业和保险业相结合，在经过一定时期的发展之后，重庆将有机会成为中国内陆物流和功能性金融高地。

（三）改善投资环境，提高开放水平

在某种意义上，市场经济就是环境经济，环境优者才能吸引投资人。重庆要发展物流经济，必须打造优良的投资环境，吸引市外和国外的投资者。当前，长三角、珠三角的区位和基础优势更加明显，良好的投资软环境和良好的政府服务体系深得投资商青睐；环渤海湾以天津滨海新区为代表形成了新的投资热点，京津冀拥有诸多有利条件，又有强有力的政策支持及奥运会的带动，是投资的绝对高地。根据浙江省政府经济技术协作办公室的最新统计，目前有400多万浙商在全国各地创业投资，投资累计14477亿元，其中在重庆投资累计为150亿元，只占到投资总额约1%，在全国排名第20位。重庆并未被浙商看好，从一个侧面反映出重庆在吸引外来投资方面还存在一些问题。浙商在重庆的累计投资额处于全国的中下水平，不但无法与沿海和发达地区相比，即使是与湖北（600亿元）、四川（300亿元）、陕西（200亿元）、贵州（240亿元）等周边地区相比，重庆也远远落在后面。浙商在重庆投资累计远远落后于其他地区，实际上只不过是外来投资在重庆的一个缩影。对于以投资和扩张闻名的浙商来说，对各地的投资环境、投资政策等，有如试水春江的鸭子，冷暖自知，更懂得比较和选择。

为此，我市各级政府和有关部门应当加强法制观念，下大力气改善投资环境。政府作为社会管理部门，是社会公平和公正的履行者和监督者，要带头遵守法律，加强政府的履约意识和服务意识。要不断加强学习，解放思想，改变落后的思想观念，勇于在理念上与国际接轨，避免由于开放程度不够、思想意识落后、信息内外不对称而造成招商引资的尴尬局面。各级政府和工作部门应当定期开展对窗口部门的培训活动，让工作人员了解外地、外国的经济、社会、文化特征，还要抓紧时间更新、淘汰一批不适应发展的法律、法规和政策，下大力气取消一批阻碍经济发展的行政审批项目，使其更加国际化、人性化，更加适应开放型经济发展的需求，提高办事效率。要结合本地的功能性定位，创新招商理念，采取定向招商的手段，突出功能性产业，充分发挥自己的优势，实行差异化竞争，提高招商工作实效。此外，各级政府不仅要积极吸

引大企业前来投资，对中小企业也要一视同仁。对招引进来的企业，不能只看其目前的规模，更要看其发展的前景，更加重视产业的聚集度、整体发展和规模优势，而不仅仅停留于只重视单个企业的规模。要从单一的资源、区位等优势，向以规则为基础的投资环境体系成熟度转变，从"政府招商"到"中介招商"，从"资源招商"到"环境招商"，从"政策招商"到"情感招商"转变。面向全国和国际社会，吸引熟悉其他地区和国际商业运作的精英进入窗口部门。

总之，重庆在发展内陆开放型经济方面的任务艰巨而长远，不能简单地将内陆开放型经济看作一次行政体制改革。内陆开放型经济的核心和本质，是发展功能性经济，建立核心经济竞争优势，打造强有力的城市经济中心，提高周边辐射力。为此，必须把扩大内陆开放与深化体制改革紧密联系起来，从而以区域功能性经济带动全市开放型经济发展；必须全方位地解放思想，加强与现代经济发展理论的主动融合，结合重庆实际来扩大开放力度，深化体制改革，形成全面开放的制度体系，为内陆开放型经济的发展提供制度保障。

创新工作思路　加大开放式扶贫[*]

直辖以来，重庆市的扶贫工作取得了重大进展，绝对贫困人口从 2002 年的 94 万人减少到 2007 年的 50 万人。这一成绩的取得，在于政府组织实施了大规模的、持久和富有成效的扶贫开发计划，走出了一条符合市情、具有特色的"政府主导、社会参与、自力更生、开发扶贫"的道路。

但是，重庆的扶贫开发仍然面临着双重压力：一方面绝对贫困人口没有解决温饱问题，解决这部分人的问题难度很大；另一方面是近百万刚刚脱贫的人口，自我发展能力较弱，巩固温饱的难度同样很大，而且减贫与返贫经常同时或交替出现。加之，国际国内影响农民收入的各类因素的交织继起、联合作用，正在使重庆在新阶段的扶贫工作面临着严峻的形势。

因此，今后一段时期内，在统筹城乡发展、新农村建设的新发展阶段，以农村贫困人口的温饱问题基本解决为标志，重庆的扶贫开发也相应进入了新的阶段。重庆扶贫工作的基本原则是顺应形势变化，主动转变观念，切实采取措施，对扶贫战略和政策进行相适性调整，在开发式扶贫中更加注重走开放式扶贫的道路。

（一）全面树立开放式扶贫的新理念

贫困不仅是一个经济问题，同时也是一个社会问题，甚至在大历史视角上，还是一个在经济与社会之间具有明显互动机制的问题。因此，扶贫工作理念应当从"内向式扶贫开发"转变为"开放式扶贫开发"，主要依靠走出去和引进来，通过科技进步和人的素质的提高增强贫困地区的自我发展能力。因此，新时期的扶贫工作需要更加重视人才在开放式扶贫开发中的地位和作用，通过积极为贫困地区培养人才，为贫困地区营造吸引人才、留住人才的体制环

---

[*]　此文为参加 2008 年中澳合作扶贫发展合作论坛的论文。

境，形成"开放是前提、人才是关键、人才工程是扶贫开发中首要工程"的扶贫新理念。

所谓开放式扶贫，就是指把开发式扶贫置于重庆建设开放型经济发展战略框架之中，既对过去传统的分散救济式扶贫进行改革与调整，也注意利用和发挥国际社会和民间机构的积极作用，在开放互动的扶贫理念之下，根据国内外环境的变化情况，梳理扶贫机制，建立有助于调动各种积极因素的扶贫体制，制定面对贫困人口的直通受益政策，确立自助自强的扶贫模式，并将此作为政府扶贫政策的核心和基础。具体来说，坚持开放式扶贫的方针，就是在扶贫工作中以经济建设为中心，以对外开放为动力，引进来与走出去并重，借鉴国际上的成功经验，充分调动贫困人口的脱贫主动性，帮助贫困地区干部群众引入适应本地情况的国际扶贫理念，加强能力建设，改善生产条件，开发当地资源，发展商品生产，增强自我积累和自我发展能力，在做好技术培训的基础上实施跨区域或跨境的转移农村富余劳动力。

（二）坚持开放式扶贫开发的方针，努力发展贫困地区经济

从国内外反贫困的实践看，要从根本上改变贫困地区的落后面貌，必须坚持走开发、开放式扶贫的道路，增强贫困地区农民自我积累、自我发展的能力，这是解决温饱、脱贫致富的根本途径，也是扶贫开发工作所必须长期坚持的基本方针。根据重庆扶贫工作的总体推进情况，下一步将需要进一步推进农业产业化经营，解决贫困地区经济结构单一、增收渠道狭窄、经济效益不高的问题；需要进一步扩大对外开放，优化投资环境，吸引国内区域间合作和对口支援，引导国际资本参与贫困地区农产品加工业发展，采取独资、联合、股份制等方式，加快建设龙头企业；需要进一步鼓励和引导具有市场开拓能力的大型龙头企业，到贫困地区建立原料生产基地，通过基地带贫困户的方式，把一家一户的小生产纳入到大市场之中。

（三）加强基础设施建设　筑牢开放式扶贫开发的物质基础，实现贫困地区经济的可持续发展

基础设施薄弱、生态环境恶劣、抵御自然风险的能力低下，是多数贫困地区致贫的重要原因，加强贫困地区的基础设施建设尤为重要。各级政府和有关部门在安排交通、能源、通信、信息、市场等基础设施建设项目时，应该重点向贫困地区倾斜。尽快解决农村公用设施建设薄弱问题，努力改善农村的生产条件和生活环境，增强贫困地区经济发展后劲。对生态环境极度恶劣、缺乏基本生产生活条件的少数极贫区，建立扶贫开发的开放式通道，在群众自愿的基础上，有计划、有组织地进行移民搬迁，彻底解决这部分农民的温饱问题。

（四）加快贫困地区农村富余劳动力转移步伐

加快农村富余劳动力转移，是贫困地区优化人力资源配置、增加农民收入最现实、最有效的途径。实践证明，扩大劳务输出，不仅有利于拓宽农民的就业渠道和增收空间，更有利于提高劳动者的劳动技能，促进贫困地区文化、经济、技术和信息交流，改变他们的传统思想和择业观念，实现贫困地区早日脱贫，遏制返贫现象发生。贫困地区要成立专门的劳务输出组织，加强劳动力职业技能培训，依法保护外出务工农民的合法权益，组织和引导贫区劳动力健康有序流动。贫困地区要与发达地区结成劳务输出的帮扶对子，开展广泛的劳务协作。要面向沿海发达地区、大中城市、工矿企业，有组织地输出劳动力资源。要在国家层面上理顺跨境劳务输出管理体制，整合外派劳务和境外就业工作与指导体系，积极向境外输出富余劳动力，不断增加劳务收入。

（五）充分利用国际合作渠道，拓宽开放式扶贫开发空间

近年来，消除贫困越来越受到国际社会的广泛关注，联合国始终把发展中国家的经济持续发展和消除贫困，列为国际发展战略的首要目标和国际合作的优先领域。2000 年，第 55 届联合国大会通过《联合国千年宣言》，提出到 2015 年底全球贫困人口减少一半的目标。通过各方的努力，全球减贫事业取得了很大进展，特别是在过去 10 多年中，亚洲地区有 2 亿多人实现了脱贫。联合国全球"千年目标"提出，富国应将本国国民生产总值的 0.7% 作为官方援助提供给穷国，帮助穷国消除贫困。虽然，在过去十几年中，富国对穷国的援助比例不升反降，同时，不公正的全球贸易规则加剧贫富分化，某些富国一方面鼓吹开放市场和自由贸易，另一方面却又对贫困国家的商品出口设置贸易壁垒。但是，包括联合国在内的各类经济组织和民间机构正在不同领域发挥着一定的贫困减持作用，我们必须努力畅通此类通道，争取外国政府、国际组织、国际民间组织的无偿援助，拓宽国际援助来源渠道和领域，扩大贫困地区受援范围，为重庆市的扶贫工作争取更多的资金来源。

在提升开放中规划建设好中央休闲区[*]

中央休闲区（CRD，Central Recreation District），是现代化大都市发展到一定阶段之后以生态、休闲和文化为突出特点，以联结与辐射周边地区经济运行的信息流、资金流、贸易流和通信流为经济节点，并与中央商务区（CBD）和高新技术园区相配套形成外向吸引力的核心功能区。它是现代国际化都市外向吸引力的高端功能释放单元，是全球化条件下投资环境的重要组成要素，是衡量城市开放水平的重要标志。

中共十七大报告指出，要拓展对外开放广度和深度，提高开放型经济水平，形成经济全球化条件下参与国际经济合作和竞争新优势，尤其强调要创新对外开放的思路，实现对内对外开放相互促进。贯彻落实十七大精神和中共中央对重庆发展的总体部署，必须积极参与全球竞争与合作，主动融入国际经济大潮，紧紧抓住世界 500 强和中国 500 强日渐重视重庆市场潜力、着手制定长期发展战略布局的机遇，找准合作项目，更好地利用外资和内资，通过不断完善软、硬环境，使重庆逐渐转化为内陆地区对外开放的前沿。因此，我们必须全面理解科学发展观，树立以开放理念推进各项工作的战略意识，立足于把重庆建成中国西部的区域性国际化大都市，加快提升城市规划水平，力争 30 年后使重庆可以和京津沪比肩而行。因此，适时提出并超前性地规划好中央休闲区（CRD），既是重庆遵循当今世界城市发展国际经验以实现跨越式发展的需要，也是重庆改善投资环境、提升城市国际竞争力的基本条件，更是重庆推动内陆开放型经济发展的基础工作，必须高度重视。

---

　*　此文为 2008 年度重庆市科委软科学重点课题"进一步提升重庆投资软环境研究报告"中的部分内容。

一、问题的提出

　　经过直辖 10 年的发展，重庆已经站在新的历史起点上。经济社会发展的总体战略必须围绕"大开放促创新，大开发求突破，大发展上台阶"来全面展开，城市规划尤其必须树立起为建设内陆开放型经济服务的基本理念。

　　（一）适时规划建设 CRD 是重庆完善城市功能的需要。城市规划的国际经验表明，现代城市要具备三大核心功能：一是集散要素、生产商品和服务的经济功能；二是管理、服务和居住的社会功能；三是创新、提高的文化功能。重庆要成为长江上游的经济中心、西部地区的重要增长极和城乡统筹发展的直辖市，就必须以现代城市理念规划相应的 CRD，这将会保证重庆在未来跨越式发展中形成具有较高国际知名度、美誉度和吸引力的休闲功能空间。

　　（二）适时规划建设 CRD 是重庆实现产业升级的需要。产业升级是指产业由低层次向高层次的转换过程，它不仅包括产业产出总量的增长，也包括产业结构的高度化。按照国务院批准的《重庆市城乡总体规划》，重庆市中心城区范围为 1062 平方公里，在产业布局上具有"极核产业区"的功能，其产业结构调整的基本导向是重点发展现代服务业、高新技术产业和都市工业，限制一般轻工业和低附加值加工业，重型与污染型产业在结构调整中需要进行空间的产业转移和替代。文化休闲产业作为一种具有高成长性、高带动性和高社会性的现代产业，应当成为城市产业结构调整中的替代产业。

　　（三）适时规划建设 CRD 是重庆实现城市转型的需要。城市转型是经济结构优化和城市空间再造的过程。重庆直辖 10 年取得了重大成就，但要把一个传统的老工业基地发展成为一个山水园林城市、宜居城市和新型产业城市，真正发挥"三中心、两枢纽、一基地"的综合功能，并成为未来可以与京、津、沪比肩而行的国际化大都市，还必须通过建设 CRD 来进一步推动城市转型。新的城乡总体规划把南部片区规划为以会展、商贸、都市旅游、科研教育为主导的发展区域，并明确其主要功能是承接旧城区转移和部分工业，完善城市功能，提高基础设施和公共设施水平，保护好城市景观和生态环境，体现山、水、绿城市特色，提升人居环境质量，因而，最具备建成 CRD 的条件。

　　（四）适时规划建设 CRD 是重庆建设内陆开放型经济的需要。重庆目前已经站在一个新的历史起点上，实现党中央对重庆发展的总体部署，必须以更大的勇气、更宽阔的视野扩大开放，必须通过不断完善软、硬环境，使重庆成为内陆地区对外开放的前沿。CRD是生产性服务业发展的基础，是一个地区投资软环境与硬环境的有机结合形式，规划并建设CRD，有助于推进重庆现代工业的跨越式发展，有助于引入国际金融机构和专业服务公司，有助于成为高新技术产业的生产和研发基地，有助于促进重庆进入全球城市的网络节点，并由此而形成有重庆特色的内陆开放型经济体系。

二、规划和建设 CRD 的相关思考

CRD是现代化大都市中与CBD和高新技术园区相配套的核心功能区，是经济全球化背景下世界城市网络单元的控制力节点，其规划与建设具有特殊要求，必须遵循其规划和建设规律。为此，必须在城市建设与产业发展中做好以下几个方面的工作：

（一）重庆CRD空间的选择必须把城市规划与产业规划进行有机的结合。CRD的空间选择有五个基准：一是生态环境基准，即建筑密度低，具有较大的绿色开敞空间；二是空间位置基准，即城市中心距离适中，以半小时车程为宜；三是交通条件基准，即交通便捷，运载能力强，可以高效集散人流；四是经济效率基准，即集资金密集、技术密集、劳动密集于一身；五是产业基础基准，即文化资源可以支撑文化创意产业的发展。因此，CRD的规划和建设，必须在空间选择上充分考虑产业发展和景观生态，一般应当建设在城市中心和制造业中心之间，资源、生态、区位、交通条件较好，开发成本较低，空间有机度较高，最能体现城市自然景观特色的区域。有鉴于此，最佳选择是把重庆市的CRD规划在长江二桥以南、中梁山和铜锣山之间的长江沿岸地区，以钓鱼嘴半岛、小南海、重钢和滨工路为核心的"三点一线"地区。

（二）重庆CRD规划必须先行明确发展目标。要以国务院批准的《重庆市城乡总体规划》为战略框架，以服务战略转型、优化城市功能、促进产业升级为中心，以功能区建设为重点，全面整合主城南部片区及长江沿岸的山水景观与特色文化旅游资源。按照"统一先行规划、分步分块实施、基础设施优先、龙头项目带动、经济社会联动"的发展思路，将以"三点一线"为核心的

CRD 功能区建设成为生态和谐宜居区、文化功能休闲区、创意产业集聚区和城市遗产保护区。在 CRD 建设中要遵循以人为本、和谐共赢、政府引导和市场主导相结合、限制开发和保护为先、成片开发和综合利用、城市基础设施与公共服务设施优先发展、产业发展与生态涵养及社会建设相适应等原则。

（三）重庆 CRD 建设必须明确基础设施优先的理念。基础设施是建设 CRD 的重要支撑和保障，但是，当前"三点一线"核心功能区在基础设施方面存在着多方面问题，比如：总量不足，建设标准低，不足以承载 CRD 的城市功能；发展不平衡，重钢板块的基础较好，钓鱼嘴、小南海板块及马桑溪以上段滨江产业带地区的城市基础设施基本上仍然处于留白状态；建设管理体制不协调，没有形成统一开放的城市基础设施体系和网络。因此，应以方便快捷、安全有序、经济环保为目标，加快轨道交通、城市道路、对外交通枢纽以及现代化交通运营管理体系建设，为保障和促进 CRD 发展提供充分的交通条件；以 20 年不会落后、30 年不会遗憾的现代化标准，规划建设 CRD 核心功能区的能源、给排水、环保环卫、信息通信及防灾减灾设施，为保障和促进 CRD 发展提供充分的设施环境；加快以教育、卫生、科技、文化、信息等为重点的社会事业设施建设，高标准规划 CRD 完善的公共服务体系，为保障和促进 CRD 发展提供充分的社会文化条件。

（四）重庆 CRD 管理必须确立城市运营战略。CRD 是现代城市竞争力的集中体现，必须以政府为主导、企业为主体、市场为导向，在公共利益与商业利益、长远利益与短期利益、城市价值与地产价值的结合上，综合运营城市资源，从整体的角度来建设、管理和经营城市，完善城市基础设施，提高城市的附加值和吸引力，促进招商引资的突破，形成有特色的支柱产业。为此，政府必须在城市开发方向、城市规划、基础设施和相关政策方面加强引导，为重庆 CRD 建设创造良好的软硬环境；必须进一步转变政府职能，整合区域资源，加强融资平台建设，在风险防范与利益分配上注意统筹兼顾，与金融机构形成互利共赢的格局，调动金融机构参加重大项目建设的积极性，降低融资成本，提高资金使用效率；必须把城市纳入市场体系，放大融资范围，把城市看作是宝贵的资源整体，形成包括土地、自然环境、基础设施及其延伸的无形资产、城市文化、城市形象、城市精神等在内的"大资源"理念；必须创新土地经营形式，开拓多种融资渠道，引入城市运营商。

（五）重庆 CRD 的规划与建设必须注意政策引导和制度保障。要在市政府的领导下，由政府相关部门包括发改委、规划局、经委、建委、国土局等，以及与 CRD 功能相契合的有关区县（大渡口、九龙坡、巴南、江津等）、有关土地储备单位（如渝富公司、城投集团、地产集团等），共同组成重庆市 CRD 规划委员会，将地区发展规划、城市建设规划和土地利用规划三规合一，聘请包括国际知名的规划专业机构共同编制详规。要按照建设现代国际化大都市的要求对 CRD 建设进行政策设计，在城乡统筹、产业发展、人才引进与培养、公共财政政策支持、鼓励创新、税收优惠、土地调配等重点领域和关键环节实现率先突破，以科学的政策组合保障 CRD 的快速健康发展。

（六）重庆 CRD 的规划和建设必须注意形成区域协同。按照最新城乡总体规划，重庆已经形成了"城市重心北移、工业重心外拓"的态势。九龙坡制造业发展重心在西部新城，巴南制造业重心在东部新城，中梁山以东、铜锣山以西地区总体上属于工业调整区。在这一地区建设 CRD，符合重庆市的生产力布局，是大渡口、九龙坡、巴南三区产业结构调整的基本方向，是 CRD 相关各区的共同利益所在，从而也是 CRD 相关各区开展合作的基础。因此，区域间的协同必须在淡化行政区划、融合城乡资源、形成产业错位优势等方面多下功夫，找准推进合作协同的着力点。主要是：聚合先进生产力要素以形成区域规模经济功能；在区域分工和比较优势基础上形成优势互补；统筹规划形成布局结构合理的产业结构优化功能；加强基础设施建设，打通物流通道，形成共同市场，强化市场机制功能；在机会均等与利益共享的基础上形成利益共同体，最终实现 CRD 规划一体化、市场一体化、产业一体化、交通一体化和利益一体化五大目标。

此外，重庆 CRD 建设还必须同时注意环境保护和加强生态建设。协调好保护与开发的关系，处理好人口、资源、生态环境之间的协调关系，通过构架 CRD 景观环境系统，促进 CRD 的可持续发展。

把重庆建设成为长江上游航运中心[*]

近年来，国际航运重心正在逐步向亚太地区转移，航运中心建设已经成为我国参与经济全球化的重要战略。继批准上海国际航运中心、天津北方国际航运中心、大连东北亚国际航运中心之后，国家又将重庆定位为长江上游航运中心，这在世界内河发展历程上前所未有。作为一种社会经济概念和城市功能定位，航运中心发展迄今业已历经数百年，其对经济社会的带动和提高城市地位的作用举世瞩目。

一、建设长江上游航运中心的重大战略意义

当前，重庆作为全国五大中心城市之一，正全力打造内陆开放高地。建设长江上游航运中心，是实现区域经济协调发展，发挥长江沟通东中西部地区，形成沿海与内陆联动开发开放新格局，实现西部大开发、中部崛起和东部率先发展等重大战略的需要；是加快西部地区承接国际国内产业转移步伐、调整和优化区域产业布局、形成沿江产业带并带动该区域经济社会又好又快发展的需要；是构建现代综合运输体系、发挥各种运输方式的比较优势和组合效率、降低社会综合物流成本、引领交通运输向低碳方式转变的需要；是实现率先发展长三角地区通过长江向内陆腹地延伸发展，把重庆建设成为准沿海城市的需要。

二、国际航运中心的内涵和发展模式

随着经济社会的快速发展，我国正在由航运大国向航运强国转变。作为航运强国的重要内容之一，航运中心的建设和发展要求必须对其形成条件和内涵

---

*　原载于《长江航运》2010 年第 10 期。

形成基本统一的认识。航运中心的形成与国家大力支持、世界贸易增长、区位优势、集装箱枢纽港口、全球化港口运营、功能发达的交通运输网络、成熟的航运市场、高度开放的自由港政策等直接相关。就其内涵而言，航运中心同时也是一个城市概念，其所在城市必须是国际化港口大都市，取得世所公认的航运枢纽地位，并以其作为主要依托和中心平台拓展功能，进而向周边区域乃至全球施加辐射影响；航运中心的主要内容是航运市场、航运产业和航运服务体系；航运中心的核心是将航运行业提升到航运产业的高度系统发展；航运中心的最终目标是主动参与资源与生产要素在国际国内的综合流动与配置。

在世界公认的主要国际航运中心发展进程中，基本模式有四种：一是以伦敦为代表的兼具以提供航运服务和市场交易服务为重要内容的服务型国际航运中心；二是以鹿特丹、汉堡为代表的以直接经济腹地为主要服务对象和本国外贸直达运输服务为主的腹地型国际航运中心；三是以新加坡为代表的以国际货物中转及其相关服务为主的中转型国际航运中心；四是以上海为代表的兼具中转型和腹地型共同特征的复合型国际航运中心等。

三、长江上游航运中心的发展方向和功能定位

（一）发展方向

尽管重庆已经具备了建设航运中心的基础，但由于地处内陆，与成熟的国际航运中心相比在诸多航运服务要素方面存在较大的差距。把重庆建设成为长江上游航运中心，必须借鉴各种类型航运中心的特点，结合实际，充分发挥自身的优势，探索内陆型航运中心发展模式。其发展方向包括：一是巩固集装箱枢纽港地位。利用三峡成库后形成的深水航道，拥有可常年停靠5000吨级及以上船舶的一大批现代化、成规模的集装箱枢纽港口，成为长江上游地区最大的集装箱集并港。二是综合运输体系完善便捷。以长江深水航道为主体，依托铁路、高速公路、管道、航空等各种运输方式组成的便捷顺畅的现代化立体集疏运系统，发展"无水港"，成为西部地区运输组织管理中心、物流中心和多式联运中心。三是游轮旅游产业具备国际品质。重点发展长江三峡国际黄金旅游带，打造一批世界内河一流品质的豪华游轮，建成长江上游最大的游轮母港。四是现代航运服务业发达。以信息、交易、咨询、金融保险、法律为核心，形成与

两路寸滩保税港区配套服务的航运与口岸服务中心，形成大宗货物储运基地，工业半成品和制成品展示、采购、交易中心，为大西南地区开放型经济发展服务。五是航运政策高度开放。以支撑内陆开放高地为目标，充分发挥保税港区优势，在临近港口的区位上设置国际物流基地，通过保税优惠、加工增值和离岸退税等政策服务，有效促进国际贸易、国际物流、出口加工和航运产业的发展。

（二）功能定位

与其他航运中心依托的城市相比，长江上游区域处于工业化大发展阶段，长江上游航运中心将长时间以货物贸易和物流服务为主，近期主要完善五大功能：装卸和存储功能，水水和陆水中转功能，先进高效的港口物流功能，口岸、金融、信息等航运综合服务功能，旅游客运及游轮经济功能。远期则需要向综合资源配置功能拓展。从国际经验看，航运中心的资源配置功能主要有四个方面：一是航运资源配置，成为全球或区域内生产与服务管理控制中心，主要通过航运企业和航运服务龙头企业在全球或区域范围内配置航线、航班和航运服务网点。二是产业资源配置，主要通过枢纽港建设，吸引临港产业资源的集聚，以及通过集疏运系统建设和物流辐射能力，引导产业梯度转移。三是贸易资源配置，主要通过高度开放的政策，发展国际贸易、国际采购等服务。四是人才资源配置，吸引各方面的优秀人才（包括航运及其相关人才），解决航运中心人力资源问题。

四、长江上游航运中心的基本定位及发展目标

（一）基本定位

在长江上游地区，以重庆为核心，依托稠密的集装箱班轮航线、便捷的公路和铁路网以及高效运转的保税港区，沟通国内、国际市场，服务大西南，实现航运产业要素集聚、航运服务体系完善、航运市场繁荣规范，并以航运产业作为核心纽带，将重庆建设成为促进相关资源最佳配置、带动长江上游地区系统发展的国际化港口大都市。

定位解读：（1）航运中心本质上是一个城市的概念，长江上游航运中心就是长江上游最大的港口城市。（2）长江上游航运中心建设的核心是将航运行业

提升到航运产业的高度系统发展。（3）长江上游航运中心建设必须以重庆作为主要依托和中心平台，主要围绕重庆市的功能展开，引领和辐射周边区域。（4）长江上游航运中心建设的最终目标是主动参与资源与生产要素在国际国内的综合流动与配置。

（二）发展目标

1. 形象目标

港口：长江上游最大的现代化集装箱集并港、大宗散货及滚装汽车中转港、最大的豪华游轮母港。

航道：重庆长江水域常年通行5000吨级船舶及万吨级船队。

航线：高密度的集装箱班轮航线。

船舶：实现运输船舶现代化。

航运服务：依托保税港区和航运与口岸服务中心，建成服务体系完善的航运要素高度聚集区。

人才：全国内河航运人才高地。

2. 具体指标

到2012年，基本建成长江上游航运中心框架。全市港口货物通过能力达到1.5亿吨、集装箱500万标箱。五级以上航道里程达到1518公里，航道达标率80%。船舶运力达到500万载重吨，货运船舶平均吨位1500吨，干线货运船舶平均载重吨位达到2000吨，以3000吨级至5000吨级船舶为主力船型。周边地区经重庆港中转的货物达40%，外贸货运量水运所占比例稳定在80%以上。基本建成航运与口岸服务中心。年度水运综合产值达500亿元。

到2015年，长江上游航运中心初步形成。全市港口货物通过能力达到1.8亿吨，其中集装箱通过能力达700万标箱。五级以上航道里程达到1700公里，航道达标率90%。5000吨级船舶成为主力船型；周边地区经重庆港中转货物稳定在50%以上；航运服务体系基本建成。年度水运综合产值达700亿元。

到2020年，全面建成长江上游航运中心。全市港口货物通过能力达到2.2亿吨，其中集装箱通过能力达1000万标箱。5000吨级单船及万吨级船队常年通行重庆长江水域。五级以上航道达到1952公里，航道达标率100%。周边地区经重庆港中转的货物达60%以上。长江干线货运船舶平均载重吨位达到3000吨以上，5000吨级以上船舶成为主力船型，全面实现船舶现代化。年度水运综合产值达 1000 亿元。

五、建设长江上游航运中心的战略举措

根据重庆区位优势和航运要素在城市总体空间的布局，长江上游航运中心应当形成"一带、一区、一圈"空间布局形态，即以长江为支撑的沿江临港产业带，以两路寸滩保税港区为主体的航运服务功能集聚区，以航运、铁路、公路、管道和空港等各种集疏运方式形成的航运中心经济辐射圈，同时，紧密围绕航运中心空间布局形态，从基础设施、运输装备、相关行业配套、服务体系等方面推进"九港三江两网一区一船队"（江北寸滩等九个大型港口物流园，长江等三条高等级航道，铁路、高速公路网，航运要素聚集区和一支现代化的船队）建设，积极培育航运交易市场，大力引导航运产业发展，促进金融、贸易中心形成。具体战略举措应当做如下考虑：

1. 组建航运与口岸服务中心，增强航运辐射和集聚能力。借鉴上海航运交易所和天津航运服务中心成功经验，组建重庆航运与口岸服务中心。健全和完善口岸综合服务系统，形成与航运相配套的集金融、贸易、口岸、法律、船代、货代等多种服务功能于一身的现代化航运中心服务体系；打造"区域无障碍"通关环境，建成集海关、检验检疫、铁路、航空等各类信息资源于一身的电子网络数据交换平台；建立综合信息共享平台，形成航运信息交换系统，扩大对周边省市的辐射和对经济发展的服务能力。

2. 充分发挥保税港区作用，形成航运高端服务区。实现保税港区高效运作，与西部地区衔接互动，资源共享，全面发展港口作业、中转、国际配送、国际采购、转口贸易、出口加工、展示、离岸金融等业务。大力引进国内外各类金融机构和跨国公司区域管理总部、结算中心、服务中心落户重庆。

3. 以"九港三江"为抓手，全面提升航运基础设施水平。重点建设"九港"，分别是江北寸滩、果园、万州新田、涪陵龙头港、南岸东港、江津仁沱、九龙坡黄谦、永川朱沱及忠县新生等九个集港口装卸、物流和临港产业于一身的长江上游最大的港口物流枢纽园，促进港口和产业发展良性互动；打造主城朝天门、丰都名山等支撑长江三峡国际精品旅游带的高档次旅游码头。建成以长江干线、嘉陵江和乌江高等级航道为骨架的干支联动高等级航道体系，推动

长江干线小南海枢纽、嘉陵江和乌江全江渠化工程和三峡库区重要支流航道开发建设。

4. 打造长江中上游规模最大的现代化船队，提高核心竞争力。充分发挥5000吨级主力船舶在长江上游地区的核心竞争力，形成高密度的集装箱班轮航线，适应国际贸易大通道建设。培育具有国际竞争力的航运企业集团，力争世界3—5家国际性航运企业集团在重庆成立区域总部，成为重庆市重要支柱产业之一，提升水运企业综合竞争力。

5. 加强综合运输体系建设，巩固和拓展航运中心辐射圈。以构建国际贸易大通道为重点，完善高速公路、铁路网络，深入建设西部内陆"无水港"，全力打造沟通西北东部、西北中部、西南中部、西南南部四条综合运输大通道。重点建设成渝复线、兰渝、渝陕、渝昆、重庆至防城港等高速公路；兰渝、渝昆、成渝城际、渝怀铁路复线等铁路干线。加快建设空港，打造重庆国际化航空枢纽中心。优化综合集疏运体系，完善港口与高速公路网、干线铁路的衔接，进一步巩固和拓展航运中心辐射圈。

6. 大力引导临港产业发展，加快形成沿江临港产业带。利用水运优势，大力发展临港产业，加快形成沿江产业带。编制临港产业目录，充分发挥沿江区县产业优势，以大项目、大企业、大园区为载体，加快临港工业主导产业和主导产品的培育，推进临港工业基地建设，大力发展特色产业，形成沿江上下游产业布局合理、分工协作的临港产业带。

7. 促进贸易中心、金融中心形成，与航运中心形成良性互动。实现贸易中心、金融中心和航运中心三位一体共同发展。加快建设以要素市场为重点的现代市场体系，营造一流水平的贸易发展环境；促进长江上游地区银行机构总部、证券期货经营机构"总部基地"建设；大力引进保险机构，促进各类保险机构在重庆集聚。

8. 加快航运人才培养，打造全国内河航运人才高地。形成多层次航运人才培育体系，支持高等院校学科建设和航运复合型人才培养，加强同国际国内专业机构合作，提高重庆在航运业的知名度和话语权，成为国际国内航运人才高地和集散中心。

重视东盟是重庆扩大开放的核心战略 *

——中国—东盟自贸区的内陆机遇与重庆对策

伴随着直辖以来对内陆地区加快发展之路的不断探索和扩大开放实践的日渐深化，重庆经济社会发展中已经确立建设内陆开放高地的战略主线。在解放思想、扩大开放的总体策动下，通过出台相关政策措施、改善投资发展环境，重庆开放型经济取得了重大突破。近年来，重庆利用外资增速连续两年位居西部第一，保税区平台为开放高地建设保驾护航，国际贸易大通道构想逐步付诸实施，作为内陆国际贸易中心的引领和辐射作用日益显现。面对世界经济进入"后危机"时代，重庆的开放型经济发展必须在战略层面上未雨绸缪、超前谋划，根据地缘优势和产业优势，加强面向东盟的全方位合作，确立重庆"南向开放"战略，顺利完成中央交办重庆的"内陆开放高地"探索任务。

一、重庆—东盟合作的历史回顾与现实基础

今年1月1日起，中国与东盟六个老成员之间90%以上产品实现零关税，中国对东盟平均关税从9.8%降到0.1%，东盟六个老成员对中国平均关税从12.8%降到0.6%。到2015年，中国与东盟四个新成员之间贸易自由化也将达到同样水平。此外，根据双方达成的《服务贸易协议》和《投资协议》，双方服务部门将进一步开放，投资环境也将大大改善，这些都为双方企业的市场准入提供了便利，并带来无限商机。

重庆是中国六大老工业基地之一，是西南地区重要的工商业城市，也是中

---

* 此文为2010年9月提交重庆市政协的年度重点调研报告，原标题为《加强重庆—东盟合作，建设内陆开放高地》。

西部内陆地区唯一直辖市，在重化工业、机械制造、轻工、建材、纺织、食品工业等领域具有明显优势。改革开放以来特别是直辖以来，重庆在与东盟国家的经贸关系中取得了重大进展，在今后中国—东盟自由贸易区建设中具有与东盟各国加强合作的产业互补基础。

（一）重庆—东盟经贸关系的进展

1. 双边贸易领域

1997—2009 年，重庆与东盟国家进出口总额从 6226 万美元增至 8.6 亿美元，年均增速高达 24.5%，其中对东盟国家进出口比重从 6.5% 提升到 13.9%。即使受国际金融危机影响较大，今年 1—6 月，重庆与东盟贸易总量仍然高达 6.1 亿美元，同比增长 68.4%，远远高于全市进出口贸易增长 48.9% 的平均速度。

在贸易结构上，重庆比较优势产品主要是机械、冶金和食品等，东盟国家比较优势产品主要是橡胶、乙烯、沥青等化工产品和以热带水果为主的农产品。但是，我们必须关注到，在重庆与东盟贸易的国别结构上，重庆出口方向主要是缅甸、越南、印度尼西亚、泰国、新加坡和菲律宾，其比重超过 86%，在 2009 年重庆十大出口市场排名中，缅甸和越南分列第 8、10 位。而重庆进口来源方向则主要是泰国、马来西亚、新加坡，其比重超过 93%，在 2009 年重庆十大进口市场中，新加坡位列第 8。

2. 相互投资领域

一方面，2009 年 1—12 月，"东盟十国"中的马来西亚、新加坡、菲律宾、泰国、文莱在我市有直接投资，共设立外商投资企业 12 家，吸收合同外资 1.5 亿美元，实际使用外资 2.5 亿美元，占全市的比重分别为 7.4%、4.2%、6.3%。截至 2010 年 6 月底，东盟国家外商在重庆直接投资设立企业 317 家，吸收合同外资 8.9 亿美元。

东盟外商直接投资主要领域为房地产、汽车摩托车零部件制造、通用部件制造、餐饮、软件、法律服务、旅游以及百货零售行业。其中，东盟来渝投资最大的新加坡投资主要涉及食品制造、旅游、房地产、物流、饮料制造等行业。

另一方面，重庆对东盟直接投资在 2000—2009 年为 2.2 亿美元，尤其是近年来重庆对东盟国家直接投资一直占有较大比重：2006 年对东盟投资占重庆对外直接投资比重曾经高达48.3%，2009年这一比重仍然保持在43.6%。重庆对东盟投资的主要产业为机械制造、农业与矿产资源开发、农畜产品加工和贸易服务，主要投资对象国为越南、老挝、印度尼西亚、柬埔寨和马来西亚，占重庆对东盟直接投资比重超过97%。

3. 服务贸易领域

从2000年到2010年上半年，重庆在东盟开展工程承包业务的营业额超过4亿美元，其中，2006年重庆在东盟开展的工程承包营业额占总营业额的35%，2007年为25.6%，2008年为20.3%，2009年为14.5%。

重庆对东盟工程合作方面的主要领域为房屋建筑和道路，主要合作对象国为马来西亚、新加坡、印度尼西亚和越南。2000年以来，重庆共计向东盟国家外派劳务人员7700多人次，2008年、2009年外派东盟劳务比重均已超过16%，劳务合作的主要领域则是渔工、缝纫工、建筑工和酒店服务员，主要合作对象为新加坡、马来西亚、柬埔寨和越南。

（二）重庆加强与东盟全方位合作的现实基础

1. 贸易空间拓延

随着东盟各国经济的高速增长，特别是国际金融危机之后，东盟正处于吸引外资的高峰期，各国普遍放宽准入政策，注意加强投资促进工作，并纷纷出台投资优惠政策和鼓励措施以改善国内投资环境，比如优惠税收政策、外企组成形式及外资股份和劳工比例的规定、鼓励或限制投资的领域以及外资机构的国土使用权等，这些无疑会有利于重庆与东盟之间的投资贸易合作，有利于根据实际情况参与更为有效的自贸区经济合作。

2. 产业互补度高

重庆一直以来与东盟国家有着良好的经贸合作关系。重庆与东盟国家在产业结构、资源禀赋等方面各具特色，合作潜力巨大。一方面，重庆的工业产品，特别是机床、客车、农机、化工原料、建材、电子产品等在东盟国家有极大需求；另一方面，东盟地区也以其丰富的天然橡胶、矿产、木材等资源性产品，成为重庆企业主要原材料购买地。随着降税计划的实施，重庆企业与东盟商界的合作将更加全面和深入。

3. 合作潜力巨大

从入盟时间来说，越南、老挝、柬埔寨、缅甸是东盟新成员；从GDP上划分，越南、老挝、柬埔寨、缅甸均属于贫穷国家。虽然这四国经济发展相对落后，但近年来都在积极开放。尤其是中国—东盟自贸区建成后，这些国家对重庆打算"走出去"的企业来说是个巨大的潜在市场。重型机械、家电、农机具等都是重庆具有比较优势的行业，通过在东盟投资，各企业可以很好地拓展发展空间。对这些国家的投资主要集中在两个方面：一是资源开发型企业可以选择东盟资源丰富的重点地区和产业进行投资。老挝木材特别是紫檀和柚木，越南煤、铁、锡、铜矿产，缅甸的宝石、翡翠，柬埔寨的金、硫酸盐，都是可供开发的对象。二是重庆建筑企业要抓住东盟各国基础建设升级的机遇，走出去承揽各种基础工程建设，拉动 GDP 的健康增长。

4. 区域合作起步良好

近年来，重庆对开拓东盟市场一直持积极姿态。早在 2002 年 7 月，重庆市政府就与广西凭祥市建立了口岸"大通关"协作机制。2003 年重庆与云南瑞丽市达成了"大通关协作机制"，瑞丽市承诺将为经瑞丽入缅甸和老挝等地的重庆产品提供快速通道，减免原有的查验程序。2004 年成立了旨在加快推进企业"走出去"的战略步骤并在周边国家和地区尝试建立东盟合作"试验示范区"（重庆老挝农业综合园区）。2006 年，凭祥市聚集的重庆客商已占其外地客商的近半数，重庆市经凭祥出口产品包括了汽车、摩托车、纺织、家电等30 多个品种，重庆市经凭祥出口的产品，出口额占凭祥同期对外贸易成交量的 40%。为此，作为对"泛北部湾区域合作"的呼应，重庆与广西签订了经贸合作协议，在产业、资源、现代流通业、贸易、产权等五大方面开展合作。2007 年 6 月，双方再签合作备忘录，重庆成为国内西南地区首个中国—东盟博览会特别合作伙伴，标志着重庆与广西建立起中国—东盟博览合作机制，两区市间将以博览会为平台开展更为广泛的贸易、投资及旅游合作。2007年，在第三届中国—东盟法律合作与发展高层论坛上，重庆方面提出了建立东盟次区域合作协同区的战略构想。2008 年 4 月 9 日，广西与重庆又签署关于深化桂渝合作的会谈纪要，表示要优势互补、密切合作、携手并进，把两区市的全面合作提高到一个新的水平。2009 年，重庆又提出了构筑跨国经济走廊和打通印度洋出海通道的方案。

5. 通道建设正在提速

重庆位于中国版图的几何中心，地处长江上游，是承东启西、贯穿南北的战略要地。境内综合交通优势明显，长江黄金水道得天独厚，江北国际机场成长迅速，铁路被定位为全国第五大铁路枢纽，高速公路网络完善。在谋划重庆"南向开放"战略中，内陆国际贸易大通道建设不断加快。2008 年 3 月，昆曼公路全线通车，昆明至曼谷的陆上行程时间缩短为 20 小时左右，昆曼公路南向将与星马高速（马来西亚到新加坡）相连，成为一条北接中国、南穿中南半岛的交通大动脉，是自由贸易区内重要的物流通道。渝昆高速公路、渝昆高速铁路、渝湛高速公路将南宁、昆明与重庆紧密相连，通过昆曼公路和泛亚铁路，在重庆与东盟之间将形成大的铁路、公路交通骨架，拉近了东盟与重庆的距离。重庆作为中国离东盟最近的大区域性交通枢纽，必将承接自由贸易区内大量的货物往来，大大方便重庆与东盟各国的经济文化交流，保障重庆开放型经济体系的稳定。推进重庆在区域性国际经济新秩序的建立和完善，已经具备现实基础。

上述可见，重庆与东盟国家具有非常深厚的经贸合作与通道联系基础，在许多领域内具有长期的互补合作空间，应当作为各类区域合作的坚强同盟，探索建立次区域合作机制，发挥协同作用，推进中国—东盟自由贸易区循序渐进地发展。在某种意义上，对于正在建设开放高地的重庆来说，能否把握住中国—东盟自由贸易区建设过程中的机遇，将是决定其能否迅速建立起内陆开放型经济体系基本框架的战略性突破口。

二、重庆—东盟合作面临的形势与存在的问题

（一）重庆—东盟合作的形势

面对中国—东盟自贸区启动之后的重大商机，全国各地根据自身优势，正在通过积极制定"十二五"规划抢占先机。广东、深圳和珠海更加积极地与香港、澳门携手合作，提出了要进一步密切相互的经贸关系，在 WTO 有关条例和中国—东盟自由贸易区的总框架下，在中国内地、香港和澳门三地之间建立一个自由贸易区，促进经济发展和共同繁荣；广西分析自身条件后认为，中国与东盟的联系只有广西和云南两个通道，但从交通条件上看，广西通道更为便捷，区首府南宁市有望成为中国进入东盟最大的桥头堡和枢纽城市，并正在加快通向东南亚的国际大通道建设和口岸建设，使之成为粤港澳和东盟两个经济

圈交汇的中心。而凭祥市正筹划在与越南接壤处开设中国—东盟自由贸易区的"试验田"；我国东北地区的吉林、辽宁和华东地区的上海、浙江和山东正在以贸易和投资便利化为起点，推进中日韩之间的经济合作，争做东亚经济融入东盟经济并最终形成"10+3"自由贸易区的主角和先锋。

面对来自周边地区的挑战，"形势逼人"，来自重庆建设内陆开放高地的挑战更是需要进一步"未雨绸缪"。重庆如何才能发挥经济基础好、科技实力雄厚，以及立体交通便捷的优势，瞄准东盟商机，拓宽外贸渠道，争做西部面向东盟的"全方位合作领头羊"？今后10年重庆的对内对外开放格局如何向东盟和次区域调整？对外贸易广场和经贸伙伴如何从欧、美、日和港澳台为主转向东盟和次区域并重？经济结构、产业结构和生产力布局如何适应新形势的发展？各行各业的生产经营方式、城乡统筹发展会对思想观念和生活方式带来什么样的重大影响？企业向东南亚和次区域国家"走出去"又有什么样的风险？重庆能不能在各个方面做好充分的准备，采取良好的应对策略？这些都是摆在我们面前的严峻课题。

（二）重庆—东盟合作的机遇

跨入21世纪第二个十年的重庆，正面临着建设内陆开放高地的战略转移，同样也正面临着历史上难得的开放路径的"三大机遇"。

1. 国家区域开放战略把重庆作为重要支撑点

为探索内陆开放型经济发展新道路，重庆市委三届三次全委会首次提出了建设内陆开放高地目标，标志着重庆内陆开放高地战略的确立。经过充分的酝酿与准备，这一战略逐步得中央认可，并上升为国家战略。2009年初，国务院《关于推进重庆市统筹城乡改革和发展的若干意见》（国发〔2009〕3号）提出的重庆四大发展战略包括"实施扩大内陆开放战略"，要求以开放促改革促发展，积极探索内陆地区发展开放型经济的新路子。2010年5月，国务院正式批复成立重庆两江新区，提出要把重庆建设成为内陆开放的重要门户。重庆两江新区是中国继上海浦东新区、天津滨海新区之后的中国第三个副省级新区，不仅赋予重庆两江新区开放开发最优惠政策，更赋予重庆两江新区改革开放、创新开拓、先行先试的特殊权力。2010年6月，中共中央、国务院发布《关于深入实施西部大开发战略的若干意见》（中发〔2010〕11号）提出要打造重庆等内陆开放型经济战略高地，这实质上是中央对重庆内陆开放高地战略的认可，标志着重庆内陆开放高地战略已经上升为国家战略。

2. 国内区域合作经验可供借鉴

"十二五"是我国转变经济发展方式、实现 2020 年全面建成小康社会的关键阶段，东、中、西部各个省市自治区都在制定新的发展战略。沿海地区珠三角正在"腾笼换鸟"，长三角开始全面升级，环渤海追赶跨越，深圳等经济特区、浦东和滨海新区继续争当对外开放和发展开放型经济的排头兵；中部崛起形成多个城市经济圈，发展后劲十足；西部大开发战略后十年的政策方向已经明确，沿边省区开发开放提速，川陕依托后发优势也在打造西部经济战略高地。国内区域在协作中无疑为重庆开放型经济体系的构架提供了诸多可资借鉴的经验，使重庆可以依托自身区位寻求外向发展的国际区域合作空间和合作伙伴，在新的形势下构架"南向开放战略"。

3. 以重庆为重要节点的国际贸易大通道谋划已经成型

到 2012 年，重庆将实现高速公路市内 4 小时通达、周边省会城市 8 小时通达，2015 年实现铁路周边省会城市 4 小时通达，长三角、珠三角、东南亚 8 小时通达。以重庆为节点，打通重庆至瑞丽再经缅甸直达印度洋国际大通道，构建我国海、陆、空联运优势互补、稳定安全的战略通道体系，规避单一通道存在的风险，促进重庆"南向开放"的区域互利合作。中国—东盟自由贸易区正式启动，辅以国际贸易南向大通道以重庆为重要节点的布局，将进一步凸显重庆在中国与东盟关系中的战略地位，有助于重庆加强与东盟和次区域的贸易、投资和开发合作，有助于促进重庆开放型经济发展和"走出去"战略的实施。

（三）重庆—东盟合作存在的主要问题

直辖之初，重庆曾经一度是中国从东盟区域合作中受益最早的地区。1999年，重庆与东盟进出口贸易增长 141%，2000 年增长 397%，2001 年还增长 17.3%，其中出口增长 16.7%，市场份额达到 45.7%，为重庆的第一大出口市场。但是，2002 年、2005 年和 2009 年却多次出现下降，降幅分别为 34.6%、17.9% 和 11.5%。这在一定程度上表明，重庆与东盟之间的经贸合作基础并不稳固，南向开放并未成为战略主线，重庆面向东盟合作的良好腹地区位优势、通道优势和资源优势远未得到重视和发挥。

1. 从制订规划到具体实施的各个环节，重庆—东盟合作战略中存在着明显的"醒得早、起得晚、走得慢"的问题

所谓"醒得早"，就是重庆"每临大事早知道"，"通晓事理、反应敏捷，睁着眼睛看世界"，这是重庆人特有的聪颖睿智和远见卓识；"起得晚"就是"只说不干""只看不干""唱的比说的好、说的比干的好"，这是重庆人在探索内陆开放型经济过程中一种不良的精神状态；"走得慢"就是"凡事都要看一看"，凡事都要"慢半拍"，不敢大胆探索，不敢创新试验，不能锐意进取，左顾右盼、瞻前顾后，"凡事看一看再说"的旧观念，没有建立以国际区域为目标市场的投资贸易促进机构，确实耽误了重庆加强与东盟开展合作的许多时机，延误了自己的更快发展。

在重庆的开放型经济体系构架中，制约重庆加快发展的因素存在着明显的"四大差距"：一是思想观念上有差距，思想解放不够，习惯于用计划经济体制下形成的思维方式、工作方法思考和解决问题；二是精神状态上有差距，有的人小富即安，满足现状，不思进取，一味地等、靠、要，缺乏效率意识、进取意识、忧患意识；三是工作作风上有差距，有些开放主导部门领导作风漂浮，工作停留在一般号召上，热衷于搞"政绩工程"，欣欣于组织"脸面活动"；四是科学理论武装上有差距，对重大理论问题理解不透，习惯于用过时的理论和僵化的观点对待改革开放的现实。

因而，"醒得早、起得晚、走得慢"都是"四大差距"在重庆对外开放和加快发展方面的集中表现。重庆要充分认识差距，克服"思想不解放"的障碍，才能更加主动、更加创新地参与中国—东盟自由贸易区建设，才能厘清加快"南向开放"的思路和对策，才能"先行先试"，敢为天下先。

2. 在加强重庆—东盟合作方面存在着诸多误区

从地理特征上区分，东盟可分为澜沧江—湄公河次区域五国和非次区域五国，在合作中需要关注和分析东盟的特点。

（1）东盟各国（除新加坡外）的共同特点是土地资源、矿产资源和旅游资源丰富，森林覆盖率高，但地广人稀，土地利用率不高。但是次区域五国工业化程度低，仅有的小型工业，多为食品加工、木材加工、服装加工类企业，总体上是农业国家，除泰国人为 GDP 突破 1 万美元外，其他国家的人均 GDP 均低于东盟平均水平。相反，非次区域五国的工业化和经济发达水平相对较

197

高，只有印度尼西亚的人均GDP低于东盟平均水平。

（2）东盟区域内各国发展不平衡程度高。次区域五国发展不平衡，泰国、越南系发展中国家，缅甸、老挝和柬埔寨是最不发达国家，也是世界上最贫困、落后的三个国家，而越南、老挝和柬埔寨又是非市场经济国家，对区域市场化和贸易一体化发展都有一定影响。次区域国家资源开发价值高，但经济实力和开发水平低。区域内基础设施条件差，特别是交通、能源、通信、城镇发展和社会发育程度都不够，制约了区域内资源的开发水平和利用效率。次区域各国参与区域合作的积极性高，但对外开放程度低。近年来，次区域五国都在进行经济体制改革、调整产业结构、扩大对外开放，加快经济发展已经成为各国的共同目标。加强次区域各国间合作有利于发挥各自优势、改善投资环境、提高整体发展能力，使之成为亚太地区新的增长点，这是五国共同的愿望。但在制定具体合作政策上却显得障碍重重、开放进程滞后、便利化措施不够，制约了各国经贸交往与合作。次区域各国对中国的期望值高，但自谋发展能力低，尤其是次区域内人口素质和劳动者总体素质不高，掌握和应用科学技术的能力有限，在缅甸、老挝和柬埔寨，人口医疗卫生保障条件普遍不足，由此限制了各国间自身的发展，产生了需要中国援助和领头发展的依赖和期望。

（3）次区域是一个多元化地区，从种族、文化、经济历史到社会制度都不尽相同，所以合作的目标也不尽一致，导致相互发展自由贸易与投资存在一定的难度。目前，次区域各国的对外经济关系重点仍放在次区域五国之外，五国内部贸易总量占其总贸易量的比例不足10%。此外，次区域五国目前的经济处境和困难程度也有很大的差异，因此在如何应对萧条和促进经济发展上各国的着力点也不一样，尤其是在进行经济结构调整方面很难采取区内一致的应对措施。一些国家还存在着社会混乱、种族矛盾和恐怖活动等隐患，这些都将影响到外国投资者的信心。所以在全面参与次区域合作方面也是利弊共存，困难与希望同在。

正是基于这种东盟内部经济发达水平差距过大的现实，一些从事对外经贸工作的领导片面认为，东盟是一个过于笼统的概念，无从出台有针对性的政策促进措施，因而规划流于形式、政策流于疏忽、工作流于放任。实际上，东盟之所以对于重庆非常重要，就在于这是一个自由贸易区综合经济体，其内存在着特定的贸易投资互利互惠措施，商机存在于全方位的合作之中。

3. 国际贸易大通道建设与成型尚需时日，通达市内外的跨省高速公路网络尚未形成

尽管重庆在内陆开放高地建设中提出了国际贸易大通道的思路，而且也得到了国家主管部门在一定程度上的认可，但是，西南地区的省际、国际陆上交通干线通道等级低、支线少的状况未根本改变；铁路总里程短、运速慢、布局不均衡、复线少等状况普遍存在；澜沧江—湄公河国际航线仅为 4 级航道，现在只可通行 250 吨级船舶，尤其是在与东南亚的边缘接合部，形成交通上的瓶颈；南北交通通道和经济走廊、泛亚铁路东线建设、东南亚国家港口建设、信息化网络建设等互通的综合国际通道建设的完成尚待时日。要尽快形成国内外对接、有较高通过能力和与现代物流相适应的交通网络，仍需在区域内外和国内外加强合作，加大投资，加快推进。

在重庆市辖区内部，重庆至云南、广西大通道公路的等级有待进一步提高，目前的高速公路比率仅为 52.7%、71.8%。重庆与西安、武汉、长沙等周边省份连接的高速公路网尚未形成，高速公路收费较高增强了公路运输成本，尤其是路桥费占公路运输总成本的 30%—40%，影响了对重庆港周边川、黔地区外贸物流的吸引力。

三、加强重庆—东盟合作、建设内陆开放高地的相关对策与建议

基于以上分析，重庆在内陆开放高地建设中，必须切实重视对东盟的经济合作，使重庆真正发挥作为中国西南地区"南向开放"的战略纵深腹地的作用，并以此为契机，推进西南地区和内陆地区的经济重构，提出以下几点建议。

（一）充分认识重庆—东盟合作的重要意义，把重庆"南向开放"提高为新时期对外开放总体战略的重要组成部分

东盟是我国周边与我国战略利益密切相关，并最有利于我国发挥大国作用的重要地区。西南地区是我国沟通太平洋、印度洋的桥梁，也是连接东南亚、南亚的接合部。重庆是从内陆到沿边国际大通道的重要战略节点。重庆积极参与中国—东盟自由贸易建设进程，积极开展与东盟经济技术合作，将对增强

重庆的开放高地引领作用，对于增强西南地区综合实力，加快西南地区经济发展，加速区域经济一体化进程，实施我国对东南亚"稳定周边，睦邻友好"的周边外交方针，形成更为有利于中国和平发展的和谐周边，都有重要的意义和价值。尽管现在重庆与东南亚经贸合作的规模还不大，但合作的深化与扩大已成为大趋势，其意义和价值越来越重要。

（二）在建设内陆开放高地战略中明确"南向开放"的总体思路、阶段目标和实施重点

1. 总体思路

重庆参与中国—东盟自由区"南向开放"的总体战略选择应当是：东向联合、南向开放，产业先行、区域先试，把打通到澜沧江—湄公河次区域通道建设作为主线，着力使重庆构筑成为我国连接东盟乃至南亚地区的"内陆国际贸易大通道"，把重庆的"南向开放"提升为中国—东盟自由贸易区的先行试验示范区和陆路贸易通道区。通过确立重庆"内陆国际贸易大通道"和"内陆开放高地"的国家战略地位，实现带动西部地区加快开放的战略目标，实现重庆未来30年后在区域带动功能上与京津沪比肩而行的战略设想，实现"南向开放"战略所及的东盟各国贸易便利化和自由化，实现次区域经济社会与生态环境的协调发展，实现东盟各国人民生活水平的不断提高。

所谓"东向联合"，就是面向东部沿海地区合作和协作，特别是要加强渝沪合作、渝粤合作、渝桂合作和渝滇合作；"南向开放"，重点是向东南亚和南亚地区开放，并突出向中南半岛区域和次区域五国全方位开放；"产业先行"，主要是指中国—东盟及次区域合作的"八大产业"，即旅游、水电、交通、农业、通信、人力开发、科教和环保；"区域先试"主要是指利用好现有重庆老挝农业综合园区和越南力帆工业园区等试验示范区的作用，探索南向开放的有效合作方式。

对此，重庆—东盟合作的指导思想是：在重庆参与和推进中国—东盟自由贸易区建设的过程中，坚持以科学发展观为指导，以推进内陆开放高地建设、实现和谐周边为指导，把重庆的次区域协同区位优势与东盟接壤地区的区位优势结合起来，抓住南向开放的战略机遇期，抓住中国继续实施西部大开发战略、中国—东盟自由贸易区建设和大湄公河次区域合作的机遇，积极参与各种区域合作机制，全面贯彻区域协调发展战略，充分发挥东西部合作、泛珠区域合作和西南六省区市协作在助推西南对外开放中的作用，充分利用云南、广西两省区在 GMS 合作和泛北经济区合作中的前沿作用，形成重庆面向东盟开放的腹地协同战略，实现国家的西南各省区市与东盟经济合作从各省分散合作向国家战略主导、区域整合的转变，从策略性应对向战略主动布局的转变，在更高的层次上开展与东盟国家的合作，把重庆建成中国连接东南亚的陆路经贸大通道，形成以中国大西南为主要依托，以中国东部沿海为重要伙伴，以重庆的开放战略节点为中心，以边境开放城市为前沿，面向次区域各国和东南亚的多层次、全方位的"东向联合、南向开放"格局，开创重庆与东盟全方位合作的新局面。

2. 阶段目标：形成"十个国家、三个层次"的战略划分

居于第一层次的国家是新加坡、马来西亚和泰国，已进入新兴工业化国家的行列，人均 GDP 均超过 10000 美元，各类市场发育程度高，有广阔的消费市场，基础设施完备，信息化进程较快，手机普及率达 90%，个人电脑普及率达 40%—90%。新马泰的旅游业非常发达，比如每年有 1000 万以上的游客到泰国旅游，是泰国创汇最多的行业。泰国不同地区的发展也不平衡，如泰北经济发展水平低，是中国与次区域五国经济合作中最为重要的伙伴。

居于第二个层次的国家是印度尼西亚、菲律宾、越南和文莱，属于一般发展中国家，除文莱外，人均 GDP 在 4000—7000 美元之间（文莱由于石油资源性较强，人均 GDP 近 2 万美元，但经济发展水平并不太高）。这几个国家对中国商品的需求较多，中国日用商品的价格一般低于西方发达国家同类商品的50%。而且这几个国家旅游业发展的速度很快，比如 2008 年到越南的游客达到 480 万人次。

居于第三个层次的国家是缅甸、老挝和柬埔寨，属于最不发达的发展中国家。基础设施落后，投资环境差，人口素质低，购买力水平低，但发展的愿望和要求较为迫切，对其进行旅游业的开发及中小型贸易和投资发展较适宜。

为此，应当分层次、分国别推进次区域开发合作。针对以上"三个层次"，其贸易投资和开发合作的重点和排序上也大致分为"三个层次"：一是把与新、马、泰的经济合作摆在首位，重点合作领域可放在工业、贸易、交通和金融方面，以相互投资为主要方式，争取在重庆的南向开放和区域合作方面率先突破；二是把与越、印、菲、文的合作放在其次，重点合作领域放在贸易和交通

方面，越南现与中国广东、广西和海南的经贸往来较多，重庆要发挥产业优势，尽力争取更多的贸易份额和市场占有率；三是不失时机地开展与缅甸、老挝和柬埔寨的经贸合作，其重点合作领域是农业和旅游等方面。

3. 实施重点：多层面推进

目前，重庆—东盟合作实际上包括三个层面即重庆与东盟、重庆面向中南半岛国家的 GMS 次区域合作和正在积极研究、可能实现的面向东南亚海岛国家的"泛北部湾合作"，以及探索重庆与东南亚各国的更为具体和实质性的经贸合作。这是因为东盟国家既有统一的一面，在地域上又可划分为海、陆两大块，同时各国之间又存在丰富的多样性和很大的差异性，其经济基础、规模、结构、需求、能力、机制、方式都不尽相同。重庆与东盟的经济合作，既有共同的方面，也有各自不同的特点和需求，需要从实际情况出发，研究和提出对东盟、对海岛和半岛两大块、对不同国家的战略和措施，多层面地参与和推进。相应地，重庆也需要在各个层面做好工作，包括：（1）争取中央政府政策支持；（2）积极参与西南协调和分工合作；（3）推出地方政府的合作战略行动计划、方案、政策和措施；（4）推动企业的积极参与和行动。

在战略性措施方面，重庆可以联合西南其他地区向中央建议，在时机成熟时提出并争取亚行和东南亚有关国家的支持，将重庆、四川和贵州也作为中国参与大湄公河次区域合作的重要省份，纳入 GMS 合作的范围和机制，形成更有利于中国国家利益、更能发挥大西南作用、更大范围的 GMS 合作；可通过各省或西南共同的努力，探索和争取在中央政府的支持下与东盟国家共同建立经济贸易合作区，参与东南亚国家工业和农业科技园区建设，设立重庆—东盟投资贸易中心、物流中心和旅游服务中心，以及共同推进中国西南与中南半岛交通网络建设和便利化。

（三）在重庆"南向开放"战略中，着眼于区域合作，实施"六大重点工程"

1. "南向通道建设"工程。通过加强与周边国家的合作，争取中央政府的支持，参与滇缅公路、滇老公路、滇越公路、泛亚铁路、澜湄航运、中缅陆水联运通道、红河航运等建设和升级改造，以及西南地区主体交通网络的建设；参与连接东南亚的国际通道，完善面向东南亚、南亚，通江达海、连接周边的便捷立体交通网络项目。同时，加强内陆口岸和边境口岸、沿交通线重要港口和码头的建设，使重庆—东南亚国际通道成为经济走廊，共同建设一个关系更加紧密的跨国多边合作经济带。

2."贸易投资便利化"工程。主要有四个方面：一是人员出入境便利化，包括统一和规范人员出入境手续、简化出入境程序、采取一致的出入境安检方式和通关报关条文等；二是交通运输便利化，如统一澜沧江—湄公河国际航运费种及税收、签订次区域五国的汽车运输协定和货物多国跨境运输协定等；三是资金流动和结算方式便利化，探索建立美元和人民币双重中心的"东盟人民币结算体系"，为今后建立统一的亚洲货币单位以至于为亚元打下一定的基础；四是投资环境优化，这包括东盟各国的交通、能源、通信、卫生、安全、服务水平和政策措施等方面。

3."产业梯度转移"工程。考虑到东盟国家内部的"三层次"现实，对于经济水平较低的缅甸、老挝和柬埔寨三个国家，资源丰富且开发利用价值高，特别是农副产品加工业、建材业、化学工业、制糖业、棉纺业、矿冶开采业、机械制造业、农具生产业、特色工艺品加工业和其他轻工业，具有很大的发展潜力和空间。但这些国家工业化程度低，科技水平不足，而重庆市在这些方面都拥有一定的技术优势和产业优势，完全可以作为协同区，特别是一些国有中小企业、民营企业在国民经济战略性调整中应尽快找准位置，尽快将企业调整到相对不发达的次区域国家和地区去，以便充分实现企业的应有价值，实现产业的空间置换。其转移方式，可通过援助、技术输出、设备转让、加工生产或合作方式进行。

4."边贸升级转型"工程。所谓边贸升级转型，就是将分散的、主要依托对外口岸和集市贸易的边境小额贸易，升级转型为连片成规模并允许第三国人员及货物进出口，并享有一定特惠关税政策的边境贸易区，进而将口岸边贸通过口岸经济发展成为贸易区经济。这有三层含义：一是重庆作为内陆口岸要加强与边境口岸的合作，为国内外经济技术合作及交流提供完备的生活服务、通关服务、金融服务、仓储服务、通信服务和加工运输服务等；二是在内陆开放口岸与边境口岸之间实施统一的关税政策，包括设立保税区、保税仓库、出口加工区、零关税自由贸易区等，尽快与境外国家政策法规和东盟自由贸易区有效对接；三是要充分利用广西和云南的边境贸易区，发挥其集贸易、旅游、加工、仓储于一身的综合功能和作用。

5. "资源开发合作"工程。以对外投资和对外承包工程的方式，参与东盟国家的水能、矿产、生物等资源优势转化为经济优势的项目开发；积极参与东盟国家石油天然气和矿产资源的勘察和开发，建设连接中国西南与中南半岛的油气管道，尤其是滇缅油气管道；建立我国国内必需的矿产资源基地，引进国内紧缺但东盟国家资源禀赋比较好、开发潜力极大的一些矿产品，如老挝、缅甸、泰国、越南的有色金属资源。

6. "现代农业开发"工程。东盟国家中与中国西南相邻的国家都是农业国家，其产业结构以农业为主，而且土地资源非常丰富。开展农业领域的合作，有利于充分利用境外资源，拓展重庆农业发展空间，发挥重庆在水稻等农产品种植、良种选育和产业化、畜牧业品种改良等方面的技术优势，积极参与和大力推进。一是农业资源开发，重点是向缅甸、老挝和泰国等国购租宜农土地，进行种植养殖业开发和发展农产品精加工、深加工；二是林业资源开发，重点是在缅甸、老挝和越南投资购买或租赁林场山林进行开发经营，发展森林工业和林产品加工业；三是热带生物资源开发，包括热带水果、花卉、药材、天然香料、橡胶和水产品等。

（四）加大微观层面的工作力度，处理好政府与市场的关系，形成政府和企业互动模式，助推企业成为区域经济合作的主体

企业是市场经济的主体，在区域合作和自由贸易区建设中扮演着举足轻重的角色。在重庆—东盟合作进程中，必须使企业在其中起到不可替代的重要作用，成为合作的主体。但是，鉴于重庆和中南半岛大部分国家的经济发展水平不高，这一区域的市场经济的成长和成熟有一个过程，在前期必须加大政府支持的力度、推进的力度，依靠政府和企业的双重力量，建立合作互动的良性循环机制。重庆应当特别重视政府公共关系对于参与区域合作的重要性，在中央政府的领导下，充分发挥地方政府在增进对外交往、推进基础设施建设、搭建合作平台以及提供指导、帮助和服务等方面的作用。

1. 加强学习。了解和熟悉东盟以及东盟国家的经济法规，学习和运用中国与东盟已经签署的有关货物贸易自由化和开展服务贸易方面的协议，抓住贸易自由化带来的机会，积极发展区域内贸易往来。在交往中坚持诚信，不断扩大和巩固贸易关系，关注市场变化，尽快提高开发东南亚市场的能力。

2. 关注动态。关注中国—东盟自由贸易区建设的最新进展，了解、掌握东盟有关投资的政策，掌握和运用好我国政府制定的投资政策和鼓励企业"走出去"的有关政策，努力扩大与东盟国家的经济技术合作，吸引东盟尤其是东盟中较发达国家的投资并努力提高投资效益。

3. 加强交流。扩大重庆—东盟工商界的交流，增进双方企业包括中小企业、高科技企业、青年企业家之间的合作关系；加强双方商会的合作，如由双方商会通过建立信息交流系统，协助企业扩大商务渠道，推荐合作伙伴，提供商务咨询，加强专业培训，合作举办展览会、洽谈会、项目投资推介会等一系列服务，促进双方企业合作。

4. 适应规则。东盟除了与中国进行自贸区的合作，同时还跟日本、韩国、印度、澳大利亚、新西兰五个国家建立自贸区。我们要通过对东盟国家的投资，使产品获得当地化进而利用自由贸易区的有关规则，形成免除关税的新优势。

5. 行业对接。中国—东盟自由贸易区建设的展开，减免关税、实现贸易的自由化和便利化后，双方要实现互利共赢，就需要积极打造区域内新的产业链，以形成更多的贸易创造。为此，双方行业需根据不断发展的开放形势及时对接、合理分工，从而提高本自由贸易区的主要产品在国际市场上的竞争力。重庆企业应当主动联系自己加入的行业商（协）会，加快进入自贸区角色，加强合作，共同探索市场开放后的产业合作。

（五）加大政策促进力度，创造优惠条件，支持加强重庆—东盟合作项目

1. 选择东盟合作基础较好的地区，适时建立境外经贸合作区。境外经贸合作区是我国实施"走出去"战略的一项重要举措，重庆在东盟国家建立境外经贸合作区，可以采取"政府扶持、企业主体、市场经营"的运作模式，把建设主体确定为经济实力较强、跨国经营经验丰富的企业，园区定位以重庆优势产业在当地的产、供、销集群中心为主，投资行业集中于机电、建材、资源等领域。针对目前我市企业在东盟国家经贸活动的实际情况，建议政府在越南力帆工业园的基础上，把越南作为建立重庆市境外经贸合作区的首选地，同时要准确定位、加强宣传和推广、加大财政支持力度、做好服务，使之成为我市中小企业集群式"走出去"的平台，从而有利于我市中小企业之间产生互补协同效应，有利于提高产业境外投资集中度，有助于减少无序投资的资金资源浪费。

2. 创新对重庆（老挝）农业综合园区的支持政策。老挝农业园区是中国政府为落实中老合作项目于 2004 年 3 月确定的农业合作项目，按原定设想采用"对外援助与投资合作相结合，中央支持与地方鼓励相结合"的方式进行探索，后由于种种原因，基础设施建设部分的项目没有列入对老援助范围，企业后续投资积极性受到影响，由初期的四家企业变为一家企业勉力支撑。为维护国家和重庆的形象，去年以来，重庆市政府协调市级农业、水利、科技和外经贸部门落实了 1000 万元资金，用于示范区的建设。目前，中方企业正在组织招商，并与老挝万象市政府签订了 2000 公顷的土地使用协议，相关部门应当积极做好国家相关部委的有效衔接，从探索我国农业"走出去"有效方式和支持重庆经济发展的角度，落实专项资金用于老挝农业园区项目建设的加快推进，使之成为新时期重庆"南向开放"战略的重要支撑。

3. 扩大重庆—东盟间的旅游业相互开放。以东盟主要客源地市场为重点，持续开展重庆旅游整体形象宣传促销，争取使重庆成为当地游客的首选旅游目的地；抓住中国—东盟自贸区启动的机遇，利用重庆旅行社组团和直航新加坡、柬埔寨的优势，大力开拓旅游市场，培育我市入境旅游新的增长点。同时，要加强入境旅游市场开发的前瞻性和灵活性，根据景气周期变化和入境游客的生活消费习惯开发对应的旅游产品，实现重庆旅游品牌的国际化。

4. 鼓励利用外资发展重庆—东盟线路相关的旅游业。进一步重视外资引进工作，重点吸引新、马、泰来渝投资旅游业。鼓励各种资本进入旅游业经营。放宽旅游市场准入，打破行业间的壁垒，简化行政审批手续，鼓励各种类型的资本共同参与旅游业发展，鼓励各种所有制企业依法投资旅游业。鼓励合资旅行社开展入境旅游业务。

5. 支持将大足建成大湄公河次区域五金产业基地。可以考虑把大足五金产业发展列入全市特色工业园区"十二五"发展规划，培育特色工业增长点；通过会展业支持政策，把大足国际五金博览会培育成为大湄公河次区域的交易、合作平台，建立商品信息网站和数据库，形成西部面向东盟的国际化大市场；通过培育龙头企业，带动产业链条发展；帮助五金企业加强国际、国内合作，提高产品档次，扩大国际市场占有率。

6. 推动"中国—东盟（重庆）农产品加工物流园区"的发展。支持渝北区发挥与国家级保税港区、江北国际机场毗邻优势，建立与东盟合作的农产品加工物流园区。鉴于其定位为"中国—东盟自由贸易区重要的农产品加工贸易集散地，重庆与东盟重要的商务平台"，因而要突出区域枢纽经济特色，发挥综合成本相对优势。政策工具的重点在于支持其在农产品暨食品加工、仓储物流、贸易和综合服务配套及商务活动的有效促进。

总之，面向东盟的"南向开放"战略是重庆建设内陆开放高地的重要支撑。拥有内陆第一个保税港区、最大的综合保税区，已经使重庆成为距离东盟最近的"大区域性交通枢纽"。同时，昆曼公路和泛亚铁路等基础设施的建设，又将重庆和东盟的距离缩短了一半以上。在此基础上，重庆也必须有所作为，把重庆建设成为内陆地区进军东盟的桥头堡。

构架国际航线体系　提升内陆开放水平[*]

近年来，重庆国内航空市场增长迅猛，但国际航线发展水平相对滞后，国际航线客流仅占整个航空市场份额的 2% 左右。通过横向比较可以发现，重庆在国际航线开发方面正在面临着严峻的周边竞争形势，尤其是远程国际战略航线骨架未能成型，不仅不能满足把重庆机场打造成复合型枢纽机场的要求，更不能满足重庆扩大对外开放、建设内陆开放高地的需要。因此，加快构建国际航线体系，加大开发远程国际战略航线的工作力度，已成为我市积极构架内陆国际贸易大通道和内陆口岸高地的重中之重。

一、加快构建国际航线体系的现实必要性

远程国际战略航线是一个地区直接通达对本地经济发展和对外开放具有重要战略地位的国际大都市的国际航线。对于重庆来说，战略航线的主要目的地涉及美、欧、日、澳等世界发达经济体以及中东、非洲等国际中转枢纽地，是构架重庆国际航线体系的重要内容。

（一）加快开发远程国际战略航线是提升重庆综合经济竞争实力的需要

目前，我市经济总量已经进入万亿俱乐部，质量和效益明显改善，利用外资、国际贸易高速发展，亚洲最大的笔记本电脑生产基地建设进展良好，产业结构调整效果明显，成渝经济区、长江经济带、两江新区、保税港区和综合保税区等区域发展战略相继纳入国家战略，正处在夯实基础、积蓄能量、调整结构、加快发展的关键节点，客观上迫切要求作为长江上游金融中心、商贸物流中心、科技教育中心和作为西南地区文化、外事中心的重庆开辟更多、更远的

---

　　*　此文系于 2012 年 8 月提交中共重庆市委主要领导的建议报告。

国际航线，满足对外开放、经济技术交流和发展国际旅游的需要。

（二）加快开发远程国际战略航线是完善内陆立体开放口岸功能的需要

远程国际航线历来都是枢纽机场不可或缺的重要组成部分。根据"十一五"规划，国家已经把重庆机场定位为长江上游的复合型枢纽航空港，这就要求重庆必须下大气力开发更远更多的国际航线，以满足重庆机场枢纽建设的需要，满足西部大开发和建设内陆开放高地的需要。另外，目前重庆江北国际机场共有国际（地区）客运航线 15 条，却只有 2 条远程航线，占国际航线总数的13%。在国际航线网络体系中，这个以短程国际航线为主、缺乏远程国际战略航线的现实，客观上限定了重庆建设内陆开放高地的开放半径，难以对周边地区起到应有的引领、带动和辐射作用，并难以有效支撑内陆开放高地建设向更高层次的深化发展。

（三）加快开发远程国际战略航线是确立周边航空市场竞争优势的需要

近年来，重庆国际航线开发实现了重大突破。但是，也正在面临着周边机场的严峻竞争。

成都双流机场旅客吞吐量基数较大、增长很快、排名靠前，区域市场影响力日益增强，对航空公司特别是外国航空公司吸引力极大，加之国航、川航作为其旗舰基地航空公司开发国际航线已经列入长期发展规划，已成为重庆江北国际机场必须长期关注并采取积极应对措施的竞争型对手。

昆明长水机场地理位置优越，国际航线发展定位明确，致力于打造中国面向东南亚、南亚和连接欧亚的国家门户枢纽机场，是重庆开发国际航线的战略合作伙伴。

西安咸阳机场国内旅客基数大，旅游资源丰富，航空市场辐射面广（中国西北地区），近期美国几家航空公司看好西安航空市场，正在密切洽谈开辟西安—北美航线，是重庆开发国际航线的潜在竞争压力来源。

武汉天河机场已经规划确立了打造内陆国际航运中心的发展目标，全力开发国际航线，湖北省政府和武汉市政府高度重视和支持国际航线发展，为开发国际航线提供了高额的财政补贴，吸引了多家知名外国航空公司的青睐和入驻，是重庆建设内陆开放高地在国际航线领域的直接竞争者。

总之，重庆与主要竞争对手均位于"一小时航程圈"，国际航线市场覆盖面基本相同，重庆开发国际航线处于南北夹击、东西受敌的不利局面，谁在竞争中占得先机，谁就会抢先占领市场，吸引更多的国际航空运力和客源，从而走上良性循环和可持续发展的道路。

二、加快开发远程国际战略航线的若干思考

国际航线体系状况既是衡量一个地区国际化程度的重要指标，也是一个地区交通与物流枢纽建设的重要标志，实质上承担着开放型经济发展强力引擎的作用。重庆地处内陆腹地，国际航线是高效连通世界的必经之路，必须立足未来、超前谋划，瞄准细分市场、注意分类施策。

（一）积极谋划国际航线体系，形成中远期发展规划

聘请民航业内的专业咨询公司，根据国际民航业发展趋势和重庆经济社会发展需要，制订重庆国际航线开发的战略规划，提出国际航线开发的近期和远期工作目标。

1. 按照适应内陆开放高地需要和复合型枢纽机场建设的要求，对国际航线实行分类管理和政策支持。以建设内陆开放高地重要程度为标准，将国际航线划分为欧、美、澳及西亚、非洲远程战略航线，台、港、澳"两岸四地"区域性战略航线和日韩及东南亚商务旅游航线三个大类，积极构建与欧洲、北美、中东、澳洲等世界主要经济板块及重点地区的快速连接通道，形成覆盖全球、连通世界的国际客、货航线网络。

2. 明确建设西部航空枢纽的重点工作。以运送标的为标准，将国际航线划分为客运航线和货运航线两个大类，基于重庆区位和产业优势，在航空口岸发展方面的重点工作之一，应当是引进战略合作者，开通大飞机航班，开拓欧美澳国际航线，用好第五航权，推进重庆航空枢纽建设。

3. 培育航空货运市场主体，引进国际知名物流企业设立区域总部。

4. 引进战略合作者。组建以重庆为基地的航空货运基地公司，设立航空货运分拨中心，完善航空货运要素功能，形成网络齐备、功能完善、运力充沛、规模快速扩张的内陆航空枢纽。

（二）制定有吸引力的外航引进支持政策，形成良好的国际航线合作氛围

1. 从机制上保障国际航线开发。要强化政府对国际航线开发的协调和支持，提升现有的国际航线开发工作小组临时机构的工作权威，增强国际航线开

发的统筹协调，整合各方资源，为入驻执飞国际航线的航空公司提供一站式服务。

2. 从政策上促进国际航线开发。鼓励各航空公司开通重庆出港国际航班，加强国际航线发展的财政支持力度，尤其要明确允许以招商引资方式谈判国际航线，对欧美等重要战略航线加大扶持力度。

3. 从资金上支持国际航线开发。尽快调整现行国际航线支持政策，建立口岸发展基金，加强立体口岸建设，根据重庆航空市场发展现状，结合现阶段国际航线开发需要，对 2008 年出台的《重庆市促进民航运输业发展暂行办法》进行调整，确保支持政策更加切合实际情况，把远程国际航线作为重中之重，相关口岸协作单位要明确职责，适时推出保障国际航线运行的有效举措，共同支持国际航线开发。

4. 从市场上助推国际航线开发。加大旅游资源开发和旅游设施建设投入，加快笔记本电脑基地和云计算中心建设，吸引和形成支撑国际航线的强大客源和货源保障。

5. 从营销上推广复合型枢纽机场。举办民航发展论坛，争取举办国际性航空会展，积极参加外地举办的航空会展，邀请境内外航空公司来渝考察洽谈，通过多种形式吸纳专家意见，营销重庆航空市场，吸引航空公司开发航线。广泛联系航空公司，针对欧美澳远程战略航线，主动走出去，寻找合作伙伴，尽快使美澳航线谈判取得实质性突破。

6. 从方式上灵活调整国际航线开发思路。优先争取航空公司自主开通航线，依托旅行社或包机公司包机开通航线，对航空公司或旅行社认为风险特别大的欧美澳战略航线，积极探索以政府补贴资金为资本金、组建包机公司开发的可行性。

（三）加大对有合作意向的国内航空公司的支持力度，尽力抢占西部国际航线市场发展先机

目前，在国航、南航、东航的战略定位和全国布局方面，近期并未考虑在重庆（非主要运营基地城市）开通美欧国际航线，而海航则对开通重庆的远程国际客运航线极为重视，尤其是在开通重庆到美欧的航线方面做了大量前期准备工作。2010 年，海航向国家民航局提出开通重庆—北京—纽瓦克、上海—重庆—巴黎两条远程国际客运航线的航权申请。但在此后的航权公示过程中，国航、东航提出"客源分流、同质竞争"的异议，民航局因故没有做出书面回复而搁置申请。今年 7 月，海航再次向民航局提出开通"重庆—北京—纽瓦克""上海—重庆—巴黎""重庆—悉尼"三条航线的航权申请，民航局只将"重庆—悉尼"航线纳入公示，而对重庆发展开放型经济至关重要的美欧航线仍然处于杳无音信的待批状态。直通美欧日澳的国际客运航线是目前国内各大城市争夺的热点，如果重庆能够率先开通美国纽约等国际大都市的客运航线，将会极大地提升重庆作为内陆口岸高地的中心地位，对我市打造内陆开放高地具有十分重要的战略意义。因此，应当在适当时机加大与国家民航局的情况反映和沟通，争取国家民航局对我市开通欧美客运航线的客观需要予以充分理解和积极支持，尽快批准海南航空执飞"重庆—北京—纽瓦克""上海—重庆—巴黎"等具有标志性意义的远程国际战略性航线。

全方位打造西向开放重要桥头堡 [*]

建立通畅高效的对外开放通道，是我国进一步扩大开放和深入参与经济全球化的基础，也是重庆建设内陆开放高地的重要举措。近年来，在我国实施"西向开放"战略中，重庆基于自身开放型经济发展和外向型产业优势，先期探索开行了"渝新欧"国际铁路货运班列，致力于打造成为重庆和西部地区西向开放的国际物流大通道，重视贸易投资便利化，推动产业对接融合，加快区域经济一体化，取得了良好的经济效益和阶段性成果。自 2011 年 1 月 28 日开通以来，截至 2014 年 4 月底，作为在原来的新欧亚大陆桥基础上进一步优化完善的国际物流大通道，"渝新欧"已经成功开行 114 个班次，并于今年 4 月成功改制为公共班列。"渝新欧"的开通，将我国内陆腹地与中亚、欧洲国家紧密连接在一起，为中西部内陆地区通往欧洲架起了一座桥梁，不仅改变了我国物流格局，更为广大中西部内陆地区的进出口货物运输增加了多元化通道选择。

一、树立开放理念，推动"渝新欧"国际铁路物流大通道实现全方位模式创新

"渝新欧"是重庆建设内陆开放高地的成功实践，也是全方位打造西向开放重要桥头堡和推进丝绸之路经济带战略支撑的重要举措，体现了以开放理念探索内陆地区发展开放型经济有效途径的创新精神。

1. 创新国际合作海关监管模式

在国家支持下，重庆非常重视围绕"渝新欧"运行的国际海关合作，积极

* 原载于《重庆学习论坛》2014 年第 6 期。

推动"绿色列车通道项目",促成"渝新欧"沿途国家海关便捷通关监管研讨会在重庆召开,中俄、中哈海关签署多项合作协议,建立起广泛的合作机制。在国家相关部委支持下,将"渝新欧"正式纳入中欧安全智能贸易航线试点计划,实现了"安智贸"项目从海运方式向铁路运输方式的延伸。成功采取统一运单模式,试行跨关区转关作业,吸纳东部地区多批货物"逆流"重庆。采取GPS 定位、电子铅封等科技手段,实现有效监管。

2. 创新国际物流市场运营模式

为充分发挥市场机制在国际铁路物流中的资源配置作用,重庆探索成立了"渝新欧"(重庆)物流有限公司,依托"四国五方"合作机制,实现"政府导向、商业运作、国际合作、多方共赢"的全新运作模式。在 2013 年"中国—中东欧国家地方领导人会议"期间成功发起"重庆倡议",利用"渝新欧"推动中国与中东欧国家之间的合作。

3. 创新内陆铁路口岸设立模式

按照传统口岸开放规定,重庆市地处内陆,属于非直接出入境城市,开放铁路口岸面临诸多政策障碍,既不能设立整车口岸,也不利于"渝新欧"返程货源组织,制约了内陆国际贸易大通道的加快建设。为此,重庆市政府口岸管理部门积极争取国家部委支持,主动承担国家级课题《加快内陆地区口岸发展问题研究》,提出与时俱进发展口岸定义,依托"渝新欧"国际货运铁路、设立重庆市铁路口岸并对外开放的战略设想和政策建议,在为内陆开放铁路口岸提供前瞻性理论基础的同时,成功地争取国家口岸办批准重庆市团结村铁路中心站作为铁路口岸临时对外开放,成为西部内陆地区第一个国家开放铁路口岸。

4. 创新电子口岸通关服务模式

为充分发挥铁路口岸的辐射带动作用,加强与沿海、沿边和周边口岸大通关协作,促进贸易便利化,重庆积极推动电子口岸建设,成功开发铁路口岸通关应用系统,为建设"单一窗口"、实现通关作业无纸化、切实推进口岸通关"信息互换、监管互认、执法互助"奠定了平台基础,吸引了大量周边货物经重庆市铁路口岸进出,有力地促进了上海等华东地区货物反西向进搭乘"渝新欧"班列。目前,外地来渝中转货物比重已经上升到70%左右。

二、坚持改革思维,以建设"渝新欧"国际铁路物流大通道为核心,全方位打造西向开放的重要桥头堡

通常,构成国际铁路物流大通道必须具备三个条件:一是国际铁路运输线路联结顺畅;二是具有统一完善的国际运输操作机制,确保运输安全;三是通道沿线口岸设施完备齐全,通关便捷高效。目前,制约"渝新欧"在西向开放中充分发挥战略支撑作用的主要障碍是回程货源不足、国内存在恶性竞争、通关能力较弱、国际运价协调乏力以及由此造成的企业税负增加。因此,依托重庆铁路口岸建设好"渝新欧"国际贸易大通道,并使之真正成为西向开放战略的桥头堡仍然任重道远,需要坚持深化改革,加大创新力度。

1. 大力发展内陆口岸经济

加快建设重庆铁路口岸,并与航空口岸、水运口岸构成三核联动,形成"功能互动、优势互补"的立体口岸体系。大力发展装卸、仓储、运输、电子商务等现代物流业,发挥重庆铁路口岸的战略性、功能性作用,辐射带动周边地区,着力打造中西部内陆地区运输枢纽。探索设立"中国—中东欧国家创新产业园"和浙江省义乌市推出中东欧国家商品展销中心合作项目等,推进建设内陆国际货物集散中心,进一步拓展"渝新欧"国内货源。推进两路寸滩保税港区和西永综合保税区拓展功能,开展保税展销、非国产货物进境入区维修、委内加工、选择性征税、离岸金融结算等业务,拉动国际物流需求。突出产业特色和比较优势,打造配套齐备的外向型产业体系。依托海关特殊监管区,以优势产业和特殊产业为支撑,承接加工贸易产业梯度转移,引进重点企业、重大项目以及运营总部和总部经济。

2. 探索通道沿线接驳点集散模式

充分发挥重庆在长江经济带和"一带一路"建设中处于重要交汇联结点的地理优势,借鉴欧盟的区域门贸易监管经验,创新内陆地区开展国际贸易的集散中心发展方式,即以重庆、新疆为枢纽点,将沿线的西安、兰州以及周边的四川、贵州、湖北等省市全部纳入、参与,形成虚拟"大关区",借用国际协同执法管理模式,多点申报、多点集拼,一次查验、一次放行,共同打造跨关

区、跨运输方式的通关合作。"大关区"内各省市之间签署合作协议，在部分主站点设立接驳点，采用"多式联运"将出口货物运至接驳点，进行车厢的加挂、集拼。同时，推进沿线各国主要铁路枢纽站设立接驳点或中转区，在主要资源产区或消费地设立二级接入点，发挥"渝新欧"对境外沿线国家，尤其是对中东欧国家地区的整体覆盖和网状辐射。

3. 加强区域分工协作，形成沿线产业错位发展

依托现有产业基础，发挥资源禀赋，积极承接加工贸易梯度转移，避免内陆地区产业发展中的结构趋同和同质化竞争。结合区域经济特色，改造提升传统产业，发展具有互补优势的高新技术产业，增强对沿线国家的经贸优势。建立地区之间的经济总量与税收分享的合理机制，增强区际产业系统交流，注重跨区域产业链整合，实现生产优势向产业优势、经济优势转化。按照功能分区原则形成产业合理布局，重点发展适宜"渝新欧"通道的电子信息、航天科技、新材料、新能源等战略性新兴产业。

4. 探索口岸直通型内陆通关模式

以企业分类管理为基础，以电子口岸信息化管理为依托，采取"属地申报、属地验放"的直通模式代替传统型转关模式，即货物的收发货人或其代理人在属地海关办理报关、征税、放行等海关手续，沿边海关负责实货监管，并保留抽查的监管职能，形成内陆海关与沿边海关的联系配合机制，实现内陆不具备口岸开放功能区域与边境铁路口岸之间物流运作和通关作业的无缝对接和深度融合，满足内陆与沿边口岸之间"省略转关""一次报关、一次查验、一次放行"的便捷通关需求，为企业节省代理和出入境口岸商检费用。

5. 构建通道沿线利益协调机制

着力打造以市场和效益为导向的"渝新欧"通道运营体系：由沿线各国政府共同出资建立通道运营集团公司，争取各国政策倾斜、协调运价、推动技术创新等；由沿线各国铁路承运人共同出资建立股份制公司，作为"渝新欧"的专有经营人，负责解决物流通道与各国铁路部门的关系问题；在"渝新欧"通道两端的中国和德国、核心区段的俄罗斯、重要的集散换装基地等核心节点，选择拥有经营实力和优势资源的企业开展合作，建立控股子公司，负责该区域的物流运作。

6. 加快探索"共商、共建、共管、共享"的通道营运模式，加强国际合作和国内区域及部门协作

一是建立多边国际合作机制，探索设立跨国合作区或集散中心，协商解决货物通关、贸易安全、运输价格以及运输技术等方面的问题。二是建立跨区域协作机制，发起成立"渝新欧国际铁路联运联盟"，统一品牌、统一对外、统一组织、统一宣传，提高话语权，扩大知名度，避免重复建设、同类竞争，共同打造西部地区通往欧洲的主动脉。三是在"信息共享、执法互助"的基础上，加强跨部门合作，推动在"大通关"范围内的"一次申报、一次查验、一次放行"。

7. 积极争取国家政策支持，推动"渝新欧"国际铁路物流大通道上升为国家战略

国际物流通道建设，事关国家、地区、部门多方面利益主体，涉及跨国境、跨区域、跨部门多方面合作，需要国家层面推动沿线国家、区域、口岸的管理一体化运作，必须做好国家支持的争取工作。一是争取把"渝新欧"国内段铁路建设纳入西部大开发以及交通运输发展规划，统筹谋划，合理布局，整体推进，防止和避免物流通道建设的盲目性和自发性。二是争取在全国主体功能区规划的基础上，科学设定西部开放发展的功能区划，明确西部各省（区、市）开放型经济发展的功能定位，避免产业同质化和招商引资恶性竞争。三是争取国家尽快研究出台《内陆开放条例》，为内陆开放尤其是物流大通道建设提供法制保障，确保国家在扶持政策、资金投入、项目倾斜、先行先试等方面的优先考虑。四是争取国家在即将出台的《口岸管理工作条例》中放宽内陆地区设立口岸的限制，支持有条件的内陆中心城市建设铁路、航运、航空等国际口岸，发展内陆口岸经济。五是争取国家加快推行口岸协同执法，建设统一的执法信息平台，实现内陆和沿海、沿边海关、质检、工商、税务、交通、边防等口岸联检单位的"信息互换、监管互认、执法互助"。六是积极建议国家在深化改革中调整口岸管理体制，整合口岸管理职能，改变现行口岸管理体制"九龙治水"格局，实现口岸货物监管"一口对外"。七是依托"渝新欧"和铁路口岸，争取国家支持在重庆市设立汽车进口整车口岸，形成大宗回程货，促进"渝新欧"双向对开，降低物流成本，同时，根据开放需要争取设立特殊商品进口指定口岸，不断完善铁路口岸集货分拨功能。

建设内陆开放高地要有新思路 *

党的十七大指出，要拓展对外开放广度和深度，提高开放型经济水平。尤其在统筹区域开放方面，提出要扩大开放领域，优化开放结构，提高开放质量，"深化沿海开放，加快内地开放，提升沿边开放，实现对内对外开放相互促进"。在今年重庆两会期间，政府工作报告也提出要"大力发展内陆开放型经济，提高对外开放水平"，因此，重庆如何在新的历史起点上，谋划好有重庆特色的内陆开放型经济体系，对于今后重庆经济发展和社会进步的大方向至关重要，应当谋划好内陆开放型经济的总体布局，建设内陆开放高地要有新思路。

一、积极探索对外开放职能有机统一的大部门体制

承接国际产业转移、吸引外商直接投资、提高对内对外开放水平，必须首先解决产业落地、投资环境和办事效率等关键问题。目前，在对外开放职能方面，部门过多、划分过细的问题已经开始影响到重庆开放型经济的深化发展，应当引起有关方面的高度重视，并加快探索对外开放职能有机统一的大部门体制。

目前，重庆行政管理体制改革中涉及对外开放职能的机构，除负责综合经济管理的发改委外，主要包括市外经贸委、市经委、市商委以及粮食局、供销社等，它们是内外贸统一、内外开放结合的管理主体。历史地看，这种体制对于推动直辖市的经济社会发展曾起过重要作用。但是，对于已经站到新的历史起点的重庆来说，对于建设内陆开放型经济体系的系统工程来说，这种体制架

---

* 此文为 2008 年 1 月提交重庆市政协三届一次会议的书面发言。

构并没有彻底完成由计划经济时代的管制型、全能型政府，向市场经济时代的法制型、服务型政府的转变，一些深层次的问题仍未得到根本解决。部门设置过多过细，极易形成"权力部门化，部门利益化，利益集团化"的体制弊端，一方面导致行政权力和资源配置过于集中以及政府运行成本高而管理效率低下，另一方面导致部门协调配合难度加大，从而政出多门、职能交叉、权责脱节、行政审批程序烦琐、公共服务职能偏弱等不合理现象普遍存在。这既不利于承接东部沿海地区加工贸易转移，也不利于外商投资环境的改善，更不利于将重庆打造成为内陆开放高地。

探索实行对外开放职能有机统一的大部门体制，就是要按照精简、统一、效能的原则，在政府涉及对外开放的部门机构设置上，加大部门横向覆盖范围，将类似职能和关联程度极高的部门尽可能集中在一个较大的部门中，科学地确定政府机构设置及其职能分工，形成结构合理、配置科学、行为规范、运转协调、廉洁高效的行政组织体制。为此，可以做如下机构改革调整：把市外经贸委负责涉外经济事务管理的职能、市经委负责全市工业招商引资和工业园区管理的职能、市商委负责商品流通的职能以及市粮食局的粮食商品流通、储备和市场建设的职能进行"四体合一"的合并再造，从而使生产决定流通、流通反作用于生产的产业梯度转移链条有效衔接，使重庆在内陆地区制造业、商贸业优势明显的行业，能够在管理体制设计上实现整体行动，推进统一市场建设、国内市场的国际化和资金流的内外通畅。从而，全面推动内陆开放型经济快速发展，更好地为市场主体提供服务和创造良好的发展环境，促进经济又好又快发展。

二、主动倡导构建有利于扩大对内开放的区域合作协调机制

建设有重庆特色的内陆开放型经济，必须对内开放与对外开放并重、外贸与外资并举。应当根据国内区域合作形势的最新发展，加大制度创新力度，积极倡导并加快构建具有开放创新意义的"国内贸易组织"（DTO，Domestic Trade Organization），借助区域合作，在更高层面上探索对内开放的有效方式和内陆开放型经济跨越式发展的有效途径。

可以借鉴 WTO 建立贸易协调和利益平衡机制的思路，加紧与重庆周边省

区的经济合作，从成渝经济区的先行发起、联合试验开始，建立长江经济带上游地区 DTO 框架，重点解决三大问题：一是行为规范问题，包括地方政府行为和市场行为，可以建立一系列由 DTO 成员共同执行的政府行为准则和市场游戏规划；二是构建成渝经济区地方政府之间的利益协调和平衡制度框架，在重大产业的分工、交通运输的一体化和生态环境保护等方面实现统一规划与协调发展；三是通过对等互利的方式迅速消除现有的市场壁垒，加快实现经济、贸易、金融和投资的跨地区发展，并积极推进区域内社会中介机构的形成和行业自律组织的发展。

三、积极谋划设立有利于提高招商引资水平的"重庆市投资促进局"

目前，在经济全球化趋势下，国内国际上的产业梯度转移已成大势，重庆建设内陆开放高地必须结合自身实际，主动顺应这种趋势。从重庆的经济发展水平、地理区位、投资环境等方面的综合情况来看，吸引内资尤其是中国 500 强企业的投资与吸引承接世界 500 强公司的投资一样具有现实意义。必须充分发挥直辖市的体制优势，建立专门的投资促进机构，从招商引资的行业规划、政策制定到项目设计、商务洽谈、推介宣传、跟踪服务，进行全链条的促进活动。

从全国情况来看，在政府序列中专门设立投资促进局或招商局的省级政府共有 17 个，由于职能明确、促进活动和措施容易到位，因而实际效果非常明显，是在短时间内提升地区开放度和开放型经济实现跨越式发展的"重武器"，值得地处内陆的重庆学习借鉴。在政府已经明确要建立市、区县和企业招商引资联动机制的情况下，只有设立专门协调招商引资事务的投资促进局，才有可能加快内陆开放高地建设的步伐并取得较好效果。

四、用开放意识统领经济工作，贯彻与建设内陆开放高地相适应的干部路线，形成对外开放的用人机制

内陆开放高地建设需要开放型的干部队伍，更需要开放型的干部路线。干

部选拔制度是干部选用机制中至关重要的一环，更是开放型经济实现跨越式发展的前提条件。当前，随着改革开放和市场经济的发展，尤其是我国加入WTO后，国际和国内环境都发生了重大变化，新事物新问题层出不穷，与国际商务活动惯例相接轨的趋势，要求对干部选拔和任用制度进行相应改革，立足内陆开放高地建设和WTO规则的客观需要，进一步解放思想，与时俱进，从人文、开放、竞争、效能和法制的角度，不断创新干部选拔制度，从而实现干部制度改革的深层次突破。

重庆地处内陆，在建设开放型经济中要真正抢得先机、营造优势，必须有一批熟悉国际经贸事务的外向型人才队伍、一批了解和驾驭开放型经济发展规律的开放型干部队伍。为此，必须确立与发展开放型经济相适应的干部路线，必须统筹考虑、制定措施，形成有利于外向型人才和开放型干部发挥作用的社会环境。

五、着力形成部门协同开放的大格局，以主动意识、互动理念、联动机制，构造开放型经济成型的基础

重庆地处内陆，不靠海、不沿边，长期以来在经济发展中只能主要依靠自身要素的内循环，以及与周边省份要素的有限交流，即对内开放。在对外开放方面，由于要素流通成本较之沿海地区要高，超远距离的运输造成进出口货物成本较高，加之陆、河（江）、海联运在交货期、时限等方面有着严格要求，开展面向国际市场的货物贸易具有环节多、费用高、风险大等诸多不利因素。因此，扩大重庆的对外开放，应当是一种开放型经济构架，而不是大进大出的外向型经济模式。开放型经济既包括对外开放，最为首要的影响因素就是要打通对外联系交流的贸易通道，实现与国外资源（要素）、市场之间的互补性交换，借用外力带动经济增长与发展，也包括对内开放，与所在周边地区以至于全国范围内的资源（要素）、市场进行交流，促进当地经济的持续发展。

内陆开放高地的实质，就是以强调内需和外部资源（资金、技术和管理等）为核心发展内陆开放型经济。因此，这就需要在开放的体制上顺应内陆开放的特殊性，强化行业上的互动、地域上的协同、部门间的联动。在引进外资方面，在国际并购占全球外商直接投资比重已经超过80%的形势下，重庆要

想加大引进外资力度，就必须先行理顺适合外资以并购方式进入的企业体制，尤其是竞争性领域内的大型国有企业必须建立现代企业制度，以满足外资进入时所需要的资本市场流动性、基本定价功能及良好公司治理结构等并购的基本条件。在这方面，诸如国资委、金融办、银监会等部门之间必须建立联动机制，行业管理部门必须能够互动。在其他涉外经济领域，也大抵如此。

六、充分认识口岸经济的超常规发展是实现内陆开放型经济跨越式发展的基础

口岸是国家重要的基础设施，也是对外开放的门户，对于口岸所在地区，更是发展开放型经济，开展国际贸易、国际交往和国际旅游的基础。现代的口岸概念已不单是狭义上的客货进出通道，而是集人流、物流和信息流等于一身，包含客货进出、仓储、购物、博览展销、技术产业开发、商贸金融、电子商务、保税加工等领域，具有跨国界、跨地域，连接国际国内两个市场和两种资源的特征，对促进对外友好关系和对内富民强市有十分重要的意义。

重庆作为内陆口岸城市，必须通过加快发展口岸经济来带动开放型经济的跨越式发展。口岸经济发展涉及众多部门，而且部门性质各异，有的是中央直属部门，有的是地方政府部门，必须通过建立强有力的协调机构才能确保步调一致。目前，重庆正在加紧向国家申请设立"内陆保税港区"，这需要在政府层面上提高认识，加强对发展口岸经济工作的领导。要充分认识到，口岸是一种稀有资源，在市场经济条件下，口岸建设是实现经济迅速发展的战略要素；要充分认识到，"没有口岸就没有对外开放，就没有开放型经济，更没有内陆开放高地"，加快口岸建设是我市加快经济发展和建设区域性国际化大都市的必由之路；要充分认识到，加快口岸建设是我市积极融入世界经济、提升城市竞争力、在西部地区发挥增长极和经济中心作用的重要途径。基于这种认识和新思路，就必须通过建立机制，使相关部门达成共识，加强政府职能部门与进出口联检部门之间的沟通，促进跨部门、跨行业、多领域的合作，营造"大口岸"和"大通关"的良好氛围；必须重新明确口岸的发展定位，高起点、高标准搞好口岸基础设施建设，尽快缩小与先进口岸的差距；必须加强领导，统一部署口岸建设工作，及时解决工作中遇到的各种问题，创造一切有利条件，争

取早日在重庆设立"内陆保税港区";必须借鉴先进的口岸管理经验,优化口岸征税、收费环境,实现"交通网络化、口岸现代化、查验电子化、审批便捷化",加快与国际接轨的步伐。

总之,建设有重庆特色的内陆开放型经济,打造能够引领开放、带动周边的内陆开放高地,必须立意高远、争创一流,必须结合重庆实际、强化国际接轨,必须兼收并蓄、创新思路。建设内陆开放高地要有新思路!

强化内陆自贸区的制度创新 *

在全市经济工作会议上，重庆市委主要领导特别强调"要在加快建设内陆开放高地上有新作为新进展"，提出"要优化开放平台。全面推进中国（重庆）自由贸易试验区建设"，以及"加强各开放口岸和保税港区、综合保税区建设，着力提升各类开放平台辐射带动能力"。因此，作为"一带一路"和长江经济带互联互通重要枢纽、西部大开发战略重要支点，重庆自由贸易试验区在创新驱动发展战略中的目标，就是要经过三到五年的改革探索，努力建成投资贸易便利、高端产业集聚、监管高效便捷、金融服务完善、法制环境规范、辐射带动作用突出的高水平高标准自由贸易试验区。

通过前期建设的实践探索，重庆自由贸易试验区在围绕建成服务于"一带一路"建设和长江经济带发展的国际物流枢纽和口岸高地方面取得了明显成效，但是，对照习近平总书记对重庆提出的"两点""两地"总体要求和国务院批准的重庆自由贸易试验区实施方案，重庆自由贸易试验区在围绕国家战略意图形成内陆开放特色，推进国际合作、区域合作、部门合作、业态合作等制度创新方面，还需要突出特色，先行一步，踩准步点，谋细做实。

一、加快以服务贸易为核心的制度创新

从国际经验和前期实践来看，我国自贸区在下一阶段试验方向和内容上必须以服务贸易为重点，包括制度、体制、机制、业态和业务流程等方面的创新，都必须以此为核心和主线来展开，从而为总体经济的结构调整和转型探路。

---

* 此文完成于 2018 年 1 月，部分观点原载于《重庆日报》2018 年 2 月 1 日。

重庆自贸区批复一年来，已经进行了有特点的探索实践并富有成果，但也要注意到还存在着明显的制度创新瓶颈，主要是服务贸易发展思路尚不清晰、管理与政策制定部门化和碎片化问题较为突出、负面清单对服务贸易的限制仍然比较多等，使自贸区政策创新与实施效果有所折扣，削弱了自贸区在探索服务贸易发展方面的整体性和协调性。这就需要尽快形成并出台某些产业项下的自由贸易政策安排，以适应全球服务贸易全面快速增长的新趋势，实现服务贸易与区域开放的有机结合。

一是要加大自贸负面清单的"瘦身"力度。以服务贸易为重点，制定更加精简的、具有国际标准的负面清单。对于建筑服务、运输等具有国际先进水平且目前市场竞争比较充分的服务业领域，可不再列入负面清单，尽量减少限制性措施；对于教育、养老、健康等市场开放程度不高、国际竞争力不强、政策法规较多，但对外开放风险较小的领域，可以考虑积极扩大开放，仅保留部分必要的限制性措施，如考虑不再将医疗机构列入限制类领域；对金融、保险等远未达到充分市场竞争、市场开放度低、对外开放风险复杂的领域，应作为慎重开放领域，并将现有限制性措施尽量纳入负面清单之中。在这一过程中，必须同时提高负面清单的透明度。尽快与国际接轨，对负面清单内的每一项限制性措施标明国情法律，并写明限制性措施的具体内容和详细要求；负面清单的体例更加明了，将限制性措施与禁止性措施分开规定；尽快完善一些无具体限制条件的特别管理措施，最大限度消除市场开放的隐形壁垒，减少寻租空间。

二是根据重庆产业布局特点，选择以智能制造、工业设计、技术研发为重点，允许在生产性服务贸易领域实行更加精简的负面清单，在提升重庆装备制造业竞争力和对外开放水平方面实现重大突破；允许在金融、航空、物流、信息通信等领域实行更加精简的负面清单，促进中新示范项目的有效一体化，为西部开发开放探索新路径。

二、深化以"放管服"为主线的政府行政管理体制改革

进一步全面优化自贸区负面清单是重庆在引领内陆自贸区创新发展方面的重点。在内陆自贸区建设过程中，如果仅仅是简单复制或笼统照搬上海、天津、广东等第一批沿海自贸区的先行做法，有可能会无法展现国家战略所需的内陆开放特色，尤其是在设计负面清单管理模式过程中，要进一步厘清政府与

市场的边界，对各行业进行重新分类、评估，尽量放开市场准入门槛，缩短清单条目，真正达到激发市场活力的目的。同时，还要优化负面清单内相关限制项目类的审批程序，注重对市场主体的事中事后监管。对公共秩序、公共健康、金融安全等重要领域，则要发展匹配的负面清单管理"安全阀"机制。

三、加强自贸区外资监管体制机制创新

加强外资监管体制机制创新的核心在于将监管和服务紧密结合，在提高监管水平的同时提高服务效率。

一是要强化外商投资管理创新。在外资监管理念、操作系统、配套措施等方面进行重大变革，真正从传统的部门监管、企业性质分类监管转变为行业监管。重庆自贸区要重点探索以行业监管为主，以综合监管为辅，打破以往多部门监管的思维定式，依托信息共享的事中事后监督，将系统化研究、顶层设计和基层创新进行有效整合。

二是巩固事中事后监管的信息共享基础。重庆自贸区的试验探索应比上海自贸区更加先行一步，更加注重信息的充分采集、充分共享，打破部门分立、信息孤岛，建立开放性的信息共享平台，一方面使不同的市场参与主体共享信息，提高市场透明度，降低市场交易成本和寻租风险，形成开放式创新资源有效配置。另一方面为事中事后监管提供依据，提高自贸区监管创新的科学性、规范性，进而提高政府部门的办事效率。

三是建立信用管理体系，形成以信用管理为核心的自贸区监管体系创新。一方面要把行政部门的市场监管与社会信用体系相结合，提高政府事中事后监管的效率和水平；另一方面建立信用收集、共享、披露以及政府多部门的信用联动奖惩制度和市场监管随机抽查联合检查制度，推动政府执法检查的科学化、标准化和规范化。

四、注意加强重庆自贸区与中新示范项目、先进制造业、各类开放功能区域的融合创新

一是自贸区主动加强面向中新示范项目的开放合作。一方面可以考虑在服

务贸易上与新加坡在四大合作领域进行融合对接，并争取能够取得一体化发展的实体基础；另一方面也可以利用"渝新欧"国际铁路大通道与沿线国家探索实行能源项下、旅游项下、健康医疗项下的自由贸易，从而使重庆不仅能够在全国开放转型中扮演重要角色，而且还能在促进"一带一路"倡议中发挥独特作用。

二是中新战略性互联互通示范项目要切实集聚新加坡合作伙伴的创新资源，加快在金融、航空、物流、信息通信技术等合作领域的制度创新，为自贸区和自创区的协同制度创新提供有益借鉴。

三是在利用"渝新欧"国际贸易大通道实践成果的同时，通过积极融入国家"一带一路"建设，探索形成融重庆、新加坡和欧洲三个重要节点融为一体的、具有地域特点的新型"渝新欧"综合创新体系。

五、重庆自贸区要立足国家战略定位和区位优势，注意定位与特色的有机联系

着力形成内陆最为完善的口岸运行体系，在前期开放实践已经形成"三个三合一"开放平台的基础上，继续加大力度探索并完善多式联运体系，在打造内陆国际物流枢纽和口岸高地的过程中创新拓展，支持"渝新欧"国际物流大通道建设，发展南向国际物流大通道，以次区域合作破解中欧班列海关监管瓶颈，推动铁、公、水、空以及多式联运口岸间无缝连接、互联互通。申报增加开放南彭公路口岸和果园水港口岸，构建具有铁、水、空、公以及多式联运五类运输方式的"五个三合一"物流体系和开放平台，实现"一带一路"和长江经济带联动发展。

六、以创新自贸区监管模式为突破口，聚焦制度创新

一是突出自贸区试验的口岸特色，推进与深化口岸部门"三互"合作。以具有内陆特色的国际贸易"单一窗口"建设为破题和纽带，使口岸各部门在自贸区的口岸业务由"串联"向"并联"转变，进一步降低制度性交易成本，提升大通关效率。

二是突出自贸区试验的海关特色，加强"一带一路"和南向开放的次区域国际海关合作。在自贸区试验对接"一带一路"建设的过程中，要着力培育更多高信用企业，扩大与其他国家海关间信用互认的受惠面。继续开拓与"渝新欧"通道沿线国家、重庆南向开放的重点国家以及主要贸易伙伴国的点对点次区域海关合作，与 13 家驻渝领馆开展合作，帮助企业增强"走出去"的竞争力。

三是突出自贸区试验的辐射特色，聚焦长江上游航运枢纽建设的区域合作。建立以江北国际机场为主体的航空货运枢纽、以寸滩港和果园港为重点的内河水运枢纽、以团结村铁路中心站为核心的铁路运输枢纽、以南彭公路物流基地为中心的公路货运枢纽，同时配置以互联互通的多式联运体系，形成重庆自贸区与各类枢纽节点之间的联动一体化模式，将自贸试验区制度创新的成果辐射到重庆全域。在"五个三合一"开放平台互为犄角、互补运转的开放型经济体系中，推动以自贸区为中心、辐射内陆腹地的水、陆、空、铁多式联运物流体系建设。

四是突出自贸区试验的业态特色，加强与其他各类特殊功能区域之间在打造战略性新兴产业、培育新型贸易业态方面的互助式合作。自贸区要充分利用开放资源，为中新示范项目以及其他各类功能区提供精准服务，助力总部经济企业发展壮大。深度参与"国家级跨境电商示范基地"建设，积极开拓新的业务模式。全面推进"市场采购"业务发展，引导推动重庆自贸区创新形成融加工贸易与市场采购为一体的辐射型发展模式。

五是突出自贸区试验的环境特色，在深化"放管服"改革和营造国际一流营商环境中加强政府相关部门的协同与合作。以口岸服务为抓手，理顺海关、商检、海事、边防等中央在渝单位之间的合作关系，着力形成中央单位与地方政府部门之间的高效协同；以"单一窗口"建设为抓手，理顺重庆相关部门在监管和服务中的合作关系，着力避免在自贸区试验中出现信息孤岛问题和监管热寂效应；以信用为核心建设自贸区监管机制，对资信好的企业实施"自主管理""自律管理"，引导自贸区企业提高守法水平。

谋划好内陆特色自由贸易港[*]

党的十八大以来，我国在推进自由贸易试验区建设方面取得了重大进展，"1+3+7"的自由贸易试验区体系在引领开放、倒逼改革，进而推动形成开放型经济新体制方面起到了至关重要的作用。2018年4月，中央做出支持海南全岛建设自由贸易试验区并支持海南逐步探索、稳步推进中国特色自由贸易港建设的决定，把我国的对外开放和开放型经济布局提升到了一个新的阶段，对完善我国区域开放格局、形成完备的开放型经济体系具有重大意义。自由贸易港是目前全球开放水平最高的特殊经济功能区，探索建设中国特色自由贸易港，高度契合"一带一路"倡议，有助于推动形成全面开放新格局、把我国的改革开放不断推向纵深发展，有助于以港区为载体加强与"一带一路"沿线国家进行制度和规则对接、共同促进贸易和投资更加便利化，有助于推进我国从贸易大国向贸易强国的转变、提升我国在全球价值链中的地位，有助于推动区域经济因地制宜发挥优势、发展各具特色的开放型经济。

中国（重庆）自由贸易试验区正式挂牌一年来，在深化改革开放、推动体制创新、探索互联互通、加工贸易转型、辐射带动周边、优化营商环境等方面取得了重要进展。但是，与党的十九大提出"主动参与和推动经济全球化进程，发展更高层次的开放型经济"的要求相比，与总书记对重庆建设内陆国际物流枢纽和口岸高地、建设内陆开放高地的定位相比，仍需加大制度创新和改革开放力度。高起点研究、高标准谋划内陆特色自由贸易港，契合总书记对重庆的"两点"定位和"两地""两高"要求，符合重庆建设内陆开放高地行动计划目标，有助于贯彻落实党中央关于"推动形成更高层次改革开放新格局"的战略部署。

---

   *   此文曾于2018年7月作为社情民意信息提交重庆政协。

目前，重庆正处于建设内陆开放高地的关键时期，超前谋划内陆特色自由贸易港，事关重庆发挥好引领和带动内陆开放的国家大局，应当充分重视、积极行动。

（一）科学设定重庆建设内陆自由贸易港的目标定位

与自由贸易试验区相比，自由贸易港的发展空间更为广阔，但监管难度更高、开放风险更大，既需要高标准地与全球自由贸易港对接，在商品、货物、人员、资金等方面形成畅通自由流动的制度设计，也需要在进出口商品免税、企业经营低税率等业务环节体现科技创新、管理创新和制度创新的中国特色，从而在新时代为全球贸易投资者创造一个成本更低、交易更自由的法治化、国际化、便利化的营商环境和公平、统一、高效的市场环境，为"一带一路"建设创造一个更为高效便捷的全方位对外开放平台。因此，高起点研究、高标准谋划内陆特色自由贸易港，必须首先根据重庆自由贸易试验区的总体进展情况明确目标定位，确定未来自由贸易港的基本类型，即以引领周边的物流及加工制造业、辐射内陆的功能性金融创新、服务生产性产业的服务贸易、大数据智能化的高新技术产业为主导，形成服务于内陆地区实体经济健康发展、服务于构建陆海内外联动、东西双向互济、全面开放新格局的内陆国际贸易中心、内陆物流中心、内陆功能性金融中心和内陆口岸高地。

（二）理性确定自由贸易区向自由贸易港自然过渡和平滑递进的开放策略

探索建设内陆特色自由贸易港，必须把自由贸易试验区作为自由贸易港的前期基础和过渡形态，把自由贸易港作为自由贸易试验区选择性发展的更高开放形态。虽然两者都是以投资贸易自由化便利化为特征，但两者之间仍然存在较多不同之处，必须审慎而理性地制定自然过渡的逻辑路线和平滑递进的开放策略。其一，在现有自由贸易试验区实行"境内关外"基本管理制度和"一线放开，二线管住，区内自由"监管制度的基础上，主动融入现代高科技监管手段，从而确保更加严格的地理边界限制和全面集聚口岸优势的封闭式管理方式，确保脱离海关管制状态下的安全高效；其二，谋划好确保自由贸易港最高自由度和资源配置效率的"两表一单"，即通过逐步加长减税项目正向清单而最终过渡到"零关税"的"时间表"、推动人流物流资本流跨境流动的"路线表"以及在离岸金融、离岸贸易以及人员往来等方面体现自由化便利化的"流程单"；其三，确定境内外货物自由进出、境内外资金自由流动、税收减免优惠、零税率优惠外国商品自由改装、加工、中转和长期留存的"程序图";其四，研究制订外国投资者在港区内自由创办企业、自由开设离岸账户、自由开展离岸贸易和自由支配资金跨境流动以及在中央政府支持下探索实行资本项目下全部开放的总体方案。在某种意义上，金融服务业开放程度高是自由贸易港的本质特征，也应当成为探索内陆特色自由贸易港的核心。

（三）正确处理内陆特色自由贸易港与对标国际高标准自由贸易港的关系

广泛借鉴诸如香港、新加坡、鹿特丹、迪拜等现代自由贸易港发展的成功经验，充分吸收我国已经开展的 11 个自由贸易试验区改革开放成果，勘定重庆自由贸易港的空间布局、功能范围、产业领域和要素配置。一是要在政策环境宽松、投资领域开放、金融开放、贸易自由化、监管宽松、税赋宽松、自然人流动自由以及加强立法建设等方面对标国际；二是要在打造良好营商环境、进一步提升自由化水平、提升政府的服务能力和监管效率等方面先试先行；三是要提升相关口岸服务国际贸易的能力，提高在全球自由贸易中的口岸竞争力，形成自由贸易港吸引货物、资金和人才的集聚效应，并辐射广大周边腹地。

（四）统筹谋划从自由贸易试验区到自由贸易港的有序衔接

充分考虑重庆现有各类开放功能区在监管体制上远远落后于发达国家和地区的现实因素，以及自由贸易试验区所进行的前期改革实践并没有完全打破行政管理体制条块分割的现状，统筹谋划好自由贸易试验区与自由贸易港的平衡衔接，着力形成符合内陆特色自由贸易港要求的立法体系，在立法授权上形成中央与地方之间科学合理的规制关系。一是提请全国人大根据中央对探索建设自由贸易港的战略布局，赋予重庆人大以更大的自由贸易港建设立法权，重点围绕提升贸易自由化便利化水平、服务贸易外资准入范围、金融领域对标国际流程、税收优惠制度体系、人才引进机制创新以及城市总体规划动态调整，先行先试，特行特试。二是请求中央和国家部委牵头对重庆自由贸易试验区前期深化改革开放中所涉及的法律、法规、规章和规范性文件进行全面梳理，广泛充分地听取各类企业的需求和诉求，对于不合时宜、前后冲突和不完善的情形予以调整或暂停实施。

（五）着力形成重庆自由贸易港建设的内陆特色

在重庆对标国际先进水平的同时，必须注意突出重庆建设自由贸易港的内陆特色。一是突出党的领导特色。发挥党委在布局规划自由贸易港探索建设中总揽全局、协调各方的领导核心作用，确保自由贸易港建设的正确政治方向，调动各方面参与探索建设和改革创新的积极性，处理好高标准对标国际与加强风险防范管理之间的关系。二是突出科技融合特色。依托现代信息化监管手段，取消或最大限度地简化入港货物的贸易管制措施，最大限度简化一线申报手续，大幅提升贸易便利化水平，全面提升自由贸易港的一线管理放开程度。三是突出制度创新特色。以全面豁免关税为前提，解除货物的港区流动约束，消除发展转口贸易等业务的管制性障碍，使自由贸易港真正成为不报关、不完税、转口贸易不受限制的最高层次开放形态。四是突出内陆开放引领特色。基于重庆地理位置、国家战略定位、开放现实基础、通道体系构造以及营商环境国际接轨条件，以全面发挥开放型经济核心的区域辐射和开放引领作用为目标，加大制度创新力度，全面引领内陆和西部地区发展开放型经济的全球化走向。五是突出现代金融中心特色。全面实施符合国际惯例的金融、外汇、投资和出入境等管理制度，以确保自由贸易港的运营实践能够基于"境内关外"的离境环境而得以高效运转，确保相关带有离岸特征的产业加快发展，提高国际竞争力。

辑四

崇真篇——非宁静无以致远

面对外资进入中国商业领域的理性思考 *

中国被公认为是世界上潜力最大的市场，中国的商业正在成为外商翘首以待、渴望挤入的投资领域。种种迹象表明，中国的零售业正在成为外商挤入中国市场参与竞争的一个新的发力点。

1996 年无疑是中国零售业竞争最为激烈的一年，大型商场的数量增多，国际零售业巨头的进入，以及各种专业集贸市场、批发市场的兴起，共同推动着中国的零售百货业走向普遍的大滑坡。尽管从大背景上看，中国的重点大商场保持住了平稳增长的势头，商品销售总额和零售额均比上年增长一成以上，但国外巨型零售企业纷纷进入中国商业领域、抢占中国零售市场的局面，却也着实令国人、商界捏一把虚汗。日本国际流通集团八佰伴公司总部移师浦东，在上海、无锡等地建立起具有超级规模的巨型商场；国际零售业界的"大哥大"、世界最大的连锁企业——美国沃尔玛公司在深圳建立购物广场和会员商店；而荷兰的"万客隆"、法国的"家乐福"、德瑞合资的"麦德龙"等巨型连锁公司，均在上海、广州、北京等大城市建立有各自的据点；如此等等。这些外资商店利用其雄厚的资本实力，在进入中国市场的起步阶段赔本经营，以21 世纪初外国垄断资本进入中国市场时惯用的低价策略，一轮又一轮地挑战着、挤压着目前既无规模优势又无资本实力的中国民族商业。这就是目前外资进入中国商业领域的基本现状。

一、外资进入中国商业领域的经济效应

一个全年社会消费品零售总额已经逼近 30000 亿元人民币的巨大市场，不

---

* 原载于《财贸经济》1997 年第 8 期。

可能不受到国际零售商的关注。从近期几个数据的变动情况来看，外资进入中国商业领域后市场竞争将会更为加剧的判断已经得到了某些证实。1997 年 1—2 月，我国社会消费品零售总额为 4502 亿元，比上年同期增长 624 亿元，增幅为 16.1%，其中外商投资企业的零售额为 23.9 亿元，比上年同期增长 5.3 亿元，增幅为 28.5%。如果只是从增幅上看，外商在中国的市场占有率增速高出中国整个零售市场增速 12.4 个百分点。就总量而言，外商投资企业零售额占全国社会消费品零售额的比例仅为 0.53%，但是，外商投资企业的新增零售额在全国社会消费品零售额中所占比例却达到了 0.85%，换言之，外商投资企业在中国零售市场中的扩张效应为 160.4%。这就是说，在中国的新增零售市场中，外资企业抢占市场份额的速度要远远高出中国的民族商业。从这里我们大致上也可以感觉到来自外资的压力。

公正而言，外资进入中国商业领域，本身就是一把"双刃剑"，它具有正效应和负效应两个方面。一方面，如果掌握好商业利用外资的"度"，那么，对于中国发展现代化商业设施、引进国外先进的经营管理技术，乃至对于促进我国流通企业转变经营机制，会具有极大的正面效应。但是，如果不加控制或控制不力，那么，势必会对中国的民族商业形成巨大冲击，从而引致过多的负效应成型。从目前外资进入中国商业后所引发的市场竞争格局变动的角度看，有人说"中国商业到了最危险的时候"，这决不是危言耸听。国际零售巨擘沃尔玛公司在深圳投资创办合资商场时，中外双方都说了个"没想到"：外商没想到的是中国的市场竟如此之旺、购买力竟如此之强；中国的老百姓没想到的是沃尔玛卖的商品竟然如此便宜，进口大屏幕彩电售价比中国境内的任何一家商场都要低。显而易见，中国民族商业面临的挑战和冲击并不遥远，已经悄然来到我们身边。

商业引进外资是中国改革开放政策的题中之义，本应不存在太大的争论，问题是，如果缺乏宏观协调与总体规范，将会影响到中国的流通改革进程，冲击到中国民族商业的健康发展。起初，对于零售业大门的或开或合，国家曾有过全面的考虑。从总体上说，国家在制定对外开放政策之初，所看中的是发达国家的现代化生产技术和先进的管理经验。引进外资的本意，是要为民族产业的振兴和发展创造条件，而并非是要把中国的市场拱手相让。正是基于这样一种政策理念，中国引进外资的重点领域，是那些有着高科技含量的行业。而在技术含量并不太高的零售百货业，国家对于外资的引进则控制极严。不仅如此，在那些有限度地开放零售市场的地区，外资引进的方式也仅限于合资合作，并不允许有外商独资出现在中国的零售市场上。显然，中国零售业的大门在很长一段时期内都是处于这种半开半合的状态。

在中国，零售业大门半开的政策基础，在于国家所面临的两难处境。一方面，国家必须出面保护改革中的中国国有商业企业。因为，零售业本身所具有的投入少、产出快、风险低等行业特点，在允许外资大量涌入的条件下，会冲垮正在稳步走向市场的中国零售企业，也会影响到中国经济改革所必需的稳定的经济与社会环境。另一方面，中国的商业尤其是中国的零售企业，毕竟久违了市场竞争，习惯了计划分配，内部运行机制的不健全状况，必然会影响到中国商业的现代化进程。适当允许外资进入零售业，也许会有助于提高中国零售企业的经营管理水平，有助于零售企业建立起与市场经济相适应的营销机制。

很明显，零售业引进外资的这种两难处境，造成了国家在零售业上开放政策的有限性。实际上，自1992年以来，国务院已经正式批准了18个零售合资试点项目，这表明，中国已经在零售业上给外资的进入拉开了一条门缝。今后的问题是，这条门缝究竟开多大为好。对此，理论界、政府与商界人士之间表现出了少有的共识。尽管他们考虑问题时的出发点各不相同，但却都认为，外商进入中国的零售市场应当有所控制。理论界做出适度控制零售业外资进入的比重与方式的考虑，完全是出于对中国民族产业发展的关心，担心外商控制中国的零售市场后会造成民族产业丧失必要的产品销售渠道；政府做出控制外资进入零售业的具体政策，则是出于中国零售企业营销机制缺位的现实，出于对社会安定的考虑；众多商家异口同声地反对外资进入，则完全是基于对自身经济利益的考虑，基于自己在管理素质、资本实力、企业制度等方面综合竞争力低下的实际情况。

显然，半开半合、欲开又合的中国零售业外商投资政策，不会令那些时刻在窥视着中国市场的国际零售商们满意，他们必然要求中国政府按照国际惯例开放零售业市场。在中国亟求成为世贸组织成员的大背景下，开放包括批发零售贸易业在内的服务行业的国际通则，也许会成为中国继续实行半开半合零售业外资政策的问题爆发点。鉴于这种状况，中国政府也许会考虑使用幼稚产业保护条款的国际惯例，来对国内的零售企业和零售市场加以保护。但是，在保护期满之后，国家还是必须按照国民待遇原则，对国内零售业的外资政策进行重新调整。尽管国家内贸部曾一再强调零售合资试点的目的，主要在于引进国外先进的管理经验和技术，而不在于单纯地改造商业设施，但我们却不能不注意到，国家还在同时允许着外商以房地产投资的方式兴建大量的零售物业设施。这不能不让人做更深一步的联想，外商全面进入中国的零售市场只是一个或迟或早的问题。所以，如何才能在国家尚能运用幼稚产业保护政策，对国内零售企业和零售市场施加保护的期限之内，迅速建立起可以与外商相抗衡的竞争实力，应对来自海外的零售业挑战，应当是当下商界人士所必须进行未雨绸缪的大事。或许，三五年之内，洋商也会像今天的洋货一样充斥于中国的零售市场，到那时再来探讨中国零售业应当如何对待外商的挑战，就为时晚矣！希望那时，在众多的新闻报道之中，外资竞相抢占中国零售市场、国内众多商家纷纷败走麦城，不再成为商界的新闻热点。

二、多视角探析：外资进入中国商业的目标与策略

在现代发达国家，市场饱和已经成为制约零售业发展的首要因素。因此，国际零售界认为，作为现代零售商，必须克服市场饱和的局限，以真正实现销售的持续性增长，其方法之一就是实行国际化经营。

从国际零售业正在进行着的跨国扩张进程来看，国际化经营目前主要集中在欧盟内部。但是，代表零售业未来发展趋势的却是全球性零售公司，而这种零售公司的良性运作在市场相对饱和的发达国家则是难以实现的。尽管在目前还很难预言谁会成为全球性零售公司这一策略群体中的领先者，但是，有一点却十分明显：能够最终发展为全球性零售公司的企业，必然是那些目前就已经拥有巨大经济实力的国际性连锁公司，如伯迪连锁店、马克斯·斯潘塞公司、沃尔玛公司等。在亚洲，日本的公司可能会最先转变为全球性公司，原因之一就是日本面临着亚洲国家低廉成本的挑战，如果不将总部从日本迁到市场中心地带，那么将无法取得市场竞争优势。这实际上是与日本经济目前所正在进行着的经济增长从生产型转向服务型的历史进程相联系的。在国际零售界，人们认为日本零售业的经验并不是那么老到，但有两种日本公司非常强大：一种是百货商店，另一种是便利连锁店。如伊藤忠商事公司下属的"7-11"连锁店，

甚至包括有美国的萨斯兰德公司，而这个"7-11"连锁店正在成为高度国际化的公司。

零售业在市场饱和环境中发展业务的另一种方法是进行多角化经营。一般说来，这种多角化经营并不一定必须局限于传统领域，它可以扩展到新的领域。例如，马克斯·斯潘塞公司、塞思斯伯里公司、西尔斯公司等，它们在金融、信息管理、房地产等领域中同样拥有着巨大的资产和技术力量。日本的综合商社在某种意义上代表了现代零售业的多角化经营方向。

诱导发达国家零售商积极开发国外市场尤其是发展中国家的零售市场的一个重要因素，是现代全球化零售理论。这种理论认为，现代零售业是一种区域性行业，因为不同国家、不同地区的顾客各自具有着不同的特点，消费需求的差别性要求零售商必须走出国门才能主动适应市场竞争。为此，国际上知名的大型零售商都是采取一种建立高度分权的组织形式，把销售权力授予不同环节和不同地区的接力者，在兼顾总体规模效益的同时，也使不同的环节和不同的地区都能获得最佳的绩效。因此，发达国家的零售商大都比较重视研究区域性市场的情况，注意了解不同国家的差异，了解不同地区消费者的需求偏好、消费习俗与消费文化。

现代零售业开拓国际市场的一条重要行动准则，就是"全球化思维，区域化行动"。八佰伴公司与沃尔玛公司成功进入中国市场的现实，充分表明了现代零售市场开发理论的基本思路。按照这种市场理论分析，中国的零售市场是一种新兴市场，在未来20年里，中国高速发展的潜力远远高于世界上的其他地区。但是，在将这种理论用于实际操作时，市场增长潜力并不直接等同于市场开发实绩。外商在进入中国零售市场时发现，他们在对中国的零售市场进行研究时，常常会遇到资料缺乏的问题，因而他们更乐于采用一种合作的方式，即采取与中国大型流通企业合作投资的方式，使中国伙伴提供更多的帮助，如果没有这种帮助，那么这些外商便很难成功地进入到中国这样一个具有深厚的东方文化特征的新兴市场中来。许多外商还发现，当他们进入中国合资开办商店、谋求发展时，中方伙伴的帮助可以使他们尽可能地少犯错误。

在外资进入中国零售市场的过程中，外商所拥有的现代化管理技术是最有吸引力的谈判筹码。对于中国商业企业来说，由于久违了市场竞争和国际交流，现代管理技术与经验会成为制约利润水平的最大因素。而对于国外零售商来说，在发展中国家进行投资的效率，远远高于其在本国进行同样的投资。以八佰伴公司在上海的投资为例，商场的建筑面积为 14.7 万平方米，是目前亚洲最大级别的百货商场，堪与伦敦、纽约的最大百货商店相匹敌。其合资期限为 50 年，八佰伴公司的投资总额为 8250 万美元，连同作为中方的第一百货股份公司投资共计 1.5 亿美元。八百伴的高层主管曾经算过一笔账，如果在日本东京建立一个同样规模的商场，则需要相当于上海 10 倍的投资，而且这笔投资中还不包括购买土地的费用。在日本年销售额只能达到全部投资额的 60% 左右，而在上海的投资，其第一年的销售额却大体相当于投资额的 2.5—3 倍。

这就是本土投资与海外投资的差别，这就是发达国家的零售商看中中国零售市场的原因，这就是外商纷纷打入中国商业领域的中心目标所在。国外资本进入中国零售市场并不是要在近期内快速撇脂、攫取暴利，而是要通过对我们下一代的消费方式、消费心理上的渗透，来营造其在几年、十几年之后的市场份额。这才是外资纷纷打入中国商业领域的真实目标与策略。对此，中国的商界人士以及政府决策机构应当有清醒的认识。

三、中国商业应对外资进入的基本方略

要想避免中国的零售市场为外商所分割蚕食，治本之策当然是增强国内零售企业的市场竞争力。在这种意义上，通过零售合资试点来学一学国外现代零售业的经营管理艺术，不失为一种明智之举。但关键是在试点过程中，必须坚持高起点，而不是一味地追求外商的高投资。简言之，试点中的零售合资企业必须坚持三个基本原则：其一，合资对象必须是那些确实拥有先进的经营管理之道、国际知名度较高的外国公司；其二，由投资比例所决定的合资企业控股权必须由中方所掌握，合资年限应当缩短，最高不得超过 30 年；其三，外汇使用上应当自求平衡，而且出口要大于进口，能够带动起国产商品的出口。

对于外资进入中国商业领域，国家必须有统一的资格与身份界定，必须分步扩大外资占有的市场份额。在这方面，上海从保护国内市场与中国商业企业的角度出发，已经着手制定零售业引进外资的战略规划。从上海的国际经济、金融、贸易中心地位考虑，市政府计划向外商让出 10% 以内的市场份额，具体步骤是：以 1994 年外资占有的市场份额（1.25%）为起点，到 1997 年发展

到 3.6%，2000 年发展到 5%，2005 年发展到 8%，在 2010 年之前发展到 10%。在此期间，随时按新的情况不断调整流通领域的外商开放度。

面对来自商业外资发起的挑战，中国商业界必须采取多方面的应对策略，其中最为首要的一条，就是积极主动地挖掘内部潜力。一方面，中国国有商业企业必须狠抓优质服务，强化企业形象宣传，树立企业特色，调整经营的品种结构，牢牢抓住优势名牌产品，采取多种营销手段扩大知名度。1996 年下半年开展的商业服务业"承诺制"，对于杜绝假冒伪劣商品起了很大作用。另一方面，在经营战略上，必须以抢占市场份额为中心，扩大总代理、总经销的比重，提升经营结构。汉商集团电讯分公司曾采取独家买断的形式，在武汉全市实行家电产品最低价，从而拥有了价格竞争中的绝对优势。上海第一百货公司是国内最大的零售企业，1996 年销售总额达 26 亿多元，但它同时也是多个厂家的上海总代理，1996 年批发总额占到销售总额的三成以上。在前期中国商业竞争中，另有一个应当引起人们警醒的现象是，降价促销正在成为竞争的唯一形式，从而造成了一些商业企业销售额与利润增长的不同步问题。

中国商业应对外资进入的另一条对策是，必须树立自强自立、一致对外的信心与信念，向联合、协作、兼并、连锁要效益。重庆百货把发展重点放在城乡接合部和新兴社区，采取合作、独资、租赁等方式，大力开办连锁商场和分店，从而不仅增加了公司业务的覆盖面，而且也使这些分店发展成为重庆百货未来的经济增长点。上海华联商厦下属的超市、北京西单商场与其他公司合办的超市，已经分列 1996 年中国国内最大连锁超市的第 1 名和第 10 名。上海华联超市除了拥有 100 多家分店外，加盟店更是扩展到苏、浙、皖三省，初步实现了公司总部与配送中心的电脑联网。

中国商业企业应对外商进入的第三种策略选择是，顺应国际潮流，实行多元化经营，走出单一经营零售业的"围城"，在其他行业内开拓新的市场、寻求新的发展机会与风险规避方式。在这种思路上，成都商场整体接收了破产后的成都市华胜皮鞋厂，从而实现了商业资本与产业资本的有机结合，在此基础上，又先后投资于两家金融机构，通过资产重组为最终建立成都商场集团提供了前提条件。上海第一百货股份有限公司则建立起了物流中心、销售分公司、广告装潢公司和商业管理咨询公司。汉商集团则把主业所带来的巨大收益投资于饮食业、服装业、摄影以及个人存贷业务等领域。兰州民百在获得了进出口经营权之后，便迅速参与了厦门华辉百货有限公司的投资。显然，新行业应当成为中国大型商业企业新的经济增长点，这可以使企业从过去单一经营向多种经营迈进，从而使自己在市场竞争中形成规模优势。

商业企业应对外商挑战的第四条思路是，积极拓展市场的空间范围。上海第一百货股份有限公司在江阴、吴淞、松江、合肥、西安等地设店；北京城乡贸易中心也在青岛开店；北京王府井百货股份有限公司的广州店也已经开业，甚至正计划在南通、苏州、成都等地设店。这种异地经营，必然会使企业的经营区域扩大，从而带来新的发展机会，正所谓"东方不亮西方亮，黑了南方有北方"。

面对外商进入中国商业领域的现实，并非可以简单地一"堵"了之，改革开放既然是中国的基本国策，那么外商进入流通领域也必然是改革开放的题中应有之义。何况，中国还要争取尽早加入世界贸易组织，必须按国际规则与协议开放包括流通业在内的服务贸易业市场。开放并不等于放任，我们还必须通盘考虑如何运用国际通则与惯例来合理保护国内市场与国内商业。在目前，尤其必须在审批中外合资连锁企业时，严格把握中方投资的控股权，合资期限不能超过30年，而且进出口必须自求平衡，能够带动国产商品的出口。

在国务院批准发布的外商投资产业目录中，商业零售、商业批发、物资供销三类行业，都在允许有条件逐步开放之列，因此外商进入中国商业领域并不存在如何去"堵"的问题，而是如何去主动适应竞争环境的变化，如何把竞争压力转化为改革、创新和发展的动力，以及如何通过各种方式加快民族商业发展和增强自身竞争实力与市场竞争力的问题。因此，中国的商业企业在面对来自外商进入的竞争时，不仅需要国家从宏观政策上采取有效措施加以支持，而且更重要的是必须向竞争对手学习，学习其现代营销观念、先进营销方式和科学管理经验。

这里，有三条应当作为中国商业企业的学习重点：第一，确立经营规模是效益和竞争的基础的观念，尽量、尽快、尽早地实现统一采购配送、按订单组织货源和最佳批量进货等现代经营手法。第二，加重企业经营中的科技含量，大型商业企业尤其需要建立起现代化的计算机管理系统，包括客户管理、配送管理、财务管理、商品计划与价格管理、库存控制、商品管理、员工管理等计算机管理系统，提高企业对市场变化的反应和应变能力。第三，加大企业经营过程中的附加价值，树立"顾客是上帝""服务是天职"的现代经营理念，向消费者提供购物服务的全方位附加价值。

在中国政府推进的商业体制改革进程中，商业领域的对外开放正在进行着突破性的进展，中国合资零售商业试点工作将在地域与业态上加以延伸和拓展：一方面，赋予部分连锁经营商业企业以进出口经营权；另一方面，商业开放也将从试点过渡到正常审批。这，也许会给中国的民族商业提供一个良好的应对外资进入的政策契机！

适应入世形势变化　加快政府职能转变 [*]

中国加入 WTO，我市经济社会发展的总体环境和产业、企业运行的市场环境，都将发生重大变化，从而也对我市政府管理的制度环境提出了新的要求。从总体上看，"入世"既为我市结构调整、激发创新力、提高国际竞争力提供了新的动力，也为重庆积极主动地参与经济全球化、进一步扩大对外开放搭建了平台，更为重要的是，入世还为重庆加快体制改革和政府职能转变提供了一个历史契机。

一、全面把握入世对我市政府管理工作的影响

从政府管理现状来看，中国加入 WTO 之后对重庆的主要影响可以概括为两种层面、三大层次、五个方面。

——制度层面。按照 WTO 规则要求和我国入世承诺以及国家部署，我市必须对现行政府管理方式、调控机制和政策法规等进行全方位的器质性改革和较大范围的制度性调整。

——技术层面。WTO 框架下以关税减让、逐步取消非关税措施和开放服务贸易为主要内容的市场准入，最终都要表现并落实到全国各地，各级地方政府必须根据 WTO 关于政策制定的统一性与透明度原则要求，完全按照中央的统一部署来具体实施。显然，这势必会对我市部分产业和企业产生影响。

在上述两个层面因素影响的交互作用下，我市经济社会发展将不可避免地遇到三大层次的问题，对此，政府必须适时进行职能调整和管理体制改革，以适应入世后的形势需要。

---

[*]　此文系 2001 年底笔者执笔完成的民建重庆市委年度重点课题报告。

（一）体制层次：政策与法规上的不适应

由于长期的计划经济体制和地处内陆的封闭意识，我市现行的政府管理方式和政策手段，在诸多方面还不适应 WTO 规则。其一，企业的市场主体地位没有完全确立起来，相当一部分市级部门和区县的地方保护主义意识比较严重，政府职能定位不清，缺位和越位现象并存。其二，我市现行行政管理体制、方式在许多方面不符合 WTO 规则的要求。经济运行中经常出现一些新情况、新问题，而我们缺乏相应的法律规范和制度保障，经济管理中有法不依、执法不严、违法不究，甚至司法腐败的现象还比较严重。

（二）产业层次：部分产业和企业将面对更加激烈的竞争

重庆的经济发达水平和生产力水平同东部沿海地区相比，甚至同全国平均水平相比，明显处于较低层次，市场经济体制尚不完善，市场体系尚未健全，诸如公共设施和现代服务业等领域的开放程度不高；重庆的产业和企业的国际竞争力与发达国家相比，比较优势领域和范围多局限于劳动密集型和资源密集型的产业和产品，国际竞争的层次仅限于价格手段，在产品质量、营销手段和后续服务方面仍存在不小差距。这些差距的存在，决定了入世之后我市会有相当一部分产业和企业将面对更加激烈的竞争，受到程度不同的冲击。这种竞争和冲击将不只是来自国外，还来自国内尤其是东部沿海地区。

（三）宏观层次：入世并发症将逐渐凸显

在入世应对方面，机遇—挑战的对比状况同一个地区的经济发达水平直接相关。由于重庆地处内陆，市场经济的发达水平相对较低，因而入世可能引发下述五个方面的问题。

1. 就业矛盾日益复杂。加入 WTO 后，在国家西部大开发政策的支持下，重庆的开放领域会进一步扩大，外资的进入会更加方便，从而会创造出一些就业机会。但是，与此同时，随着市场竞争的加剧，作为全国六大老工业基地之一的重庆，部分企业尤其是国有企业的困难程度将进一步加重，造成破产倒闭和下岗、失业人员增加；随着农产品价格直接受到国际市场价格的影响加大，以及国家对农产品进口的不断增加，重庆在实施"大城市带动大农村"战略中将不可避免地会出现低价质优的进口农产品抑制农民收入增长、迫使部分农业劳动力加速转移的情况，而城乡富余劳动力的增加，也必然加剧我市的就业矛盾，加重社会保障负担，增加财政压力，甚至影响社会稳定。

2. 金融竞争压力明显加大。按照中国对外承诺的开放时间表要求，我国必须在入世一年之后开放金融服务业市场。显然，这一方面在宏观上有助于提高我市经济发展中的融资能力、扩大微观经济运行的融资空间，同时将会带来国外先进的管理经验，有利于提高我市现有金融机构的服务水平。但是，不可忽视的是，另一方面也将会随着外资银行、保险公司和证券机构的进入，使我市金融市场的运作趋于复杂，甚至于我市现有国有商业银行和保险公司的市场占有率将会出现一定程度的下降。

3. 贸易投资格局会受一定影响。在入世初期阶段，由于受降低关税和逐步取消非关税措施的影响，我市对外贸易中的进口增长可能快于出口；随着我市改善投资环境力度的不断加大，一些原来准备来渝投资的外国企业，可能会转为直接输入商品，从而导致过去一直作为重庆利用外资主要领域的制造业出现利用外资增长减慢的情况；逐步对外资实行国民待遇，也会使一些中小企业，特别是港澳台企业来渝投资的积极性受到影响。

4. 宏观调控的手段和方式将受到限制。根据 WTO 规则和我国对外承诺，我市相当一部分现行调控手段和政策扶持方式将在中央政府的统一安排下进行调整或废止，这将在一定程度上增加我市调整产业结构和扶持弱势产业发展的难度。比如，对农业的补贴方式、对国有企业的技改资金投放，以及对出口产品和出口支柱产业的扶持方式和对出口企业的奖励政策等，都将会受到世贸规则的约束。

5. 人才竞争不断加剧。当今世界综合国力的竞争，主要体现为科技水平和管理水平的竞争，而最终体现为人才的竞争。入世固然也为我市积极吸引人才、充分发挥人才的作用提供了机遇，但由于我市现有企事业单位大多尚未建立起以市场原则为基础的用人和激励机制，并为其创造良好的工作环境，因而在入世之后的一段时期内可能会出现人才流失现象，尤其是对外经贸等涉外单位的人才格局将会遭遇直接的冲击。

二、正确认识入世后我市在政府管理工作中的差距

作为现代世界主流经济中占主导地位的多边贸易体制，WTO 运作的基本行为指向是促动市场、倡导竞争、抑制政府、鼓励企业。与 WTO 规则相比，

我们的政府行为方式存在着明显的差距，其外在的表现形式是，政府职能转变过程中面对着多方面的主体，面临着多层次的难题，指向着众多的利益群体。从WTO视角考察，总体体制上的转型经济形态，使得我们在管理经济的方式方面仍然存在着明显的过渡经济痕迹，与WTO法律框架体系相比照，政府管理尚存在着诸多不适之处。

（一）法律法规体系差距明显，亟须加大清理力度

面对入世之后的形势变化，我市目前存在的问题是：其一，在政府经济管理工作中，无法可依或法律依据不足的现象相当普遍，法律法规内容含混不清、规定过于笼统、解释空间过大等问题时有存在，执法难、随意性大的现象经常发生；甚至，在某些地方或部门法规中，不同程度地存在着专门法部门化的倾向，而且专门法之间相互矛盾，甚至存在以部门、地方条规否定国家法律的现象。其二，法规和政策的透明度和可预见性较差，普遍存在着政府部门主要以内部文件和规定作为管理依据，政策本身的透明度不高，政策执行程序的透明度更低，而且存在严重的不可预见性，与WTO规则要求相去甚远。其三、法规、政策统一性、稳定性、连续性不够，影响国家履行WTO的最惠国待遇和国民待遇义务。比如一些部门和区县从自身利益出发，制定发布某些法规、政策，缺乏统一协调，导致涉外经贸政策相互矛盾、前后不一；在全国统一大市场和区域市场尚未完全形成的情况下，地区封锁和行业割据时有发生，一个地方一个政策，影响中央政府统一对外履行承诺的能力。其四，法治意识普遍不强。加上领导制度和组织制度方面存在的问题，政府公务员习惯于按红头文件办事，而不重视依据法律行事；只重视对上级负责，不重视对法律负责；甚至宁可违法，也不敢违背领导旨意。同时，不少地方政府负责人法制意识不强的问题也十分突出，对社会生活中的矛盾纠纷热衷于做批示，开协调会，靠长官权威"拍板"、一锤定音，以权代法，以权压法，干预阻挠司法部门公正执法的现象时有发生。

（二）政府管理职能与行政运行机制同WTO规则相去甚远

WTO的自由贸易原则要求成员方的政府不能直接干预企业，但我们在政府管理以及行使行政管理职能、宏观调控职能等方面，似乎除此而外再没有其他更为有效的措施和手段；WTO的国民待遇原则要求无论企业的地域、存在形式、所有制性质如何，都必须能够享受到同等的待遇，但我们对于国有企业一直"抱在怀里"。入世之后，活跃在中国市场上的企业，特别是以往没有享受到公平待遇的民营企业，乃至超国民待遇与低国民待遇兼而有之的外资企业，其反控制能力必将依法获得增强，政府管理的难度肯定会增大，这需要我们的政府具备一套能驾驭市场经济条件下进行宏观调控和市场监管的体制。

（三）以政企分开为核心内容的体制改革需要进一步加快

WTO 并不直接约束企业，因为它首先是一个政府间的多边组织，而不是国际企业联盟或国际集团。所以，WTO 规则之中，绝不允许政府包办企业行为，在整个 WTO 协议中，直接谈及企业的部分也只不过两处而已。但是，入世之后的中国，自上而下，政企不分的现象仍然十分突出，政府还没有完全从企业活动中超脱出来，还是在沿用直接干预企业的做法。一方面，多少年来我们一直在使用财政返还、贴息等办法来扶持国有企业，而不是以国有资本投资、运作的办法，来实现政府行为目标。显然，这种行为方式明显不符合 WTO 的反补贴原则。另一方面，WTO 所允许的、通过市场监管来保护本国或本地产业的手段，我们要么知之不多，要么语焉不详。

（四）审批制度已成经济发展的明显障碍

进入 21 世纪，重庆直辖市进入了新的发展阶段。入世更是使我们开始逐步融入国际经济主流。因此，我们在考虑发展战略与政策思路时，更应根据国内外形势，走出一条有重庆特色的内陆型外向经济发展之路。但是，内部的现实又使我们不得不面对入世后的尴尬，我们一边在高举着优质环境和优惠政策的大旗，一边又在对外商投资企业的设立进行着最为苛刻的审批，而且这种审批不仅设置了相当多的实质性审批条件，甚至有歧视和贸易保护之嫌。

（五）政府作为制度提供者尚有诸多工作要做

入世之后，在以往有过的各种壁垒之中，关税壁垒将逐步退出历史舞台，而代之以发挥越来越重要作用的将是技术壁垒。在这方面，我们尤其缺位严重。在很多领域，我们现行的行业标准制度、环境保护制度、社会中介机构制度、价格管理制度等，与国际通行的制度与要求相去甚远。

（六）政府职能部门相互关系不顺

20 年来的改革开放，尤其是直辖之后，重庆在客观上扩大了作为地方政府的经常管理权限，这为我们制定有自身特色的经济政策提供了体制条件。然而，这也造成了产生诸多问题的根源和契机。比如，一些区县政府往往为了本地利益，或者为图"为官一任，造福一方"的政绩，竞相出台优惠政策，铺摊子、上项目，严重影响了国家以及我市产业政策的统一实施。再比如，在我市各级政府和职能部门之间，单纯局部利益观念突出，对于自身职能权力缺乏明晰的把握，甚至这种局部和部门之间的职能划分经常处于一种缺乏相应法律规范的状态，从而形成了明显的内耗现象：有利益的事，谁都想插手其间，多头管理现象突出；问题当前，则相互推诿，不去主动负责，办事难、成本高、效率低的现象尚未完全杜绝。

（七）政府机构设置不尽科学

政府机构是实现政府职能的载体，政府机构设置与构成的科学性，对于政府充分履行职能、管理好经济社会事务至关重要。在这方面，重庆尚有不小的差距。究其原因，固然存在着传统体制下政府统得过死、揽得过多、管了不该管的事以及观念和意识比较落后等因素，但更为重要的是我们在机构改革中出现了一些根本就无法回避而必须加以解决的问题，诸如机构设置中法律约束不强、主观随意性强、因人设事、战略性考虑不足，等等。最为明显的是，有的区县面对入世之后以开放推改革的形势，在地方机构改革中竟然没有考虑设置对外开放的主管部门，结果形成大多数区县将对外经贸管理部门虚置甚至空位的现象。

（八）公务员队伍不适应入世后的全新形势

以 WTO 框架标准来衡量，我们的公务员队伍大体上存在着以下几个方面的问题：一是普遍素质不高，活力不足。主要是：年龄结构难以适应高效、快捷的形势要求；思想观念上习惯于传统思维、传统手段，缺乏创新精神；知识结构不合理，多数为传统行政官员，大多数人对市场经济、法律等知识知之不深，缺乏外语、计算机知识，尤其是缺乏熟悉国际通行的行政管理运行方式的人才。二是价值取向有失偏颇，"官本位"思想根深蒂固。这种情况在一些区县和部门仍然占据主导地位，这使得公务员普遍缺少参与社会流动的意识，而职位、级别又成为地位的象征、能力的体现，受到竞相追逐，这又反过来成为滋生"跑官、要官""吏治腐败"的土壤。三是没有形成优胜劣汰的机制。公务员的评价机制不科学，没有形成与工作实绩相统一的相应晋级、降级的科学管理机制；公务员的选任机制，没有发挥出竞争的动力和压力，机关人满为患，"官"多"兵"少，后勤人员多、业务人员少，庸人多、能人少的局面长期得不到改变。四是公务员的退出机制，没有形成制度化。普遍只有谋求升迁的动力，而无下岗的压力，崇尚"一业而终"，平平稳稳干到退休。缺乏优胜劣汰的竞争机制，必然使工作效率低下及管理成本高昂。

三、适应入世形势变化、加快政府职能转变的相关建议

面对经济全球化背景下国际竞争日益加剧、世界各国经济关联性越来越明显的现实，为消除入世之后重庆在政府管理工作中的差距，我们必须在政府职能定位和管理体制改革两个方面加大工作力度。否则，正在走向 21 世纪的新重庆将很难适应日渐加速的环境变化，甚至改革开放和直辖的前期成果都有可能由于政府行政行为的调整滞后以及由此而来的各类经济主体的环境不适而丧失殆尽。因此，政府层面上应该全面考虑政府的定位，加快政府职能调整步伐，深化政府管理体制改革。为此，我们建议如下。

（一）入世之后的政府职能定位

WTO 是政府间的组织，其各项规则的产生是各成员方利益妥协和调和的结果，因而其各项规则的执行也要由各成员方的政府承诺和自觉遵守来实现。按照 WTO 规则要求，并结合重庆的政府体制现状，政府职能定位应当主要从以下几方面进行：

1. 强化政府的宏观管理职能，重视宏观外部条件的改善。重庆是中国的六大老工业基地之一，困难国有企业比重大、下岗职工多、再就业难度大，再加上独特的三峡移民、大城市带动大农村等工作，对重庆直辖市的特殊行政管理体制提出了更高的宏观管理要求。因此，在中国加入 WTO 之后，如何探索 WTO 规则要求与直辖市体制的有机契合便成了一个亟须考虑并有效解决的重要问题。在今后 5—10 年内，重庆直辖市政府的宏观管理核心必须包括：健全社会保障制度、深化国有企业改革、理顺政企关系、健全市场体系、重庆库区经济发展和环保问题、促进农村经济的非农产业发展，等等。尤其是社会保障制度的完善必须优先提上议事日程。实际上，我们的国有企业承担了太多的社会责任、太重的历史债务，并由此而影响了企业竞争力的提高，进而又连带性地加大了产业结构调整、库区移民、下岗再就业和城市带动农村发展的难度。

2. 强化政府的市场规则职能，重视纠正市场失灵。WTO 倡导公平贸易、

平等竞争，要求各成员的市场交易和市场管理规则必须一致、公平、透明、稳定。从重庆经济运行的现实情况来看，经济生活中的行政垄断现象仍然很多，地区保护现象屡见不鲜，其结果是，市场价格机制难以正确反映成本和收益，市场信号不准或失真，市场失灵问题十分突出。在这种情况下，企业尤其是国有企业必然会由于市场失灵产生的错误导向而导致经营、投资失误；企业或消费者则仅仅是出于自身的利益而破坏契约关系和市场规则，又引发新一轮的市场失灵。在某种意义上，这种市场失灵现象的普遍化，可能是重庆市在治理发展环境中出现"收费搭车""筑巢引凤，关门拔毛"等问题的主要原因所在。对于这些市场失灵，必须而且只有依靠政府的干预和管理才能得以纠正。因此，在入世之后的政府工作中，重庆必须通过自身行政权威的发挥和职能的履行，制定各种法规和市场规则，规范一切市场主体与市场行为，维护市场契约关系和市场秩序，努力创造良好的竞争环境。

3. 强化政府的公共服务职能，重视组织生产公共产品。在西部大开发与中国入世的双重历史性机遇下，重庆经济的加快发展，必然会对公共产品，如道路、机场、水电等物质基础设施及其他公共事业、公益事业、保障体系提出更高的需求。但是，由于公共产品投资成本大，建设时间长，收益回报周期长，有些甚至根本就没有直接收益，中小企业及社会投资者一般难以参与，如果单纯依靠市场调节，就很难达到供给与需求的平衡，只能是由政府通过财政、金融、产业政策等政府行为和公共政策手段支持或补贴公共项目建设，尤其是对以全社会公共利益为目的的项目，政府应责无旁贷地全面参与或直接经营；对以赢利为目的的公共项目，政府应在定价、市场准入等方面适当予以干预和监督，保证其为社会提供更好的服务。

4. 强化政府的营造市场环境职能，重视保护公平竞争。WTO 要求各成员方在全国统一的市场基础上实施对外经贸政策，倡导进入市场的企业应一视同仁，公开交易、公平竞争。创造全国统一、开放、有序、公平的市场环境，各级地方政府担负着十分重要的责任，因为中国入世过程中的中央政府对外承诺的兑现，最终都要通过在全国各地的统一实施来保证，没有地方政府对地方法规的清理以及与国家法律法规的衔接，中国的入世承诺和 WTO 规则的国内法律化就会大打折扣。从重庆的实际情况出发，面对入世，政府要通过加强市场的建设和制度管理，把对内开放和对外开放结合起来，把对外贸易、利用外资与产业结构调整结合起来，把西部大开发战略与"走出去"战略结合起来，消除狭隘的盆地意识和码头意识，打破经济发展和社会生活狭小、分割和封闭的障碍，使市场主体获得法律上和经济负担上的平等地位，都能机会均等地在市场上获得生产要素，并努力推动一切经济活动都进入到全国乃至全世界的大市场中去，促使长江上游的区域市场在统一的基础上与国际市场融合为一体。

（二）入世之后的管理体制改革

面对入世背景，政府行为方式的调整不能简单地停留在职能定位上，尤其不能仅仅是在组织内部进行简单的职能分解和权力收放，更为重要的是应当按照 WTO 规则来规范政府职能，重新审视政府职能范围，根据重庆经济和社会发展的需要，实施相关职能的转移或输出、收缩或增加，有取有舍、有强有弱、有进有退地进行机构整合、调整行政权力，从运转层次上深化管理体制改革。

1. 调整政府管理方式。在 WTO 框架下对地方政府的管理体制进行改革，核心是基于克服市场缺陷的需要所应当采取的必要的政府干预，积极调控经济活动。具体来说，管理体制改革应当注意政府三种作用的充分发挥。

（1）战略导向作用。加入 WTO 后，随着我市与世界各国经济交往的增多，经济发展的外向度将会不断提高，政府必须在管理体制的设计上考虑到战略导向作用的发挥。一是要围绕地区经济总量平衡和经济整体素质的提高，制定和实施以中长期发展战略为主的指导性计划体系，引导经济发展方向；二是要依靠产业政策来引导和调控产业发展方向，通过调整产业目标，形成合理的产业结构，推动经济社会协调、健康发展。

（2）协调平衡作用。其一，针对我市农村人口众多、地域辽阔、三大经济圈之间发展不平衡的实际，采取诸如转移支付等政策，支持、帮助落后地区经济发展，逐步缩小区域差距；其二，依靠收入分配和税收政策调节国民收入分配，在保证效率的前提下兼顾公平，防止个人收入差距过分悬殊，走向两极分化。这关系到社会大众对政府的信任度，关系到社会稳定，必须切实加以重视。

（3）适当保护作用。在一定时期内适当保护国内经济，是 WTO 对发展中国家优惠条款所允许的。入世后，国家的整体利益是由中央政府来代表和维护的，地方政府则要善于在与 WTO 规则相适应的前提下，执行和落实国家所制定的保护民族经济的有效政策。通过合理政策引导，帮助企业规避市场风险。就我市目前的弱质产业和弱势领域的分布情况来看，政府一方面要加大对生产者、消费者的保护，比如按国际惯例对农业产业给予扶持、保护知识产权、查处假冒伪劣、维护市场秩序、保护公平竞争等；另一方面还要解决好社会公正问题，如失业、养老、工伤事故、医疗保健、扶贫助弱等社会问题。政府要从全社会整体利益出发，对各利益群体的收入和财产再分配加以调节，建立健全社会保障体系，保证社会稳定协调发展。

2. 梳理政府管理内容。在计划经济条件下，政府集管理者、经营者、所有者于一身，政府的多重角色造成了经济运行缺乏活力，同时，政府调整社会秩序机制的作用也受到很大限制。加入 WTO 后，我市在建立社会主义市场经济体制方面必须加快进程，政府权力支配社会的格局必须进行重大调整，在市场成为资源的配置主体的前提下，政府微观管理职能必须从经济生活中退出。但由于受传统思想的影响和局部利益的驱动，目前我市在管理体制中的这种退出并未完全到位，并成为入世之后提高经济市场化程度的巨大阻碍。因此，在管理体制改革中进一步弱化政府微观管理职能已是我市的当务之急。一方面，要弱化政府对资源的控制职能，从根本上改变由政府统一计划、配置人财物的权力模式，将这种权力切实交还给市场。对于政府在微观经济中的一些审批权、核准权、管理权、制约权也应取消，使政府权力从"无限"变为"有限"。另一方面，要弱化政府对微观经济的干预职能。在市场经济条件下，只有在市场失灵的领域，政府的干预才是合理的。政府要转变直接参与微观经济活动的做法，还企业以自主经营权，实现所有权与经营权的分离，使企业成为独立的市场主体，自主依据市场信息进行自我调整。对于政府行使所有权的国有企业，应本着"有进有退""有所为有所不为"的方针，对绝大多数中小国有企业和一般竞争性领域的国有企业，通过产权制度改革，退出国有序列，使政府从这些企业所有者的位置上彻底退出来。对于部分国有资产控股的股份制大企业，也可以考虑通过股权配置多样化和减持国有股份，从所有权关系上规范政府与企业的关系，真正使政府从绝大多数微观经济管理领域中退出来，使政府由原来的控制者、参与者、操纵者，转变为指导者（政策指导）、监督者（确保国有资产保值增值）、服务者（为企业提供协调和社会服务），切实做到政企分开。

3. 分化社会管理层次。入世之后，重庆还必须加快进行政府与社会的分化，这是加速从传统社会向现代社会发展的必然趋势。在政府与社会个体（个人、家庭、社会组织和企业）之间建立一个宽厚的社会自我管理层，是实现"小政府"的客观社会基础。重庆目前的现实状况是，政府对社会事务什么都管，社会个体的什么事情都来找政府办，政府成了唯一的治理者。随着经济发展水平的逐步提高和外向联系的日益扩大，现代社会日益呈现出复杂性、多元性和动态性的特征，无论政府的主观愿望多么好，都会受到自身治理能力的限制，不可能把社会所有的事都管好。这就需要政府大胆地向社会组织分权，将政府所承担的技术性、服务性、协调性工作，诸如会计事务、审计事务、法律事务、资产评估、房地产评估、物业管理、行业管理、社区自治管理等，从政府职能中分离出去，交给社会中介组织、社会公共服务组织和社会自治组织。

4. 重塑公民信用体系。入世之后，政府的一项重要工作是按照WTO的要求，在社会经济生活中强化权利与义务的统一。为此，公民信用必须按照法制社会的共同要求加以提升。在市场更为开放、竞争更趋激烈的环境下，只有人与人之间、企业与消费者之间建立起充分的信用关系，WTO规则实施和我们对外承诺的兑现才具有可靠的基础。在目前我市推进的发展环境综合整治行动中，我们还必须把加强公民的信用教育作为一项重要内容。强化信用意识必须成为精神文明的一项基础工程，诚实守信和良好的信用观念必须成为社会成员向往和追求的崇高的社会美德。构筑信用大厦，最重要的是要认真实施依法治国、以德治国战略。诚信既是我国传统的道德观念，也是我国法律规定的一项基本原则。解除"信用危机"，道德约束与法律约束要双管齐下，尽快建立社会化、法制化的信用诚信制度。对于我们全体国民来说，就是要诚实笃信，出台的政策要兑现，说过的话要算数。

总而言之，中国加入WTO，为重庆市经济社会发展带来了机遇，同时使改革开放尤其是政府管理体制面临着新的挑战。只有认真研究，积极应对，切实转变政府职能，才能提高政府层面应对WTO的水平，才能不断增强重庆融入世界经济的政府组织与管理能力，从而在新的形势下推动重庆参与西部大开发战略的有效实施。

探索中国—东盟自由贸易区次区域合作机制[*]

中国与东盟山水相连、文化相通，具有历史悠久的传统友谊，是国际事务中具有多领域共同利益的合作伙伴。20 世纪 90 年代初，中国与东盟之间按照"相互尊重、平等互信、互惠互利、合作共赢"的原则，开始了各个领域的对话与合作并取得了令世人瞩目的重大成就。中国—东盟经贸关系的全面发展，为中国—东盟自由贸易区的推进奠定了重要基础，也为中国与东盟各国的共同发展提供了强大动力。

按照加强中国—东盟经贸合作的五点建议，"稳步推进次区域开发合作"，需要鼓励中国企业参与各类次区域合作计划，积极探讨大湄公河和泛北部湾经济合作的可行性，使次区域经济合作成为中国与东盟经贸合作的新亮点。进一步加强次区域经济合作，必须有公开、开放、透明的政策体制环境和政府的积极引导，在跨境运输、贸易投资便利化以及增进经济层面的互补性方面，与中国—东盟自由贸易区建设形成真正的互动，为商品流通、资本融通和人员流动创造良好的环境。

一、CAFTA 框架下的次区域合作：重庆的比较优势定位

东盟是中国的近邻，也是中国在亚洲的重要合作伙伴。1995 年以来，中国与东盟之间的双边贸易额年均增长速度超过 15%。2006 年更是历史性地超过 1600 亿美元，比上年增长 23.3%，中国对东盟的贸易比重占到 9.1%。尤其是到今年上半年，中国与东盟已经互为对方第四大贸易伙伴。

重庆是中国六大老工业基地之一，是西南地区重要的工商业城市，也是西

---

* 本文根据 2008 年 7 月在第三届中国—东盟高层法律合作与发展论坛上的演讲稿删节整理。

部地区唯一的直辖市，在重化工、机械制造、轻工、建材、纺织、食品工业等领域具有明显优势，在中国—东盟自由贸易区建设中具有与东盟各国加强合作的产业互补基础。

重庆一直以来与东盟国家有着良好的经贸合作关系。重庆与东盟国家在产业结构、资源禀赋等方面各具特色，合作潜力巨大。一方面，重庆的工业产品，特别是机床、客车、农机、化工原料、建材、电子产品等在东盟国家有极大需求；另一方面，东盟地区也以其丰富的天然橡胶、矿产、木材等资源性产品，成为重庆企业主要原材料购买地。随着降税计划的实施，重庆企业与东盟商界的合作将更加全面和深入。

双边贸易领域。2006 年，重庆对东盟国家的进出口总额达到 5.6 亿美元，增长近 40%，占全市对外贸易总额的比重为 10.2%，东盟已经成为重庆最大的贸易伙伴。在贸易结构上，重庆的比较优势产品主要是机械、冶金和食品等，东盟国家的比较优势产品主要是橡胶、乙烯、沥青等化工产品和以热带水果为主的农产品。但是，我们必须关注的是，在重庆与东盟贸易的国别结构上，重庆的出口方向主要是越南、印度尼西亚、泰国、新加坡、缅甸和菲律宾，其比重超过 86%；重庆的进口来源方向则主要是泰国、马来西亚、新加坡，其比重超过 93%。

相互投资领域。截至 2007 年 7 月底，东盟各国在重庆的直接投资企业有283 家，合同外资近 5.8 亿美元，实际到位资金超过 2 亿美元。东盟外商直接投资主要领域为房地产、汽车摩托车零部件制造、餐饮、软件、法律服务、旅游以及百货零售行业。同时，重庆对东盟直接投资在 2000—2006 年为 7700 万美元，尤其是 2006 年对东盟投资占重庆对外直接投资的比重已经超过 45%。重庆对东盟投资的主要产业为机械制造、农业与矿产资源开发、农畜产品加工和贸易服务，主要投资对象国为越南、老挝、印度尼西亚、柬埔寨和马来西亚，占重庆对东盟直接投资的比重超过 97%。

服务贸易领域。2000—2006 年，重庆在东盟开展工程承包业务营业额近 2亿美元，其中，2006 年重庆在东盟开展的工程承包营业额占总营业额的 35%。到 2007 年 7 月份，这一比重更是提高到了 39%。重庆对东盟的工程合作方面的主要领域为房屋建筑和道路，主要合作对象国为马来西亚、新加坡、印度尼西亚和越南。2000—2006 年重庆共计向东盟国家外派劳务人员 4400 多人次，2006 年外派东盟劳务比重已经占 23%，劳务合作的主要领域则是渔工、缝纫工、建筑工和酒店服务员，主要合作对象为新加坡、马来西亚、柬埔寨和越南。

随着东盟各国经济的高速增长，特别是东盟正处于吸引外资的高峰期，各国普遍放宽准入政策，注意加强投资促进工作，并纷纷出台投资优惠政策和鼓励措施以改善国内投资环境。比如优惠税收政策、对外企组成形式及外资股份和劳工比例的规定、鼓励或限制投资的领域以及外资机构的国土使用权等，这些无疑会有利于重庆与东盟之间的投资贸易合作，有利于重庆根据实际情况参与更为有效的次区域经济合作。

就实质内容而言，重庆参与 CAFTA 次区域合作由来已久。2003 年重庆与云南瑞丽市达成了"大通关协作机制"，瑞丽市承诺将为经瑞丽入缅甸和老挝等地的重庆产品提供快速通道，减免原有的查验程序。2006 年，重庆积极呼应"泛北部湾区域合作"，与广西签订了经贸合作协议书，两区市在产业、资源、现代流通业、贸易、产权等五大方面开展合作，推动工业经济发展。2007 年 6 月，重庆又与广西签订了合作备忘录，成为中国—东盟博览会在中西部地区的第一个特别合作伙伴，为重庆与东盟的经贸往来和探索次区域合作方式创造了有利条件。而筹建中的重庆—越南高速铁路，也将会让重庆与东盟国家之间的联系越来越紧密。

上述可见，重庆与东盟国家具有非常深厚的经贸合作基础，在许多领域内具有长期的互补合作空间，应当作为各类次区域合作的坚强同盟，探索建立次区域合作机制，发挥协同作用，推进中国—东盟自由贸易区循序渐进发展。

二、CAFTA 框架下的次区域合作：重庆参与的模式选择与法理路径

（一）次区域合作中重庆的位置与参与方式

最近，在中国及部分东盟国家的政界与学界，提出了可以在更大的范围整合资源的"一轴两翼"合作新模式。其内容是：在地理布局上，"一轴两翼"新格局由南宁—新加坡经济走廊一个中轴和泛北部湾区域合作、大湄公河次

区域合作两个板块组成。"一轴两翼"合作新格局也许可以在探索的意义上为CAFTA 提供更大的发展空间。但是，在现代区域合作已经完全可以超越地理位置因素的形势下，真正形成次区域内部经济层面上的互补，在很大程度上要对次区域进行分类和拓展。在目前情况下，尤其需要以经济互补与产业配套能力为标准，在次区域的空间区划上考虑功能拓展，并在次区域的核心区之外延伸形成协同区。所以，无论是泛北部湾区域合作还是大湄公河次区域合作，都必须充分考虑产业布局与经济互补性因素，否则将会降低次区域的合作效果。

1. 构造"泛北部湾区域合作"时，必须包括核心区与协同区两类。在地理上，将会涵盖中国、越南、新加坡、马来西亚、菲律宾、文莱、印度尼西亚七国，主要是在环北部湾区域围绕资源开发、产业协作等领域开展合作交流。在中国方面，地理区域上的核心区以广西和海南为参与前沿主体，以昆明、成都、重庆、广州四大中心城市为协同区外围线，依托良好的产业基础和服务业优势，形成与次区域内东盟相关国家的经济互补。在近期，泛北部湾次区域中国方面核心区与协同区内的省区地方政府，要形成与次区域内东盟关联国家的互动，形成中国—东盟自由贸易区框架下"泛北部湾次区域"合作机制，在先行探索的基础上为 CAFTA 的推进注入新元素。

2. 推动大湄公河次区域合作时，必须同时考虑区域延伸。在中国方面参与的地方政府作用发挥上，应当"西联东引、两头延伸、强化核心、扩大协同"，即在现有基础上，以云南为重点，联合中国西部省份、吸引东部省份，积极参与次区域经济合作；次区域内部形成核心区与延伸区，向中国内陆省区市延伸，向次区域以外的其他东盟国家延伸，最终实现整个区域的可持续发展和社会进步；确立云南省在次区域合作中的核心作用，加大政策支持力度；正视大湄公河次区域所面对的多数成员方为不发达国家的现实，强化次区域经济合作的开放式机制，扩大次区域的外围协同空间。重庆市虽然不是东盟国家的中国边境省份，但与东盟之间有着产业结构方面的强大互补性，既是中国传统意义上的六大老工业基地之一，也是中国正在构造中的西部地区重要增长极和长江上游的经济中心，还是中央赋予城乡统筹功能的直辖市。在空间位置上，中国西南地区一直是 CAFTA 构建中的大后方。在中国的国家区域发展战略中，重庆是中国西南大通道建设中重要的枢纽和物流中心。因此，在任何 CAFTA 框架下的次区域合作中，重庆都具有成为中国参与方核心区的协同支撑作用，是次区域协同区重点城市的最佳选择。如果说云南省是中国参与GMS 建设的主体，那么，包括重庆在内的西南五省区市势必应当成为这一次区域建设的外围支撑。在设计建设项目、制度安排以及合作方式时，应建立定期通报制度和重大问题的协商机制。

（二）重庆参与中国—东盟次区域合作建设的政策与法律问题

1. 重庆参与次区域合作的适应性调整

在区分并设立次区域的合作核心区与合作协同区的前提下，重庆如何发挥自身作为协同区之一而对次区域经济合作的支撑作用，是一个具有创新意义的问题。对于在中国—东盟自由贸易区框架下参与协同区建设的重庆地方政府而言，必须建立一整套与 CAFTA 运行机制相配套的贸易、投资以及经济技术合作政策体系，其核心点包括：制定专门的针对次区域各方的投资贸易便利化政策，扩大货物贸易的绿色通道建设，推进检验检疫的认可，逐步实现口岸信息共享，进一步建立健全银行间结算机制，推进一站式通关；率先在次区域范围内简化出入境手续，促进次区域各方在人员、货物、资本流动等方面的便捷通畅；扩大面向次区域的鼓励范围，提供地区性补贴优惠、便利资本和利润的自由汇出、土地和能源供应的优惠以及其他税收优惠；等等。上述问题的解决，当然需要建立国家间的双边和多边协调与执行机制，但是在地方层面上，重庆还需要建立健全地方多层级的合作执行机制，以适应针对区域内投资和贸易共同问题而进行的经常性磋商，推动双边和多边贸易投资协定的具体执行。

2. 重庆参与次区域合作的协同性地方立法

中国—东盟自由贸易区框架下的次区域合作，属于正常状态下的投资贸易安排。在引入协同区的前提下，这种安排还需要以各省区地方立法的形式予以体现，加之，中国—东盟自由贸易区框架下的次区域合作，在现行的制度安排中有很多领域存在着盲点和空白，需要以法律形式加以明确与规范。

在中国的法制建设过程中，立法权限有中央立法与地方立法之分，也有国家权力机关立法与国家行政机关立法之别。地方立法的作用在于适应地方实际情况和社会发展变化，具有相对独立性，在市场经济建设以及改革开放中，当国家立法对某些经济社会关系的调整处于空白和缺位状态时，地方立法可以发挥先行一步的试验作用而加以填补。在这种意义上，重庆在介入各类次区域合作面对区域性贸易安排时，可以做如下考虑：其一，充分利用 WTO 关于边境贸易区例外安排规则，联合边境省区适当界定边境贸易区的形式与范围，制定与之相适应的法律法规。其二，适当提前入世承诺时间表，主动对区域内优惠给予特别安排。其三，加快对外经贸体制改革，扩大对外开放先行先试的积极作用。其四，争取国家对次区域内特定核心区和协同区的授权，赋予其与区内功能承载相对称的、探索构建区域贸易安排法律体系的权利。

3. 次区域贸易安排法律化的实现路径

中国—东盟自由贸易区次区域贸易安排的法律化，应当遵循"公开、开放、透明"的原则进行制度设计。在经济全球化与区域一体化两大趋势并行发展的情况下，次区域贸易安排的法律化，实质上就是以 WTO 规则、中国—东盟自由贸易区协定和次区域协定为框架，以地方立法和地方局部协议为补充，三个层级相辅相成、互联互动，融为有机体系。在这种意义上，次区域贸易安排的法律的路径应当是：遵循 WTO 规则和次区域各国国内法原则，参照国际惯例和交易习惯，坚持相互平等、相互尊重、协商一致、灵活务实的合作原则，制定和订立落实、细化、丰富、完善次区域贸易安排的，推进贸易投资便利化的地方立法及地方局部协议的法律。

重庆作为 CAFTA 次区域合作的协同区组成部分，考虑实现和推进次区域贸易安排法律化的方式，可以是整体式的，也可以是局部式的，可以通过一些边缘法律的创新，使某些维护基本权利和自由的法律先行得以执行，逐步实现从边缘到核心的突破。协同区实现较低层次的次区域贸易安排法律化，是建设 CAFTA 进程中各种现实条件约束下的最佳选择，是从局部的、边缘的、民间的、非正式的方式逐步向整体的、核心的、官方的、正式的方式过渡的最佳方案。显然，这种次区域贸易安排法律化，在包括重庆在内的协同区内，内容上应当涵盖参与次区域合作协同事务的省级地方立法、省级政府与次区域各国的协议、省级政府与次区域各国地方政府的协议、行业协会等民间组织的协议等。在次区域贸易安排法律化的过程中，要特别注意贯彻和体现次区域合作的原则，即"相互平等、相互尊重、协商一致、灵活务实"。

然而，绝不可忽视这样一种现实，即上述种种针对重庆参与次区域合作的机制法律化构想，都面临着一个共同的前提，这就是，重庆必须能够成为 CAFTA 框架下各类次区域合作的协同区主体，必须具备法定参与 CAFTA 次区域合作事务的基本权利。

海外农业园区的重庆探索与思考 *

重庆直辖后，面临着三峡移民就业的难题，农民的知识素质状况决定了重庆必须探索农业"走出去"以解决库区移民就业问题。1999 年，重庆市委主要领导曾亲赴非洲莫桑比克，考察重庆到非洲租地建立海外农场的可行性。部分农业科研机构也主动探索利用技术优势海外推广良种的有效形式，在东南亚、非洲等地建立了良种培育基地。2004 年，重庆在老挝投资合作建立了农业综合园区，形成第一个国家级的海外农业园区。2007 年，重庆又承担了中国坦桑尼亚合作农业技术示范中心的建设项目。

总体而言，在土地资源有限、农业技术优势明显、国际粮食供求紧张加剧的形势下，建立海外农业园区应当成为我国的国家战略，积极而有力地支持农业企业"走出去"，开展农业领域的投资合作。

一、重庆（老挝）农业综合园区的探索历程

2004 年 3 月，在国家领导人出访老挝期间，重庆市政府与万象市政府签署了《中国重庆（老挝）农业综合园区合作备忘录》。协议明确，重庆市将充分发挥在农业技术、种子、肥料、农业机具等方面的优势，利用万象市丰富的农业土地资源，在老挝万象市建立"中国重庆（老挝）农业综合园区"，主要实施水稻、蔬菜、水果种植，优良品种试验与推广，畜牧、农副产品加工，栽桑养蚕，农业机具加工装配等项目。当年底，第一批 4 家重庆农业企业完成了海外投资注册手续，总投资 465 万元，主要从事水稻、蔬菜种植，43 公顷试验田试种效果良好。2005 年 5 月，杂交水稻 Q 优 1、2、5、6 号品种平均单产

---

* 此文为 2008 年 9 月提供给新华社内参的背景材料。

超过 500 公斤 / 亩，比当地水稻产量高出 1 倍多。为此老挝方面也极为重视这一项目的实质性进展。6 月初，老挝国家副主席和万象市副市长分别率团访问重庆，就双方深化农业和其他领域的合作达成了多方面共识，签署了《关于加快中国重庆（老挝）农业综合园区建设进程的谅解备忘录》。9 月份，为全面落实国务院领导"重庆市一定要把这个农业合作项目操作好"的指示精神，双方在考察协商的基础上再次签署了《关于采取灵活合作方式，务实推进园区相关工作的谅解备忘录》，至此，园区工作进入实质性建设阶段。2005 年 10 月，规划小组进入老挝，开展园区勘察和总体规划的编制。按照双方总体规划，园区建设分三期进行：第一期项目计划于 2006 年底完成，包括两个核心示范区 250 公顷的农业开发、配套设施建设以及两个技术培训中心建设；第二期项目计划于 2008 年底完成，包括 3000 公顷的农业技术推广区的项目开发；第三期项目计划于 2009 年完成，包括 1750 公顷的农业辐射区用地建设。

国家相关部门领导对于中国重庆（老挝）农业综合园区的总体进展非常关注，确定了"以企业自主投资为主，中央政府支持与地方政府支持相结合，投资机制与援助机制相结合，融投资与援助为一体开展海外农业合作项目"的总体方向。园区的相关工作以此为原则进行了前期准备，中老双方在备忘录中也约定，园区内的公共基础设施（包括水渠、道路、仓库、培训大楼、园区管委会大楼）以中国对老挝经济援助的方式加以解决。由于我国的援助机制如何与投资机制相结合仍属一种理论思路，在实际操作过程中遇到了国内和国外两个方面的诸多问题，一是国内涉外相关职能部门对于投资与援助的结合认识不尽一致，二是老挝方面因为中国中央政府无意在原定对老经援项目之外新增农业无偿援助，反对把园区项目列为中国经援项目清单。老挝农业园区合作项目从此开始，进入了长达两年多的半停滞状态。在此期间，重庆市曾十余次向国家主管部门汇报情况，希望能够从国家战略的高度支持重庆（老挝）农业园区的海外发展，尽快落实原定的国家重点支持政策，解决园区公共基础设施建设问题。

鉴于老挝农业园区受政府约束而进展不利的实际情况，重庆市从今年开始调整思路，从企业投资与对外援助相结合调整为"企业自主选择投资方向，政府创造便利条件"。由于国际油价长期居高不下、国内能源紧张加剧的宏观背景，有些企业对于到海外种植小油桐作为生物柴油原料的农业项目感兴趣，

2008 年 5 月，重庆市政府代表团经过与老挝国家农林部和万象市农林厅的磋商，双方确定采取"一区多园"的模式，在万象市及其他省份开展经济作物的种植合作，待中国对老挝经援农业合作项目条件成熟后，再行恢复启动原定农业合作项目。

二、建立海外农业园区的战略意义

发展开放型农业，拓展地理空间，参与更大范围、更宽领域、更高层次的国际竞争与合作，是我国发展现代农业的必由之路，探索建立海外农业园区是有效缓解我国农业土地资源有限、保证我国粮食安全的必然选择。

（一）建立海外农业园区有利于缓解我国粮食需求不断增长与农业资源相对不足的矛盾

我国目前耕地面积仅为 18 亿亩，只占世界耕地面积的 7%，在工业化速度不断加快的形势下，土地资源不足正在成为中国农业和国民经济发展不可忽视的问题。显然，我国受耕地、水等自然资源的约束，土地密集型粮食产品生产并不具有竞争优势，在国际市场环境进一步开放、国内市场与国际市场一体化程度不断提高的情况下，进口规模必然会越来越大，而且波动性也会不断增强，中国粮食贸易近年的发展已经表现出了这一特征。

近年来，我国粮食贸易表现出进出口规模大、年际波动显著两大特点：一是历年的进口和出口都保持一定规模。2004 年中国粮食进口 22.1 亿美元，占中国农产品进口总额 279.7 亿美元的 7.9%；出口 7.4 亿美元，占中国农产品出口总额 230.9 亿美元的 3.2%。二是中国粮食进出口的年际波动非常大。1981—1997 年的 17 年间，中国有 11 年为粮食净出口，6 年为净进口。1997 年中国粮食获得大丰收，粮食进出口在 1998 年和 1999 年维持基本平衡状态，但 2000 年和 2001 年的粮食贸易又分别表现为净出口和净进口，入世后在经过 2002 年和 2003 年连续两年的净出口后，2004 年的进口又急剧增加，当年的贸易逆差额达到 14.7 亿美元。2007 年中国农产品进出口虽然出现了双增长，但进口增幅大于出口增幅，农产品贸易逆差迅速扩大。2007 年中国农产品进口额为410.9 亿美元，同比增长 28.1%。农产品贸易逆差达 40.8 亿美元，同比增长 5.1倍。这就要求中国必须采取积极措施，在妥善应对粮食产品进口增加的同时，积极探索建立海外农业园区，保证稳定的粮食来源基地。

（二）建立海外农业园区有利于我国在发展开放型经济条件下充分利用好"两个市场、两种资源"

建立海外农业园区有利于缓解我国土地、水资源和生态环境方面的压力，保证农业长期可持续发展。但是，考虑到粮食产品对国家粮食安全的重要意义，所以，应当选择与我国外交关系好、土地资源丰富、气候条件适宜、运输难度较小的国家，开展农业项目合作。

按照老挝农业园区的规划，此项目开展之后，经济效益、社会效益和生态效益十分突出。项目涉及农业产业化链条的诸多环节，据测算，建成后规模为5000公顷，年产水稻8万吨，按现行大米销售价计（350美元/吨），预计销售收入2800万美元，其中约有1/3返销国内。同时，项目建成后，可带动1万名农村劳动力海外就业，有效解决重庆三峡库区移民农村劳动力的出路问题。把建立海外农业园区提升为国家战略，一方面可以充分显示中国政府对所在国农业经济建设的大力支持和帮助，把中国先进的农业生产技术传到发展中国家，带动当地农业经济的发展，体现中国对发展中国家的支持；另一方面又有利于重庆市农业企业的产业化发展，有利于扩大重庆农产品进出口贸易，推进社会、经济持续健康发展。老挝农业合作项目在建设过程和生产运营中，严格按照养殖、种植、加工规范生产，按照国家生产绿色食品的规定使用化肥、农药，做到真正的无公害，及时回收废弃包装物、加工边料，杜绝或降低人为污染程度。项目在发展的同时可绿化园区，增加绿地覆盖率，净化空气，减少水土流失，改变无序种植导致的污染状况。由此这个项目不但对环境没有影响，而且还会对环境起到保护作用，是老挝政府为迎接其建国450周年而强力关注的示范项目。

由此可见，建立海外农业园区有利于实现政府、企业、农民和所在国当地政府和农民的多方共赢，是在经济全球化背景下建设和谐世界的重要途径。

（三）建立海外农业园区有利于配合国家外交全局战略，实现国际政治目标

建立海外农业园区既是我国农业企业通过对外投资实现商业和经济目标的需要，也是我国粮食安全战略的重要组成部分，应当在国家外交战略中发挥重要作用。我国是一个发展中大国，随着综合国力的不断提升，与发展中国家的经贸往来日益频繁，利益矛盾时有发生，必须通过经济层面的无偿援助和外交战略的有机结合来缓和潜在的矛盾。许多发展中国家粮食供求问题严重，在中国已经解决了自身的温饱之后，许多发展中国家希望中国能够输出农业技术和资金，帮助解决粮食生产问题。在政治局势稳定、社会秩序较好、投资环境较优、合作愿望较强的发展中国家，建立海外农业园区，无疑有利于我国在多极化趋势日益明显的国际政治格局中实际既定的外交战略目标。

（四）建立海外农业园区有利于全面提升我国农业国际竞争水平，加速农业产业化进程

农业"走出去"战略能否长久顺利实施，客观上要求我国农业在国际竞争中逐步具备较高的水平和能力，不仅包括政府服务能力，也包括市场主体（农业企业公司等）经营能力。建立海外农业园区，可以加速我国农业的产业化和国际化进程，通过深入参与国际农业合作与竞争，学习和吸收先进的管理理念和技术，全面提升我国农业的国际竞争力水平。

（五）建立海外农业园区有利于增加国家、企业和农民的收入，促进国内城乡统筹发展和新农村建设

建立海外农业园区不仅可以实现国家的政治目标，也可以通过带动农产品出口、劳务输出以及企业对外投资，提高农业企业和农民的收入，解决城乡统筹中的"三农"问题。从重庆市现有的农业领域外派劳务情况来看，农业工人在国外务工收入月均在 3000 元人民币以上，高于国内农民工收入一倍以上，而且很多农民参加海外农业务工之后，返乡创业，成为当地科技型农业的"能人"和"领头羊"。

三、建立海外农业园区的政策障碍

建立海外农业园区是实施农业"走出去"战略的重要方式，必须从国家战略的高度加以重视。但目前我国在宏观指导、法律保护、金融支持、财政扶持、税收优惠等方面还存在着政策障碍，急需进一步采取措施加以克服。

（一）宏观指导体系没有建立

包括三个层次：一是没有制订科学合理的"走出去"战略规划。包括国别投资规划、产业投资规划、重点产品投资规划和不同农产品进口的预警系统，以及中国农业企业投资和农产品出口预警系统的临界指标，难以对农业"走出去"统筹规划。二是对"走出去"企业缺乏监督管理。从目前各地登记在册的农业境外投资企业来看，各级政府的农业主管部门大多无意参与国外农业投资项目，更谈不上主动追踪指导服务，企业的经营状况、变更情况、是否倒闭等情况无人知晓，更谈不上帮助指导。三是对劳务输出管理服务不到位。劳务输出应当是我国农业园区的重点内容之一，不仅可以转移过剩劳动力，还可以增加农民收入。但目前对劳务输出还缺乏完善的管理和服务，表现在针对海外劳工的法律法规不完善，缺乏规范外劳招聘、管理的法律法规，使得一部分不具备资质的单位或个人违规从事外经劳务市场，扰乱了劳务输出秩序；缺少完善的咨询服务机构以提供就业信息、海外经济状况、海外劳工的权益保障状况等。

（二）法律体系不健全

我国有关农业"走出去"的法律法规体系中，很多都是改革开放初期制定的，已明显不适应当前市场经济体制的要求和我国农业"走出去"战略的需要，急需对其进行修改、补充和完善。如促进农业"走出去"的信用担保制度、海外农业直接投资法律制度、保险制度、农业合作项目促进基金法以及农业"走出去"的法律援助制度等。同时对农业技术转让、物种资源保护等规定不严格，很容易发生核心技术秘密泄露和特有物种资源流失的情况。

（三）缺乏体系化的农业对外投资政策支持

农业领域的海外投资合作项目往往要面临和承受较多的风险和压力，前期市场开发成本较高。比如，农作物种子的合作开发，要经历多个季节的试种，要投入大量的资金和人力；农业基础设施建设需要前期投入较大，回收期较长。显然，如果没有财政支持，一般企业很难有能力去开发国际农业市场。但是，目前我国在财政、金融、税收、保险等方面还没有完善的、体系化的支持政策，不利于海外农业园区的建立和发展。

（四）企业融资困难，资金严重不足

资金缺乏、规模小、竞争力低是我国农业"走出去"企业面临的最普遍问题。据有关统计，发达国家企业单项对外投资规模平均金额为600万美元，发展中国家平均450万美元，我国平均只有220万美元，而我国农业投资项目平均只有几十万美元。由于企业规模普遍偏小，境外融资能力极弱，而国内贷款由于银行抵押担保条件限制和一些历史性原因很难获得。资金不足严重制约了农业"走出去"企业的发展，使其往往停留在小打小闹的地步，竞争力、信誉度，产品质量、品牌都难以取得大的提升。

（五）缺乏完善的政策保险制度

建立海外农业园区直接参与国际经济竞争，要承担更多的风险和压力。美国、欧盟等国家和地区都对农业涉外项目建有一套优惠保险体系，政府承担一部分保费补贴。我国尽管已经有一些支持企业"走出去"的相关政策，但险种少、范围窄，帮助企业规避风险的功能还很弱，尤其是目前还没有针对非常风险的农业对外投资保险险种。此外，农产品出口特别险承保范围还比较窄，难以最大限度地帮助企业规避风险。

（六）税收优惠政策体系不完善

税收优惠是促进农业"走出去"的一个重要措施，我国已做了不少工作，例如，和其他国家签订避免双重征税协定，实行农产品出口退税等。但在实践中还存在很多问题，主要表现在以下几个方面：一是我国与相当一部分国家还没有签订避免双重征税协定，在操作中仍存在对涉外企业双重征税问题。二是我国农产品出口退税机制不利于扩大农产品出口。按照有关规定，目前农产品出口退税由中央政府和地方财政共同承担，中央承担92.5%，地方政府承担7.5%。但由于农产品出口带来的地方财政收入略小于地方财政支出分成部分，使退税机制不仅给地方财政带来较大压力，也削弱了地方政府扶持企业扩大出口的积极性。三是返销产品进口环节的税收优惠不够。目前我国对在国外生产返销国内的产品仍然征收关税和增值税，增加了这些产品的成本。此外在国外投资，利用当地资源开发生产的木材、油棕、矿石等运回国内都必须交纳相应税收。这种税收体制不利于开发利用国外资源为我所用，对一些稀缺战略性资源尤其如此。

（七）缺乏国家财政专项补贴

世界很多国家都对农业涉外项目建立了专项补贴政策，鼓励农业企业开拓国际市场。如韩国在20世纪80年代设立了对外合作基金，专门资助韩国投资者在发展中国家从事资源开发和股权投资。美国、欧盟等都对农业海外市场的开拓投入了大量资金，在促进其农业项目的国际合作中发挥了重要作用。而我国目前在这方面除了一些零散的政策和地方政策外，还缺乏完整的体系和稳定的资金来源，缺乏类似国外那种对涉外企业开拓国际市场的补贴政策体系，如补贴行业组织和企业参展、促销，参与国际认证，对渔业企业海外资源的探测、开发补贴等；对一些在境外、国外建立农业生产基地、加工农副产品的企业没有给予等同国内的待遇等，不利于农业快速"走出去"。

（八）对外援助与对外投资相分离，没有形成"走出去"的政府导向合力

对外援助是中国整体对外政策的组成部分，是中国长期的可持续的和平发展战略的组成内容，应当既服从国家外交战略需要，又同时与我国"走出去"战略的实施相呼应配套，但是，我国目前的援外机制与投资机制仍处于半分离状态，尤其没有形成对海外农业园区发展的强力支撑。

四、建立海外农业园区的相关政策建议

为了实现我国粮食安全战略目标，必须以建立海外农业园区为重点，全面有序推动我国农业"走出去"，尤其要针对"走出去"的不同形式、不同内容、不同区域，实行分类指导，实施差别政策。总体指导思想应当是：以开发国内最紧缺资源为重点，积极鼓励劳务输出和成熟的、应用广泛的农业技术输出与转让，鼓励农副产品加工企业对外投资建立生产基地，通过对外投资带动对外贸易和对外经济技术合作的发展，重点培养大型跨国企业和支持已经"走出去"运行较好的企业形成农业综合园区，在发展中坚持"政府扶持、企业为主、优势互补、合作共赢、内外统筹、以我为主"的总原则。

为保证海外农业园区的顺利发展，特提出如下政策建议。

（一）加强国家对农业"走出去"的宏观指导

一是要加快海外投资体制改革，建立统一的管理协调机制，解决多头管理、权限分散状况。二是要强化外交手段服务，将农业"走出去"纳入国家双边或多边经贸谈判框架中，就存在的双重征税、人员签证期限过短、劳务人员限制、入境生产资料关税过高、产品返销国内时征税过高等问题通过多层次的外交手段解决。三是要尽快制订农业"走出去"的战略规划，包括国别投资规划、产业投资规划以及重点产品投资规划，并落实具体措施。

（二）完善农业"走出去"支持政策体系

一是要建立补贴制度。在财政预算中，设立农业"走出去"专项发展经

费，用于企业开拓国际市场的各种补贴、贴息和紧急援助等。二是要放宽融资条件。针对农业"走出去"企业的特点，修改担保标准，创新担保形式，帮助涉外农业企业解决融资困难。允许和鼓励具备条件的企业，在境外发行股票、债券，直接进行国际资本市场融资。三是要建立和完善保险体系。设立专门针对农业对外投资的保险险种，主要承保企业在境外农业投资之后可能发生的非常风险。将农产品出口特别险的承保环节从出口报关阶段延伸到生产养殖阶段，扩大对企业的承保范围，进一步加大保费补贴比例。四是要完善税收优惠政策。避免双重征税，境外农业投资企业在还没有签订避免双重征税协定的国家和地区已缴纳法人税、所得税的，在国内应对缴纳税额予以扣除。调整农产品出口退税机制，建议由中央财政全部承担出口退税。对国内供需缺口较大的战略性、资源性农产品，在返销国内时，给予免征进口环节税费的优惠政策，享受与国内产品同等待遇。对农业"走出去"项目所需国内生产资料、设备等，应提供通关便利，减免出口环节税费。

（三）完善政府的管理与服务

一是要规范劳务输出市场。规范外派劳务的招聘和管理，通过实行外派劳务招收备案制加强对职业中介的监督和对国外招工单位的核实，加强对外派劳务的服务工作。建立外派劳务服务机构，提供海外就业信息、法律政策咨询等服务内容。采取多种途径加快培养高素质经营管理人才和专业技术人才，加强对外派劳务人员的专业技能、外语、国外风土人情等知识的培训，提高外派劳务的整体素质。二是要健全技术输出管理制度。包括规范和完善相关法规，进一步明确技术输出的范围，鼓励成熟和广泛应用的实用技术及物化技术出口。制定《农业对外投资合作与技术交流发展规划》，设立农业投资合作与技术交流财政专项资金，建立物化技术后续服务机制。三是要加强信息服务能力建设。建议在农业资源丰富的国家增设我国驻外机构农业参赞或农业外交官，密切跟踪国外相关法律法规的调整以及收集、分析和预测农产品市场信息等，为农业对外投资企业提供各种信息资料。抓紧建立农业涉外项目主体库和联系制度，对已经"走出去"的企业进行跟踪了解，做好咨询服务。建立完善的农业投资、技术合作和农产品出口摩擦报告机制和农产品争端应诉机制。定期举办农业"走出去"企业交流会，促进企业间信息共享。四是要加快培育行业协会。当前应抓紧组建我国农产品出口行业协会、农业对外投资行业协会、劳务输出行业协会和海外农业企业行业协会，加强行业协会在行业自律、价格协调、应对贸易纠纷、抵御海外风险等方面的作用，为企业"走出去"保驾护航。五是要建立和完善规范有序的法律法规。抓紧完善鼓励各类主体参与农业"走出去"的法律法规，如信用担保、海外农业直接投资、保险及法律援助等制度，切实保护"走出去"主体的合法权益，为涉外企业创造规范有序的制度环境。

（四）探索农业的开放型经济体系，不断提高我国农业的国际竞争力

农业的开放不只是引进外资和先进技术，还应当包括对外投资建立海外农业园区。通过种植技术、良种培育以及产品加工和产品标准化赢得国际合作空间。海外农业园区的粮食产品标准化，必须以提高园区粮食产品的竞争力为核心，建立软性政策支持体系：一方面，要根据国内需求来确定海外农业园区的粮食结构，加大品种区域优势的国际布局及优质品种推广力度，不断提高中国粮食产品的国际竞争力；另一方面，在生产环节要严格按照国际标准和园区所在国的市场准入标准，并加强产品标准化体系、检验体系、认证体系、市场准入体系建设，以帮助海外园区农业企业在生产、加工方面获得国内外市场的准入资格，为有效开拓粮食出口市场创造有利条件。

（五）发挥农业技术优势，推动海外农业园区建设

建立海外农业园区，基点是要积极利用国际农业资源来促进国内粮食供求平衡的实现。从开展国际农业合作效果较为突出的美国、日本、以色列、澳大利亚、泰国等主要农业对外投资国家的成功经验来看，虽然利用所在国家优越的农业资源条件是基础，但科技研究、技术推广、灌溉、人力资本和农村基础设施方面的持续和有效的投资也同样起到了关键作用。所以，目前要充分认识农业领域"引进来"和"走出去"之间的关系，研究投资和技术的关系，厘清粮食进出口波动、价格上涨以及进口增加之间的关系，建立中央和地方各级财政的专门基金体制，来保证海外农业合作项目和开发投资的增加，以实现国内外粮食生产、贸易的良性发展以及粮食供求的良好平衡关系。

（六）调整海外农业投资的产品和国别结构，最大限度地发挥比较优势，优化我国粮食供求格局

面对入世以来中国粮食进口压力不断增加的局面，应采取积极措施来支持有实力、有条件的农业企业走出去建立海外农业园区：一方面，充分发挥与俄罗斯、东盟各农业资源丰富的国家和地区地缘接近、运输方便、运费低廉的优势，加大在这些国家和地区的农业投资合作力度和产品营销力度，不断提高这些国家和地区农产品的出口能力，扩大海外农业园区的粮食产品返销中国的比例；另一方面，国家要组织相关部门和农业对外投资企业对世界各主要投资对象国家进行分析定位，通过各种市场开发、运作方式，进一步拓展非洲和南美市场，全方位开拓中国海外农业投资市场。

（七）在国家粮食安全战略框架下，加大探索援助机制与投资机制有机结合的有效方式

加快实施农业"走出去"战略，对我国援外工作提出了新要求，援外工作应当适当考虑农业"走出去"的特殊性，实现四个转变：由援建标志性项目向援建标志性和关键生产性项目转变，既考虑国家外交战略需要和当地民众利益，又考虑国家粮食安全战略需要和海外农业企业利益；由受援国受益向受援国与我国企业共同受益转变，借助援外实施农业合作项目，在努力促进受援国农业生产和经济发展的同时，为我国农业企业"走出去"创造条件；由推广农业生产技术向既推广农业生产技术又推广农产品加工技术和传授管理经验转变；由单纯注重受援国需要向既满足受援国需要又实现我国利用两个市场、两种资源的战略目标转变。

（八）农业对外投资应当以集群式配套型为主要方式

在目前的经济发展阶段，我国农业企业海外投资的国别选择以发展中国家为主。在这些国家，农业基础设施脆弱，农业经营在种子、肥料、加工等各个环节上配套服务能力明显不足，企业靠单打独斗很难成功，必须采用国内的农业产业化思路，自我配套，众多相关企业集群式"走出去"，实现优势互补，提高协同竞争力，形成海外农业园区。中央和地方政府应当对此类园区内农业企业的前期费用和公共平台建设给予必要扶持，同时，为企业的海外经营提供便利化服务和投资保护。

内陆口岸发展新思维 *

党的十八届三中全会通过了《中共中央关于全面深化改革若干重大问题的决定》（以下简称《决定》），这是对全面深化改革所进行的又一次总部署、总动员，是影响中国改革开放新进程的历史航标，在世界经济格局变化的历史进程中具有里程碑意义。以此观照中国内陆地区的口岸开放和发展，必须要有新思维、新理念、新思路。

一、把握内陆口岸发展机遇

口岸是开放的标志和平台，是一个国家和地区对外开放的起点。《决定》提出要"扩大内陆沿边开放""推动内陆同沿海沿边通关合作，实现口岸管理相关部门信息互换、监管互认、执法互助"，为内陆口岸的开放发展提供了重大历史机遇。因此，加快内陆口岸发展，是事关今后一段时期内陆开放型经济的具体走向和可持续发展的重要问题，也是内陆地区探索加快发展、扩大开放可行模式的重大问题。

对于一个发展中的大国经济而言，全面融入开放型世界经济体系不能只是沿海开放，还需要形成融沿边开放、沿江开放和内陆开放为一体的全面开放大格局。在顶层设计上，需要梳理内陆口岸开放探索的成功经验，厘清内陆口岸发展面临的问题和挑战，在新一轮改革开放中确立内陆口岸的独特地位，科学考量、全面构架内陆口岸管理的路径设计和总体思路，全面构建内陆口岸发展体系，科学规划，分类管理，重视配套，加强合作，形成完善的内陆口岸管理和工作体制。

---

* 此文系于 2013 年 5 月提交国家口岸办的建议报告（节选）。

二、正视内陆口岸发展问题

发现问题是解决问题的前提。确立内陆口岸发展新思维，需要正确认识内陆口岸发展的主要问题。

1. 口岸数量偏少。全国内陆 12 个省区市共有 26 个国家开放一类口岸，与沿海沿边地区相比，沿海地区每万平方公里的口岸数量是内陆地区的 14 倍，沿边地区是内陆的 2 倍；沿海地区每百万人口的口岸数量是内陆地区的 6 倍，沿边地区则是内陆的 11 倍。

2. 口岸规模偏小。内陆口岸建设时间早，受地理条件、外贸进出口预估不足、基础设施投入不足影响，口岸规模总体偏小。主要表现是：航空口岸联检通道不足，设施陈旧，大多将国内航班使用的场地改造为国际厅；水运口岸码头数量少，装卸能力不足，堵港现象时有发生；铁路口岸大多按照国内列车运行的需要建设，外贸作业场地不足，设施不够；邮局口岸多设在邮政大楼角落。

3. 口岸布局欠妥。内陆省份于 20 世纪 90 年代自行审批二类口岸，国家在宏观管理层面上对口岸统筹协调较少，口岸布局不尽合理，省级行政区及相邻省市口岸相距太近，口岸同质化竞争严重，制约了口岸发展规模和口岸资源的集约式利用。

4. 机构编制不足。内陆地区部分原来的水运、铁路和公路二类口岸，由于不属于国家开放口岸，监管执法单位重视程度不够。有些地方查验机构的监管临时性和随意性加大，不能随时为企业提供服务；有些地区虽然设有查验机构，但人员编制不足。

5. 口岸管理缺位。清理二类口岸后，部分内陆地区政府对口岸的认识出现模糊，监管点、作业区、后续区名目繁多，部门意见不统一，加之内陆口岸管理法规依据不足，统筹协调服务难度大，口岸综合效应难以全面发挥。

6. 对沿海沿边口岸依赖性强。内陆地区受区位制约，陆上水上交通工具难以直接出入境，必须依托沿海沿边口岸实现货物出入境。沿海沿边口岸起步早、发展快，业务量大，监管查验力量、口岸基础设施、运输保障服务等都难以保障内陆的外贸货物按照要求时限通关，而内陆口岸在这方面主动作为的空间很小。

三、明确内陆口岸发展原则

正是由于上述诸多问题的存在，加快内陆口岸发展必须明确适应内外环境变化的基本原则。毋庸讳言，加快内陆地区经济发展是一个世界级难题。从全球范围看，生产力的总体布局是具有区位开放优势的沿海、沿边经济优先发展。这种历史性、规律性的认识，往往会演化为政策思维惯性，固化为某种发展模式。打破常规思维，开放、规范内陆口岸，使口岸呼应、促进、推动内陆开放型经济发展，既是我国对外开放的拓展和延伸，也是完善开放型经济体系的重要组成部分，从而也需要积极探索、不断创新、稳步推进。因此，加快内陆口岸发展的基本原则，要以构建内陆开放型经济体系为目标，服从于国家宏观管理体制的总体要求，服务于内陆开放高地建设的客观需要。

1. 统筹规划，分步实施。国家层面成立国家口岸发展工作领导小组，在全面理顺口岸开放与经济发展若干重大关系的基础上，在编制全国口岸开放和发展规划的过程中，深入调研内陆地区各省份经济社会发展情况，分析开放型经济发展趋势及其对口岸的实际需求，结合内陆地区的优势和特点，提出内陆口岸发展的总体规划和支持政策，明确口岸开放先后时序，分阶段、分步骤稳步推进。

2. 统筹兼顾，综合平衡。全面分析内陆地区交通、区位、辐射、人口、旅游、经济等情况，统筹考虑内陆地区的现实需求，兼顾各方利益，兼顾内陆与沿海沿边口岸特点，综合平衡内陆口岸资源，鼓励共享口岸平台，避免遍地开花。

3. 统一标准，先批后建。为避免先建后批，不按照标准建设，或者以已经建成为由"倒逼"国家批准开放口岸等问题产生，应当制定内陆口岸开放、建设、管理的统一标准。

4. 统一指导，分类管理。由国家口岸管理部门研究，统一制定全国口岸工作指导意见，结合内陆地区的实际情况，对口岸进行分类管理。

5. 统一业务指标，建立退出机制。设置规范标准，避免无序开放。在规划先行的情况下，对业务需求达到一定标准、确需开放为口岸的场所，按照一类或二类口岸开放权限批准开放。确定三年的运行时间，如果届时效果不佳，客货运量不达标，则按开放权限予以关闭。

6. 统筹机构人员编制，以业务量定编。根据业务量设定全国统一的机构编制标准，达到某个业务量级别，配备相应的机构和人员编制。未达到业务量级别，由联检单位内部调剂，地方政府以协管员方式补充人员，辅助联检单位开展工作。

7. 统筹改革通关模式，差别化管理口岸。按照《决定》关于"支持内陆城市增开国际客货运航线，发展多式联运，形成横贯东中西、联结南北方对外经济走廊。推动内陆同沿海沿边通关协作，实现口岸管理相关部门信息互换、监管互认、执法互助"的要求，推行分工合作、共同监管、直通放行的通关模式改革，实现内陆、沿海、沿边口岸差别化管理。

四、制定内陆口岸发展政策

按照上述原则，加快内陆口岸发展需要在"全国一盘棋"的前提下，适应内陆口岸特点和区域经济特征，制定相应口岸开放和发展的支持政策。

1. 完善内陆口岸发展规划布局，着力形成全面开放新格局。加快内陆口岸发展，必须真正着眼于开放性。一是以扩大内陆口岸对外开放为特征，以世界市场、世界资源、世界性产业融合与调整为背景，通过大开放促进大开发；二是以扩大内陆口岸服务功能为特征，完善一体化的管理体制、行政体制，通过与沿海和沿边口岸的共同开放，发展国际贸易，提升市场规模，挖掘发展潜力；三是进行开放基础上的口岸国际合作，建立良好的国际和区际关系，推动内陆地区通过口岸发展分享开放红利。因此，加快内陆口岸发展在战略设计和政策设计的出发点上，应当把全面开放作为口岸发展的基本手段，在开放式发展的政策选择中，坚持口岸区域合作与总体对外开放的统一、发展国际贸易与开发国际贸易通道的统一、国内市场通开与国际市场拓展的统一，彻底改变传统的内陆口岸虚置化倾向，调整过分倾向沿海口岸开放的前期战略，制定全面开放的区域政策、国际政策。加强内陆口岸开放力度和政策供给，形成多层次、宽领域的口岸全面开放新格局。

2. 完善内陆口岸发展制度体系，形成协调发展新机制。把扩大开放纳入内陆地区经济发展的基本手段进行综合考量，既是口岸管理体制深化改革的重要内容，也是口岸开放实践对制度安排、制度供给的新要求。从市场本身角度看，完善的、开放的口岸体系，要求在全球的地域空间不断完善口岸功能，扩大口岸容量。在口岸区域内部，要通过加强国家内部协调统一的口岸体系建设，营造公正、透明的口岸发展环境，提高现代口岸的服务功能、纽带功能和引导功能。根据内陆口岸的特定属性，中央政府要加强战略规划指导，以统一、高效、有层次、有梯度的口岸体系，拓展国际市场空间，扩大口岸辐射影响范围，增加市场产品、要素的供给量和需求量，提高要素质量，降低国际市场准入门槛。

3. 完善内陆口岸发展制度环境，形成管理服务新体制。内陆口岸发展的战略化、政策化过程，实际上是对原有战略、原有制度的改革创新，是新的制度设计过程。从总结我国口岸开放基本经验的角度看，形成口岸发展与开放相互促进的良性循环关系，有利于口岸所在地区获得可持续发展收益，在生产要素的可获得性大增的同时，有助于引进国际通行的市场经济规则，推动国内经济体制的改革。而国内市场化程度的提高以及对外经济贸易体制的重大改革，又会为扩大对外开放、口岸纵深发展提供有利条件。

4. 优化内陆口岸空间布局，形成扩大开放新平台。口岸作为国际门户的特点决定了口岸开放的选择性。一方面，如果口岸设立在离沿海、沿边太近的地方，会对广大内陆地区外贸物流形成运输距离长、通关成本高、通关效率低的不利影响。另一方面，如果口岸设立在开放型经济尚不发达的地区，支撑口岸运行的国际旅客和外贸货物量过小，也会造成海关等查验单位的行政资源浪费，加之，口岸间距太小，也会形成恶性竞争，造成规模效应缺失。因此，应加快在国家宏观层面出台口岸开放政策规定的步伐，通过制定严格的开放标准、优化内陆口岸空间布局，统筹规划，有序开放，充分发挥口岸功能，促进内陆地区开放型经济发展。

5. 加强内陆口岸发展支持力度，形成促进政策新体系。国家口岸开放的现行政策主要针对沿海沿边地区口岸开放，对内陆口岸开放指导性不强，造成内陆口岸开放依据不足。按照《决定》关于"全面提高开放型经济水平，促进沿海内陆沿边地区优势互补"的精神，应当结合当前形势对口岸开放的政策规定进行调整，补充完善内陆口岸开放的政策体系，使内陆口岸发展有法可依。

6. 解决内陆口岸体制约束，形成加快开放新保障。一是基于内陆地区处于欠发达阶段、口岸设施建设历史欠账较多的现实情况，在全局层面上设立口岸发展专项资金，由国家口岸管理部门统筹使用管理，用以配套改造内陆口岸。二是内陆口岸查验单位的机构编制大多于 30 年前核定，现行口岸 24 小时通关，查验单位工作量急剧增长，国家应当认真调研内陆口岸工作情况，适当增加查验机构人员编制，促进和谐口岸建设。三是内陆地区开放水平相对较低，对口岸开放的认识还有待提高，口岸管理机构设置混乱，职能不清，人员太少，统筹协调力度不够，应当把国家口岸管理部门调整为国务院直属机构，同时要求地方省级政府加强口岸机构设置，统一将地方口岸办设为政府直属机构，并赋予其在口岸开放、日常管理、大通关建设以及口岸信息化建设等方面的组织、协调、监督等管理权力。通过这些保障措施，使内陆口岸开放与管理有法可依、有章可循，扭转口岸运转中建设无资金、管理无依据、协调无手段、监管无力度的被动局面。

7. 加强内陆电子口岸建设，形成信息互联互通新集聚。进一步明确中国电子口岸与地方电子口岸职责分工及平台功能定位，协调国家有关部委向地方电子口岸开放报关、报检以及其他各类办事审批流程等相关数据，消除信息化"壁垒"。建立中国电子口岸与地方电子口岸互利共赢机制，在技术、数据等方面加强对内陆地区电子口岸建设的指导、支持和帮助。加快实现跨区域、跨系统的电子口岸数据互联互通和资源共享。

把握好内陆开放型经济的战略思维 *

党的十八届三中全会提出，要"加快完善开放型经济体系""构建开放型经济新体制""扩大内陆沿边开放"。这是党中央在面对经济全球化出现新趋势、国际经济政治格局日益复杂多变的形势下提出的对外开放新战略。随着新一轮西部大开发战略的实施和"新丝绸之路经济带"的形成，内陆地区扩大开放已经具备充分的物质基础和广泛的现实条件，应当按照中央部署，加快探索促进沿海内陆沿边开放优势互补的有效方式，全面提升内陆开放水平，真正形成内陆开放型经济的战略思维。

一、明确内陆开放型经济发展战略方向

近年来，广大内陆地区在建设开放高地方面，已经取得了一系列重大进展，但在总体上仍然处在欠发达阶段，尤其是西部地区仍属于欠发达地区。因此，在贯彻落实十八届三中全会精神的过程中，必须坚持全面深化改革，主动扩大开放。这是内陆地区加快发展的根本出路，也是全面提升开放型经济发展水平的最大动力。

（一）完善内陆开放高地规划布局，全面推进立体开放

提升内陆开放型经济发展水平，必须真正着眼于开放性。一是以扩大内陆对外开放为特征，以世界市场、世界资源、世界性的产业融合与调整为背景，通过大开放促进大开发；二是以扩大对内开放为特征，完善一体化的市场体制、行政体制，通过与东部和周边的共同开放，发展区际贸易，形成共同市场，提高资源吸附力和资源转化能力，提升市场规模，挖掘发展潜力；三是进

---

　*　此文系 2013 年 12 月在重庆市委党校十八届三中全会学习培训班期间的结业论文。

行开放基础上的区域合作和国际合作，建立良好的国际和区际关系，使广大内陆地区能够分享开放红利。

（二）完善内陆扩大开放的市场制度，形成区域扩大开放的协调发展

十八届三中全会确定了全面深化改革的战略部署，把开放作为经济发展的基本手段并进行综合考量，明确了市场化改革取向，体现了新的开放实践对制度安排、制度供给的新要求。在内陆开放型经济的发展过程中，必须建立三个方面的协调机制：一是明确合理的政府与市场关系，实施灵活、有力的宏观调控政策，建立能够发挥市场经济行为主体的合理、规范的微观经济规制。二是明确开放的区域合作政策，通过开放发展与开发发展的有机结合，依靠外部要素的注入，重新配置要素资源，激活区域内各种已经固化的要素以及原有配置。三是加大区域制度创新力度，着眼于区域共同利益并通过市场机制形成区域合作关系和利益共同体。

（三）完善内陆扩大开放的产业政策，加强产业发展的开放导向

内陆地区发展开放型经济，必须注意功能分区和分类施策，把区域发展与新型工业化的基本要求紧密结合，把工业发展和服务业发展协调统一起来，使工业化同时成为推进现代服务业发展的基础和动力；把速度同质量、效益、结构等有机结合和统一起来，使工业真正具有强大的竞争优势；把工业生产能力的提高和消费需求能力的提高协调统一起来，把增长建立在消费需求不断扩大的基础上；把技术进步、提高效率同实现充分就业协调统一起来，使更多的人能够分享工业化的成果和利益，并实现人的全面发展；把当前发展和未来可持续发展衔接和统一起来，尊重自然规律和经济发展规律，走向文明发展之路，实现人与自然的和谐。为此，区域整合的产业政策方向应当是：一要着力培育与发展主导产业和优势产业，为经济发展提供有效的产业支撑，为区域间产业传递打好基础；二要发展配套产业，有效衔接区域发展产业链条，为上下游产业提供连接通道；三要打造区域产业集群，形成产业内部相互关联、互补、竞争并与外部紧密联系的产业有机体系；四要形成产业纽带，通过产业吸引，积聚区域内外的技术、资金、信息，并推动区域市场的衔接，增强区域间的相关性。

（四）完善内陆扩大开放的制度环境，形成高效管理服务的体制机制

十八届三中全会指出，必须更加注重改革的系统性、整体性、协同性。内陆开放型经济发展同样必须坚持市场化改革方向不动摇，进一步发挥市场在资源配置中的决定性作用，特别是培育市场机制，消除地区壁垒，加快建立和完善全国统一市场，打破行政区划的局限，促进生产要素在区域之间的自由流动；进一步深化体制改革，解决各种分割统一市场、抑制要素自由流动的体制障碍。因此，广大内陆地区要继续解放思想，制定切实有效的区域发展政策和对外开放政策，完善与内陆统一市场和国家统一市场相适应的，能够推动区域合作、政企合作的高层次的管理服务体制，从统一性中获得更大的规模收益，以提高区域发展的协调性。

二、提升内陆开放型经济发展质量和水平

按照十八届三中全会的战略部署，在今后一个时期，内陆地区必须在提升内陆开放型经济发展水平方面，加大改革、探索和创新力度。

1. 加快推进区域合作，大力发展与新型工业化道路相符合的开放型产业体系。内陆地区扩大开放应当根据区域优势和自身工业化水平以及所处工业化发展阶段，积极抢抓机遇，进一步推进贸易投资的自由化，扩大对外开放的领域，大力吸收资本密集、技术密集的外商直接投资；积极推进服务领域的开放，发展现代服务业，大力发展服务外包；重视新技术的运用，以信息化推动工业化，变后发优势为产业创新优势，走新型工业化的道路，大规模开发高加工度和高附加值产业，甚至优先开发高新技术产业，实现向现代工业化阶段的跨越；发挥与东部联系紧密的区位优势，利用好国内加工贸易转型升级的机遇，发展加工贸易上游价值链产业，实现对加工贸易进口料件的替代，延长加工贸易的国内价值链条；拓展利用外资的渠道，引导、鼓励通过并购方式吸收外资。

2. 全面树立内陆开放型经济导向，在产业结构调整中大力推进自主创新。在继续引进先进的技术与设备的同时，重视对引进技术的消化、吸收和再创新；充分发挥外资投资企业在自主创新中的积极作用，通过竞争推动自主创新；鼓励外商投资企业在华开展更高水平的研发活动，引导外资企业与本土企业上下游合作。对符合国家发展方向、具备国际竞争力的企业，要重点扶持，给予扶持优惠政策；对具有自主知识产权和具备自主创新技术的企业，要给予

鼓励及资金支持，提高科研水平，提升国际竞争力；对有市场潜力，但核心技术缺乏创新的产品，要给予生存和发展的空间，提供最新领域的国际资讯、专家辅导和技术支援。坚持以提升产业价值链为核心取向，抓住产业转移和结构调整的机遇，扩大产业的市场准入范围；推进自主创新，突破技术与知识产权的瓶颈，掌握发展的主动权。

3. 加强基础设施建设和"软环境"建设，积极培育开放型经济的区域竞争优势。结合十八届三中全会对构建涉外经济新体制提出的要求，提高内陆开放型经济发展水平必须重视包括基础设施在内的公共品供给。完善齐备的基础设施体系、合理高效的公共服务体制、公正公平的法律保障制度，是开放型经济发展的前提和保障，必须在加强基础设施建设的同时加大对跨区域的公共品的供给，必须不断完善和创新投资政策和投资服务体系，必须不断调整和制定有针对性的引资政策，提高引资效率，吸引市场寻求性投资。加强与沿边口岸、沿海口岸的区域通关合作。建立分工协作、优势互补、互利共赢的区域合作机制，形成内陆地区主动向西开放、向南开放的体制基础。

4. 积极构架内陆国际贸易立体通道体系，建立健全内陆开放高地的基础平台。开放型经济是融货物、人员、资本、信息等为一体的市场配置型经济，口岸开放是一个地区开放发展的"桥头堡"。根据内陆地区目前口岸经济发展现状和发展态势，必须依托本地国际机场形成航空口岸，积极开发和培育客货运航线，扩大国际经济技术合作，支撑高附加值货物运输；必须加强长江经济带的物流协作，打造全流域的"长江黄金水道"，支撑大宗低价值货物运输；必须加快沿边地区的陆路口岸开放，支撑适应大宗高价值货物的铁路、公路集装箱运输，形成对欧亚大陆桥铁路联运大通道的平台支撑。

扩大内陆开放的探索与实践 [*]

　　党的十八大以来，中国对外开放的大门更加敞开。三中全会审议通过了《中共中央关于全面深化改革若干重大问题的决定》（以下简称《决定》)，并设专章部署全面深化改革开放，明确要求要"构建开放型经济新体制"。习近平总书记在今年两会参加上海团审议时特别强调，要通过扩大开放（比如自贸区的探索）形成可复制的经验和制度，与国际通行规则接轨，向全国推广。李克强总理在政府工作报告中也特别强调要通过扩大开放倒逼深层次改革和结构调整，加快培育国际竞争新优势。所以，包括重庆、株洲在内的广大内陆地区，在探索开放型经济发展的过程中要特别贯彻这一精神。

　　今天探讨的内容包括两个方面：一是扩大内陆开放的提出；二是内陆扩大开放的经验和规律，主要从重庆的探索和实践来展开。

一、扩大内陆开放的提出

　　面对世情、国情的深刻变化，党的十八届三中全会从"放宽投资准入""加快自由贸易区建设""扩大内陆沿边开放"三个方面提出了一系列重大创新举措。特别是在《决定》中提出要扩大内陆开放，并明确了重点任务、基本路径、重要举措，充分体现了党中央对于开放规律性的认识更加深刻、把握更加准确。

　　改革开放之初，我国沿海和内陆的经济发展水平大体处在同一起跑线。但是，经过 30 多年的对外开放，沿海地区经济快速发展，其土地和人口虽然只分别占全国的 13.5% 和 41.2%，但却拥有全国 87% 的进出口、83% 的实际利用

　　* 此文根据 2014 年 3 月 16 日在湖南省株洲市委中心组学习会上的报告整理。

外资、78%的对外投资。同时，开放程度的区域不协调，导致了区域发展的不平衡，广袤的中西部地区与沿海地区的发展差距越拉越大。

我国对外开放的现实状况，让一些人陷入了认识误区，认为开放是由地理区位决定的，内陆注定不如沿海开放，内陆只能跟从沿海梯度开放。这些认识过度强调先天条件，忽视后天努力；用静止的眼光看待变化的问题，没有认识到区位比较优势是因时因地而变的，没有放眼看世界，没有注意到欧洲和北美的内陆地区和沿海地区一样的开放，内陆开放的成功案例比比皆是。

开放本质上是一个市场经济命题，其基本内涵是一个国家或地区参与和配置国际国内"两个市场、两种资源"，推动本国或本地生产发展、贸易扩大、人民生活改善。通过市场进行资源要素的跨国配置，既需要"硬件"设施互联互通，也需要"软件"的制度安排，以协调国家之间千差万别的文化、规则、法制。从这个意义上讲，开放既受不断变化的区位条件的影响，也受不断变化的制度及其背后深层次的文化和理念的影响。

（一）制度安排是决定开放的内生变量和关键因素

内陆要把开放搞好，就要把体制搞活。从经济学逻辑看，正是因为沿海体制机制搞得活，才能深度参与国际国内"两个市场"、有效配置"两种资源"。内陆体制不活与开放落后相互牵扯、互为因果，使得很多优势没发挥出来，没能很好地利用国际资本和要素。从国际经验看，德国地处欧洲大陆，但开放水平远高于西班牙、葡萄牙等沿海国家，其内陆城市如柏林、法兰克福、慕尼黑等都是著名的国际经济、金融中心。瑞士、奥地利、卢森堡等内陆国家开放程度较高，经济社会发展水平也相应较高。从国内实践看，近年来重庆市创新内陆开放的体制机制，用实践证明了内陆同样可以搞好保税（港）区、发展加工贸易以及离岸的各种服务外包，同样可以全方位、宽领域、多层次地引资、引智、引技，同样可以成为口岸高地和开放高地。

（二）互联互通的基础设施是支撑开放的硬件基础

内陆打通物流、人流、资金流、信息流、技术流的各种国际大通道，就能改变区位条件，创造出新的比较优势。区位条件是相对的、变化的。在大航海时代来临之前，由于没有航海通道，即使地处沿海也不意味着拥有开放的区位优势。相反，历史上中原大地人便其行、货畅其流、客商云集，开放程度远比沿海地区要高得多。当今世界，在航空、铁路快速发展的催化作用下，陆地和空中交通越来越便捷、便宜，国际大通道迅速改变了内陆的区位条件。油、气管道等能源通道由西向东的走向，充分体现出内陆"近水楼台"的优势。进入信息时代，光纤、移动互联网等通信技术推动着内陆与世界"零距离"连接。可见，内陆地区的区位条件显然已经不再停留在传统概念上。在这种意义上，内陆和沿海的区位各有优势，而就面向亚欧大陆的开放而言，内陆地区则有着显著优势，西部地区才是面向欧洲的开放前沿。

二、经验与规律：内陆扩大开放的重庆探索

世界历史和中国改革开放 35 年的经验表明，内陆地区的开放有其内在规律，内陆实施扩大开放战略，必须协同做好五个方面的工作。

（一）大通道：创造内陆开放的区位条件新优势

在古代，海洋是天堑，陆路交通才是通途，所以才会有中国古代的丝绸之路，有茶马古道；只是到了近代的航海大发现之后，海洋才成为联结世界的便利通道；到了现代，铁路和航空更是成为快捷的贸易通道。为此，《决定》要求"支持内陆城市增开国际客货运航线、发展多式联运，形成横贯东中西、联结南北方对外经济走廊"，同时"加快同周边国家和区域基础设施互联互通建设，推进丝绸之路经济带、海上丝绸之路建设"。

在地方层面，对于内陆交通枢纽城市而言，贯彻《决定》的扩大开放精神探索和部署本地开放实践，就要加大铁路、港口、航空、公路等基础设施投建力度，完善综合交通体系，发展多式联运。对于株洲的开放通道建设来说，目前已经提到了市委市政府的议事日程，提出要启动内陆无水港—株洲铁路一级口岸平台申报工作，要积极参与"渝新欧"五定班列合作，发挥株洲的中部地区铁路枢纽优势。这种定位无疑是非常准确和科学的，但还要跳开株洲看株洲。目前甚至今后很长一段时间，株洲可能都不具备成为内陆铁路开放口岸的条件，但不能放弃，要做好基础性工作，目前的重点是要考虑如何做好多式联运，包括铁水联运、公铁联运，甚至空铁联运等。思考如何与丝绸之路经济带上的"渝新欧"、与 21 世纪海上丝绸之路，乃至通达东盟的贸易通道形成合作。

重庆在国际贸易大通道建设方面的经验是：扩大内陆开放，首先要从通道

建设入手，重点是在制度安排和设施建设两个方面着力。

1. 在软件层面建立国际协调机制，驱动不同国家的硬件设施"兼容、运转"

以欧亚铁路大陆桥南线为例，长期以来，这条国际铁路联运大通道就客观存在，但没能实现常态化运行，关键是没有打通沿线各国之间体制不统一、规则不相同的"软件"障碍，从而没能真正解决跨国联运的便捷通关、运行班列调度、运行价格不统一、货源不稳定且回程货不平衡等问题。要解决这些大面积、长周期存在的问题，关键是要创新协调机制：一是在铁路方面，建立跨国铁路国际协调机制，核心是各国合作开通"五定班列"，定站点、定线路、定车次、定时间、定价格，优先装车、优先挂运、优先放行，全程监控，编制统一的运行时刻表，统一运单、统一调度。二是在海关方面，建立跨国海关的国际协作机制，实行中欧"安智贸"试点和多国海关"一卡通"，保障在始发站报关查验后，沿途各国海关不再重复关检，实现一次报关、一次查验、全程放行。三是在组织方面，由各国铁路部门和内陆省市合资成立铁路物流公司，各负其责，利益共享。四是在运费方面，建立完善联席会议制度，明确协商程序和利益调剂方式，实现多赢。这些创新是内陆打通国际大通道所必需的工作推动，对内陆地区具有普适性。

近年来，重庆在海关和铁道部门的支持下，通过制定多国铁路部门"五定班列"运行时刻表、落实海关"安智贸"便捷通关协议、合资成立"四国五方"合资的铁路货运物流公司，成功地开通了欧亚大陆桥"南线"——"渝新欧"国际铁路联运大通道。2013 年以来，"渝新欧"每周开行 3 次，共开行近 100 趟，运输货物 8000 多标箱。目前，全程运行时间 16 天左右，运时比海运快 30 多天。实践证明，开通国际铁路联运大通道，能大幅度节省运输时间，完全可以把"直接运费 + 货物占压的资金时间价值"所形成的综合运费降至与海运费用大体相当乃至更低的水平，并且减少海盗、台风等不确定性，提高企业安排生产的准确性，方便出口企业。

2. 在硬件方面，加大基础设施投建力度

在国家层面，加强与周边国家互联互通基础设施的规划，积极参与大通道沿线相关基础设施建设，加快完善中哈、中俄等边境口岸的设施、设备，加强对中巴、中缅各种通道印度洋起点港口的投建力度；成立区域性基础设施投资银行，打造立足经济带、经济走廊的跨国基建投融资平台。

在地方层面，对于内陆交通枢纽，要加大铁路、港口、航空、公路等基础设施投建力度，完善综合交通体系，发展多式联运。一是江海联运，畅通长江黄金水道，提升内河航运能效，开行"五定班轮"，促进内陆出海物流便捷化。二是铁海联运，提高铁路货运能力，开行内陆直连沿海港口的"五定班列"，形成快速物流通道。三是陆海联运，完善国家高速公路网和出省公路通道，开辟通达东南亚、南亚腹地和印度洋沿海的国际公路物流大通道。四是国际航线，增开内陆直飞世界各地的客货运航线。从内陆飞往世界各地的客货运航线，与沿海的成本相差无几。近年来，内陆国际航空客货运业务发展较快。为满足加工贸易快速发展的需要，重庆建成了大货机起降长跑道、保税港区国际航空货运站，开通了43条国际客货运航线，国际航空货运量四年增长10多倍。积极配合国家战略，加快建设与国际互联的油气管道、光纤等设施，凸显更靠近西亚、中亚的区位优势。

（二）大通关：促进内陆对外贸易便利化

内陆地区开展对外贸易中的通关机制问题，是决定通道能否发挥作用、提高效率的关键。重庆在开放中如何处理好与沿海、沿边口岸的通关协作关系，是重庆在扩大开放、发展内陆开放型经济过程中一直思考的重要问题。在贸易管理体制上，通关协作大多属于国家事权，地方政府无权干预和指挥，但地方经济发展又迫切需要与之有机对接，效果如何当然至关重要。

但是，现行通关制度对内陆地区有两大不利：一是现行通关模式环节众多，既有海关、检验检疫、边防检查等，还有港口、运输、货代等运营单位。规章制度、操作程序各不相同，分别执法和作业，大大增加了企业通关成本。内陆既要面对共性问题，还要协调与沿海、沿边口岸的关系。二是现行执法平台封闭运作，口岸通关管理机构和专项监管机构事权独立，通关管理信息自成体系，企业需向不同的机构多次申报。而内陆地区的出口货物一般要到沿海换装、集拼，电子申报数据核对费工费时，内陆企业获得出口许可的时间严重拖延，与沿海、沿边企业难以处于公平竞争水平。

重庆在这方面的主要做法就是提供全方位的服务，增强海关对地方经济发展的认同感。比如，重庆市政府授予重庆海关为先进单位，重庆关长为全国人大代表，海关经费优先解决，甚至海关员工的子女入托、上学、就业等问题都由专人负责，解决其后顾之忧。

当然，《决定》也已经注意到这一问题，为此提出要改革"海关监管、检验检疫等管理体制"，"推动内陆同沿海沿边通关协作，实现口岸管理相关部门信息互换、监管互认、执法互助"。但是，内陆地区的地方政府不能等，也等不起，还是要自己合规合法地加以变通，先行先试地做起来。

（三）大平台：强化服务内陆开放的基础

对于内陆地区而言，各类开发区都只是对外开放的基础平台，但是，有实质性提升档次层级的平台仍然是保税区和自贸。株洲目前已经考虑到要加快醴陵经济开发区、株洲禄口开发区申报国家级的步伐，但还不够。可能是在工作思路上认为开放平台要有梯度，它们不具备条件。但是，实际上在平台建设上不存在所谓的梯度，重庆开改的实践证明，关键要看是否引进了需要保税功能的产业和相应的企业。

在这方面，重庆的实践可能会对包括株洲在内的内陆地区有一定借鉴意义。重庆现在有两个保税区，一个是保税港区，一个是综合保税区。保税港区的全称叫"两路寸滩保税港区"，为什么这么叫呢？这是两个地名，两路镇是"空港保税区"，寸滩镇是"水港保税区"，重庆的保税港区是全国唯一的内陆保税港区，还是全国唯一的"水港＋空港"双功能保税港区。综保区叫"西永综合保税区"，它是在西永微电子园内的一个笔电产业园，重庆本来不具备申报综合保税区的条件，但是重庆破解了一个制约内陆申报综保区的怪圈，这就是：国家要求申报综保区必须先有保税企业入驻，而引进保税外资企业入驻，保税企业的基本要求是必须入驻到国家批准的综合保税区。这实际上是一个"先有鸡还是先有蛋"的怪圈。在遇到这个难题后，重庆的做法是两面给糖（有人说是"忽悠"），先是说报 HP、华硕、富士康等企业与重庆西永微电园签署投资协议，然后再拿着协议到国家部委和国务院领导方面做解释工作。这样，在国家已经停止审批综合保税区四年的情况下，还是专门批准了重庆设立综合保税区的要求。保税港区的申报情况也大体类似，原来只是设想了水港保税区，没敢设想空港保税区，后来还是重庆海关领导给了个提醒式的主意，理由是重庆引进入驻的企业，其产品需要空运方式才能解决问题。

多年来，我国的保税（港）区大都布局在沿海沿边。三年前，重庆市凭借较大规模的加工贸易产业集群，得到国家支持，获批了内陆最早的两个保税

（港）区。后来，国家又先后批准设立了一些其他内陆省份的保税区，充分体现了中央对内陆开放的大力支持，通过把过去"筑巢引凤"的传统思维转变成"为凤筑巢"的现实行动，从而有力推动了内陆加工贸易、一般贸易的发展。仅仅三年的时间，重庆保税（港）区就形成了3000亿元的工业加工产值、300多亿美元的进出口总额，并带动了全市进出口总额的快速增长，2013年重庆进出口总额达到680亿美元。用三年时间使货物进出口增长近10倍，充分显示了保税区在促进内陆开放方面发挥的关键作用。

《决定》指出要"加快海关特殊监管区域整合优化"，"在具备条件地方发展若干自由贸易园（港）区"。这为内陆地区的扩大开放指明了如何建设保税平台的路径，并提出这些保税区可以创造条件升级为自贸园区。落实中央政策精神，关键是要在保税（港）区功能上做好文章，真正把内陆保税区建成发展外向型产业和服务贸易、扩大消费内需、方便周边进出口的开放大平台。

1. 体现保税区集聚和辐射功能，用足、用好、用活保税区加工贸易的政策

根据保税区的现行优惠政策，量身打造一批适合内陆的创新举措：一是开展"委内加工"，推动区内代工企业承接区外品牌商订单。二是试点"区中园"，推动加工贸易企业、跨境电商企业等在区内开展一般贸易和保税贸易，促进形成特殊的产业链和集群。三是试行选择性征税，针对内陆保税区加工产品内销较多、零部件本地配套等特点，改变沿海做法，对保税区加工内销产品，实行入区国产料件不征不退、只对进口料件或成品征收关税。四是建立产品核心料件的集散分拨中心，提升产业集群协作、配套程度。

2. 拓展保税贸易、服务贸易、自由贸易的服务功能，打造国际国内现代服务业持续发展的大平台

利用现代信息、电讯技术在保税区内发展现代服务业和服务贸易，内陆与沿海没有明显差异。因此，内陆保税区应抢抓机遇，大力发展对物流距离不敏感的大数据、软件外包、跨境电子商务、保税维修测试等高端服务贸易和现代服务业。同时，内陆保税区还可以利用欧亚铁路通道开展进口商品保税展销，改变奢侈品、高档品进口内销渠道窄、环节多的弊端，把大量出国旅游购物消费留在国内。

3. 升级功能，努力发展成为内陆自由贸易试验区

自由贸易试验区的本质就是保税区的升级版。《决定》明确提出"在推进现有试点基础上，选择若干具备条件地方发展自由贸易园（港）区"，为国内保税区指明了下一步的升级方向。其关键在于通过拓展功能，从仅局限于海关货物监管范畴延伸至服务贸易范畴，在投资、金融、跨境电子商务、物流信息、服务外包等领域实行自由贸易的特殊管理体制、政策。

（四）大集群：内陆开放必须形成开放型产业体系

《决定》要求内陆地区在开放中要"抓住全球产业重新布局机遇，推动内陆贸易、投资、技术创新协调发展"，"创新加工贸易模式，形成有利于推动内陆产业集群发展的体制机制"。这实际上是中央已经在部署内陆地区的产业结构调整，尤其是要把新型加工贸易作为结构调整的一个重要方向。

加工贸易是一国利用本国生产能力和技术，进口料件加工成成品后再出口的一种国际贸易方式，是经济全球化的产物。随着 IT 和交通技术的突破性进展，各种生产要素实现了世界范围内的优化配置，许多产品的生产和价值链就在全球范围按专业分工展开，加工贸易由此应运而生并成为各国尤其是发展中国家参与国际分工的重要方式。

过去 30 多年，我国加工贸易迅速发展，形成了 1.8 万亿美元左右的体量，为我国成为制造业和货物出口的世界第一大国做出了重要贡献。然而，内陆地区一直没能做大加工贸易。其主要原因在于，加工贸易的原材料和零部件大部分来自海外，产品也要销往海外。显然，对重庆而言，"两头在外、大进大出"的加工贸易模式，必须要面对沿海到内陆 2000 多公里距离所造成的高昂成本。此外，由于包括重庆在内的大多数内陆地区过去没有保税物流平台，海关、商检、边防重复查验，手续繁杂，费时费力。

重庆在探索中感觉到，在新形势下，内陆地区发展加工贸易不能再靠低地价、零税收、高补贴等不可持续的招商方式。为此，重庆的策略是，努力转变加工贸易发展方式，构建加工贸易产业大集群。

1. 建立整机加零部件生产的全流程产业链，推动加工贸易由水平分工变为垂直整合。如果 70%—80% 的零部件（特别是核心零部件）依托本地制造，就能变"两头在外"为"一头在内、一头在外"，使进项物流成本大大降低甚至归零，从根本上解决内陆进项物流成本高的问题。同时，还可以引进多个品

牌商和代工商，保持订单的多源性、稳定性。

2. 解决好保税物流和出项物流。充分利用内陆保税区、国际铁路联运大通道，发挥铁、空、水等内陆口岸作用，促进产成品和料件进出口关检便利化，降低产品外销物流成本。

3. 重视向产业链、价值链高端拓展，占据加工贸易"微笑曲线"的高端，尽可能把高附加值留下。一是在品牌商层面，吸引品牌商的区域总部、研发中心、全球维修中心等落地，吸引跨国公司加工贸易结算业务内迁。加工贸易结算具有网络化、离岸金融、高附加值三大特征，还具有"结税""结汇""结人"（提供大量与结算相关的服务业岗位）三大作用。当前我国的加工贸易结算，大部分被新加坡、中国香港等"自由港"吸走，造成巨大的利益流失，虽符合市场规则，但利益分享机制不太合理。因此，我们认为，重庆在西部，就应该用足西部大开发关于鼓励类企业执行15%企业所得税的优惠政策，把加工贸易结算环节的增值部分留在国内。二是在代工层面，鼓励代加工企业向产业链的上游研发设计拓展，实现由单纯的代加工向代设计加工一体化转变，推动OEM贴牌生产向ODM设计加工升级。三是在零部件层面，产成品的高附加值往往体现在核心零部件上，电子信息产业尤其如此。从价值量占比来说，芯片、液晶面板、高档机壳贡献的附加值非常之高。因此，吸引核心零部件厂商落地，是推动产业集群高端化、高质化、高新化的重要突破口。

4. 形成以人为本的员工服务新模式，加强社会管理创新，构建新型和谐劳动雇佣关系。"整机 + 零部件"垂直整合的加工贸易模式对内陆地区以及对电子产品、通航和机器人等产业普遍适用。近年来，很多内陆地区的电子信息产业加工贸易呈现出较好发展势头。重庆依靠这种创新模式，集聚了惠普、思科等五大品牌商的订单，富士康、广达等六大代工商在重庆生产整机，800家零部件供应商提供配套，从而推动重庆信息制造业的零部件本地价值配套率达到80%，形成了加工贸易全流程集群。2013年生产笔记本电脑6000万台，加打印机、平板电脑、液晶显示器及服务器等各类智能终端设备共1亿台（件）。

同时，在国家外汇管理局的支持下，重庆还对加工贸易结算需要的相应管理办法进行了改革创新，吸引了惠普、华硕等亚太地区的结算中心从境外转移至重庆，截至目前累计结算1000亿美元，为国家创造税收100多亿元。

（五）大环境：放宽准入门槛，推动外商投资便利化

要按照《决定》要求，更多地依靠公平、开放、法制的市场环境吸引外资，转变靠"血拼"各种优惠政策引资的传统方式，避免内耗，确保国家整体利益最大化。

1. 全方位、宽领域、多渠道向外资开放。全方位，即向美、欧、日、韩等国以及港、澳、台等地区的资本平等开放。宽领域，即只要不在负面清单之列，就允许外资与国资、民企一样投到各行各业中去。多渠道，即允许外资进行"绿地投资"、直接并购国企和民企以及通过 QFLP、私募基金、证券投资、风险投资等形式进行股权投资。近年来，重庆已经按照这一理念持续推进，2012 年实际利用外资 105 亿美元，较五年前增长了 10 倍。

2. 提供良好的政务服务。服务是竞争软实力的硬支撑。要营造亲商安商富商的环境。

3. 加快电子口岸建设，探索"单一窗口"制度的可行方式。

总结近年来重庆在扩大开放、发展开放型经济方面的体会，最基本的经验就是要从上述五个方面同时启动，同时还要相互协同和主动配套，其间忽视任何一项工作都会影响内陆开放的实际效果，都会影响内陆地区社会各界对发展开放型经济必要性的理解，进而产生扩大开放的疑惑。这"五大标志和方向"，既是重庆对过去一些内陆省份"摸着石头过河"经验的总结，也是《决定》对内陆开放所做的顶层设计、系统安排，必然会指导和推动内陆扩大开放，从而创造出一个新的"开放红利期"。

自贸试验区的梯度互补和错位探索[*]

　　党的十九大报告指出，要"赋予自由贸易试验区更大改革自主权，探索建设自由贸易港"。从实际情况来看，11 个自贸试验区前后共分为三个轮次批复设立，其中上海自贸试验区启动最早，已经产生一定成功经验并逐步实现可复制经验的相应推广；而天津、福建和广东三个自贸试验区由于各自定位和区位条件不同，其各自做法尚待实践检验；去年 3 月底新批复的 7 个自贸试验区，则呈梯度分布在东、中、西部地区。就新设自贸试验区的总体方案而言，关键是要以制度创新为核心，以可复制可推广为基本要求，在构建开放型经济新体制、内陆开放型经济发展新模式和建设法治化国际化便利化的营商环境等方面，率先挖掘改革潜力，破解改革难题，以期形成东中西相互协调、陆海空立体统筹的全方位、高水平对外开放新格局。

　　由于客观环境、起步条件、区位状况、资源禀赋存在较大差异，如果以一个统一的标尺来衡量三个轮次的自贸试验区进展成效，那么肯定不免失之公允，但是，按照各个自贸试验区方案中所设定的建设定位和发展目标来对照，其梯度进展便会一目了然：上海体现综合性，天津服务京津冀协同发展，广东力推粤港澳一体化，福建主打两岸经济合作和海上丝绸之路，辽宁助力东北振兴和工业转型，浙江聚焦海洋战略和大宗商品，河南聚焦打造交通物流枢纽，湖北打造创新和产业高地，重庆打造西部开放门户城市，四川主打西部国际开放通道枢纽，陕西定位引领丝绸之路经济带。11 个自贸试验区应当以体系化的面貌带动"一带一路"倡议的推进，支撑长江经济带、京津冀协同发展、东北振兴、中部崛起、西部大开发等区域发展战略。

　　从目前 11 个自贸试验区在发展开放型经济的实践探索进展情况来看，按

---

　　*　此文完成于 2017 年 2 月。

照国务院"高标准高水平建设 11 个自贸试验区，全面推广成熟经验"的标准来衡量，11 个自贸试验区尚需以"梯度、差异、特色、协同、补缺"为原则，"拉长长板、补长短板，做实实体、充实虚拟"。虽然 11 个自贸试验区在产业布局、开发平台、口岸体系、贸易通道等方面的开放基础不尽相同，但毕竟都已经在一定程度上积累了较为系统的对外开放经验，形成了积极主动扩大对外开放的体制机制，因而，其今后一个时期的开放探索，也应当把重点设定为"为中国构建开放型经济新体制提供可复制可推广的经验"。

但是，由于世界经济和贸易持续低迷，国际金融市场波动不断加剧，地区和全球性挑战突发频发，"逆全球化"和贸易保护主义加速抬头，贸易和投资的自由化便利化受到多方抵制，国际上原有自由贸易区域和自由贸易政策互联互通模式的可复制性已经大为降低，加之我国国内结构性问题突出、风险隐患显现、经济下行压力加大，伴随改革进入攻坚期和利益关系的深刻调整，地区经济走势正在不断分化，新一轮自贸试验区的批复时机和国际形势所提供的成长环境已经发生较大变化。因此，在总体对外开放战略布局和目标已经基本确定的前提下，如何在三个批复轮次的自贸试验区之间、同一轮次的自贸试验区之间以及不同经济区域的自贸试验区之间，加强分类、梯度和重点内容设计，加大体制、机制和管理制度探索，形成可复制和可推广的经验，提升区域辐射和周边带动能力，已经成为当前改革开放中所必须切实加以重视的重大战术问题。

要真正解决上述问题，需要以开放倒逼改革的制度逻辑，根据各类自贸试验区的功能特点、区位条件、产业体系等，加快梯度互补和错位发展的开放制度探索。

第一，尊重地方政府在自贸试验区建设中的改革激情和创新热情。一是对各轮次批复设立的自贸试验区均实行国务院和地方政府双重管理体制。二是凡属涉及自贸试验区的适用法律法规及有关行政管理事项，均由国务院或国务院提请全国人大常委会进行立法，或授予省级地方人大以自贸试验区临时立法权，为自贸试验区制度探索提供法制保障。三是创新自贸试验区监管体制，实行"一线放开、二线管住"的分线管理模式和国际贸易"单一窗口"制度，促进自贸试验区内货物、服务、资本等各类要素自由流动，形成公开、透明的管理制度。

第二，通盘部署自贸试验区的定位、方向和重点内容。鉴于国务院已按照"贯彻三大国家战略，当好改革开放排头兵、创新发展先行者"对前两轮4个自贸试验区建设方案进行了定位，对第三轮7个自贸试验区应当在区域定位上体现持续性、衔接性和梯度性。前两轮4个自贸试验区要在积极探索外商投资准入前国民待遇加负面清单管理模式、深化行政管理体制改革、提高行政管理效能、提升事中事后监管能力和水平的基础上，及时总结评估试点实施效果，形成可复制可推广的改革经验。新近批复的第三轮7个自贸试验区则要从开放定位、产业导向、试验内容等多个方面进行明确分工。建议加强全国11个自贸试验区的交流、联动、互动，真正使11个自贸试验区构成一个全国自贸试验区网络体系，形成统一的市场制度和管理制度安排。

第三，梯度设计并推动自贸试验区的分类制度探索和功能创新。在推动自贸试验区建设的政策设计上，要树立梯度分工理念，突出创新探索实践和建立容错机制。按照"梯度推进、循序渐进、风险可控"的原则，对11个自贸试验区的开放内容进行合理分解和科学定位，推出相应的先行先试改革，为构建开放型经济新体制提供借鉴。构建必要的保障机制以及事后监管机制，包括人大法律监督、政协民主监督、社会群体监督和媒体舆论监督，以避免出现自贸试验区建设在探索中出现系统性风险和违法行为。

第四，正确处理自贸试验区的政府职能转变、业务流程监管与行政体制改革之间的区别与联系。围绕自贸试验区制度探索的政府职能转变，既要体现为政府机构的重构，也要对开放型经济领域内的整个"放管服"链条进行全程打造。在自贸试验区建设中要把诸如社会管理、城市管理等重要领域的改革与自贸试验区对外开放的经济改革区别开来，以免在自贸试验区试验和探索中出现靶心不明、聚焦不准、火力分散、效果不佳等负面效应。在自贸试验区的各个梯度上，都必须把探索重心集中在投资和贸易的自由化、便利化等领域内，实施开放格局的整体打造、政府行为的过程监管以及市场运行的环境营建。

第五，强化自贸试验区在政府、企业、市场和社会四维空间中的创新、互动和协同。通过自贸试验区的制度创新，当地政府要能够形成"放管服"体制机制体系，企业要能够降低成本、提高效率，市场要拥有企业创新的刺激和良好的营销环境，社会要和谐安定并拥有包容生产力持续发展的空间。在这种意义上，协同高效的自贸试验区体系，应当既是一个各类主体之间信息交流无障碍的社会系统，也是一个以信用体系为基础的多元共生的生态系统。以此为参照系，积极构建中国新一轮改革开放的自贸试验区体系，既需要从顶层设计出发对标国际化标准、体现自由贸易的本质要求，更需要激励各类自贸试验区根据自身梯度特点主动探索，而不能只是拼政策洼地。

第六，加强自贸试验区的创新能力和体制机制活力，着力成为形成陆海内外联动、东西双向互济开放格局的排头兵。目前，在前两轮自贸试验区已经成为开放探索体系的基础上，第三轮新批自贸试验区呈现为横跨沿海内陆、贯通东西、兼顾东北的新自贸试验区体系，应当把国家对外开放战略与区域协调发展战略有机结合，通过自贸试验区建设中的正向政策激励与放权改革的压力倒逼，联合推动国内"两横三纵"格局的统筹。一方面，对内落实"两横三纵"战略设计，优化我国中长期区域规划宏观布局。新增自贸试验区的建设重点是要体现西部地区的开放要求和中部地区的东西贯通、产业承接能力，同时还要兼顾东北老工业基地的转型、沿海及腹地的共同开放，从而在中西部和东北有条件的地区，依靠市场力量和国家规划引导，逐步发展形成若干城市群，成为带动中西部和东北地区发展的重要增长极，推动国土空间均衡开发。另一方面，对外探索国际合作新形式，主动顺应全球化经济治理新趋势新格局，对接国际贸易投资新规则新要求，在推动新一轮对外开放中推进新的更高标准贸易自由化、投资自由化，在扩大开放领域的同时，提升开放能级，接轨国际贸易投资新规则。当然，作为自贸试验区前期重要成果的上海、广东、天津、福建四大自贸试验区，还要继续在投资、贸易、金融服务、事中事后监管、创业创新等方面强化突破性改革探索，尤其是要以推进贸易便利化为重点，持续深化投资管理体制改革，巩固贸易监管制度创新成效，稳步推出金融开放创新举措，提升服务实体经济的质量和水平，形成严密高效的事中事后监管体系，鼓励和带动区域内的创业创新。

以更加积极主动的心态提升内陆开放水平 [*]

2017 年，是国内外形势更加复杂严峻的一年。如何以更加积极的心态和主动的姿态部署对外开放，是社会各界对政府工作报告关注的重点之一。"万众一心、奋力拼博，我国发展一定能够创造新的辉煌。"这是克强总理代表本届政府发出的时代最强音。

一、客观评价开放成绩

回顾是为了更好地总结经验、砥砺前行。过去一年，虽然我国发展面临国内外诸多矛盾叠加、风险隐患交汇的严峻挑战，但是，由于党中央在对外开放方面推出一系列新举措，"一带一路"建设快速推进，引领我国开放型经济发展不断取得新成效。比如，通过推进与"一带一路"沿线国家加强战略对接、务实合作，我国对外开放战略布局进一步完善；通过完善促进外贸发展措施和新设 12 个跨境电子商务综合试验区，我国进出口开始逐步回稳；而在推广上海等自贸试验区改革创新成果基础上新设立的 7 个自贸试验区，正在成为新时期我国开放型经济体系的重要内容，引领着构建开放型经济新体制的区域性分类探索；尤其是我国实际使用外资 1300 多亿美元，继续位居发展中国家首位。这是做好今年对外开放的前提，更是谋划未来开放战略布局的基础。面对今年艰巨繁重的改革发展稳定任务，必须通观全局、统筹兼顾，突出重点、把握关键，正确处理好各方面关系。在积极主动扩大对外开放方面，重点是要加快构建开放型经济新体制，推动更深层次更高水平的对外开放。

---

* 此文形成于 2017 年 3 月全国两会期间，曾发表于《重庆日报》2017 年 3 月 13 日。

二、理性研判国内外形势

面对新形势、新问题和新挑战，全面深化改革和全面推动开放都需要强化政府工作的勤政务实、勇于担当精神。目前，我国对外开放正在面对复杂严峻的局面：世界经济增长低迷态势仍在延续，"逆全球化"思潮和保护主义倾向抬头，主要经济体政策走向及外溢效应变数较大，不稳定不确定因素明显增加。在我国发展处在爬坡过坎的关键阶段、经济运行存在不少突出矛盾和问题的形势下，今后及未来一个时期我国在对外开放和全面构建开放型经济新体制的过程中，应当科学理性地设定经济发展的主要预期目标：进出口回稳向好，国际收支基本平衡；坚持汇率市场化改革方向，保持人民币在全球货币体系中的稳定地位。也正是在这个意义上，党中央国务院对我国对外开放进行了总体部署，要求对外开放要与经济工作的稳中求进总基调保持高度一致，通过完善战略布局和构建开放体制来推动开放层次的深化和开放水平的提升。

三、全面提升重庆开放水平

按照今年政府工作报告对我国开放工作的总体部署，推进重庆建设内陆开放高地的各项工作，都需要我们理性把握国家对重庆的战略定位，立足自身优势，用好战略机遇。

1. 拓展开放空间。在扎实推进"一带一路"建设中，坚持共商共建共享，加快陆上经济走廊和海上合作支点建设，构建沿线大通关合作机制。重庆在建设内陆开放高地的前期工作中，"渝新欧"国际铁路已经成为国家实施开放战略布局的重要支撑，加快陆上经济走廊建设就是要利用好"渝新欧"通道的纽带作用，发挥重庆工业体系比较健全、产能和技术比较突出的优势，在沿线国家谋划合作建立"境外经济合作区"，通过加大和深化国际产能合作，带动重庆装备、技术、标准、服务走出去，实现优势互补。同时，以重庆在沿线国家的友好城市为抓手，鼓励重庆企业的直接投融资合作，积极探索建立亚投行与丝路基金的西南总部，争取充分授权，以主导沿线国家城市项目的投资管理。同时，还要加强教育、文化、旅游等领域交流合作，使"五通"真正成为重庆作为"一带一路"与"长江经济带"联结点的核心内容。

2. 促进外贸回稳。当前，重庆建设内陆开放高地正面临着新的外贸瓶颈，如何促进外贸继续回稳向好将决定着重庆发展开放型经济的层次深化和水平提升。按照国家关于"落实和完善进出口政策，推动优进优出"的要求，加快设立服务贸易创新发展引导基金，在支持市场采购贸易、外贸综合服务企业发展方面做好调研、出台政策，尤其是要顺应数字化、网络化、智能化发展的国际趋势，利用好作为国家跨境电子商务综合试验区的优势，依托"渝新欧"和航空物流，抢占发展跨境电子商务的制高点。一方面，采取有效措施引导国内大型企业入驻重庆并及早布局，支持中小企业抱团出海并加强与跨境电商、物流企业的合作；另一方面，要加强与"渝新欧"沿线国家的贸易政策协调，呼吁并争取国家制定统一的电商标准，在由国家统一主导、与沿线国家之间的双边或多边框架下，就跨境电商所涉及的国家、部门、企业合作等方面进行磋商，建立纠纷解决机制和多层次对话平台，同时推动沿线国家建立陆上贸易规则和跨境电商规则，推动各国标准衔接。

3. 推进外向型产业升级。在加快外贸转型升级示范基地建设、促进加工贸易向产业链中高端延伸、向中西部地区梯度转移方面，对重庆产业优势和目标市场进行细分化研究并制订发展规划。目前，在内陆开放型经济体系中，主要以笔记本电脑加工贸易为主导的重庆信息制造业已经成为外向度最高的第一支柱产业，但是，受国际市场需求起伏不定、国外客户贸易订单不稳以及加工贸易的利润空间不断收窄等因素的影响，目前亟须进行产业结构调整。如何用好国家对加工贸易向产业链中高端延伸和向中西部地区梯度转移的促进政策，决定着重庆在融入"一带一路"建设中的具体进程和效果。

4. 加大自贸区自主探索力度。高标准高水平建设 11 个自贸试验区，全面推广成熟经验，推进国际贸易和投资自由化便利化，是全面培育我国对外开放新格局的内在要求，也必然要体现在区域开放的探索实践之中。国家对重庆自贸区的定位是"落实中央关于发挥重庆战略支点和连接点重要作用、加大西部地区门户城市开放力度的要求，带动西部大开发战略深入实施"。重庆的优势体现在交通物流方面，重庆自贸试验区探索应当更加注重功能性。重庆在内河航运、铁路、公路和航空方面都有优势，因此，重庆自贸区的特色之中，应当突出发展转口贸易，同时实物贸易的发展将带动结算金融，推动重庆成为功能性金融中心。此外，基于"渝新欧"国际铁路的前期探索和国家跨境电商综合试验区的平台，重庆自贸区必须充分体现内陆特色，这就是要探索陆上贸易规则，这也是基于复制经验的创新选择，因为沿海地区自贸区面对的贸易通道均是海上通道，而重庆则是"渝新欧"国际铁路和面向东盟的铁路和公路，如果一味沿用海上贸易规则，必然会出现水土不服现象。探索"陆上贸易规则"，就是要以中欧班列为基础，探索中欧陆路贸易的立法体系的建立。在总体考量上，重庆自贸区的开放探索，重点应当是在国家的支持下结合重庆自身优势，加大内陆开放的探索，以推进实体经济发展为核心带动内陆地区的开发与开放，从而通过转变政府职能、创新金融制度、扩大口岸开放、拓宽对外通道、完善保税功能、加强贸易服务、放宽外商准入、优化税收政策等多项改革措施，推进国际贸易和投资自由化和便利化，使之成为我国进一步融入经济全球化的重要载体。

把东盟线向南向通道提到议事日程 *

"一带一路"合作倡议自 2013 年提出以来，赢得了国际社会的普遍认可和广泛赞誉，得到国内各省市的积极响应和开放探索。尤其是在十九大提出"要以'一带一路'建设为重点，坚持引进来走出去并重，遵循共商共建共享原则，加强创新能力开放合作，形成陆海内外联动、东西双向互济的开放格局"的战略部署之后，国内各省市纷纷抢抓机遇，迅速制订加快融入行动计划，表现出了强烈的使命感、责任感和高度的主动性、创造性，在开展国际产能合作、引导国内企业到沿线国家投资设厂、与有条件有意愿的沿线国家共建经贸合作区、帮助东道国提升工业化水平等方面，充分发挥各自比较优势，取得了重大突破性进展。

但是，受资源禀赋、产业布局、地理区位和基础设施状况以及开放型经济发展不均衡等因素的影响，国内各省市尤其是内陆地区在参与和融入"一带一路"建设的国际物流通道建设方面存在着诸多问题，主要是线向设计重复化、口岸信息分散化、运力统筹封闭化、通关效率低能化，加之与开放型经济密切相关的行政管理体制改革没有真正到位，面对"全国一盘棋"的改革开放大局，或者手足无措、办法不多，或者异想天开、各自为政，多头建设、九龙治水现象加剧了"一带一路"国际物流通道建设中的资源配置"碎片化"问题，使国家在实施区域协调发展过程中的统筹难度日益加大。因此，鉴于国际物流通道在中国倡导建设开放型世界经济体系的过程中具有重要的基础性意义和导向性作用，直接决定着"一带一路"倡议的推进步伐和实施效果，必须理性分析，科学设计，全面统筹，务实推动。

---

* 此文完成于 2018 年全国两会期间，主要观点曾以社情民意信息形式报送全国政协。

一、理性分析，把握好"一带一路"倡议面对的国际形势总体特征和国际物流通道体系建设的未来前景

目前，我国在推动"一带一路"合作倡议中的国际物流通道体系，由面向欧洲的西向和北向通道、面向北美日韩的东向通道、面向东盟南亚西亚和非洲的南向通道共同组成，必须认真研判当前和今后相应的国际形势演化特征。

1. 面向北美日韩的东向通道，以海运和航空为主，鉴于前期开放互补性条件正在逐步弱化，直接竞争将日益加剧，国际物流通道合作将会以相对稳定和可持续性为基调，以巩固和发展多式联运为主要内容。

2. 面向欧洲的西向和北向通道。"一带一路"倡议在欧洲面临着两个线向的不同风险："中欧班列"面临的风险主要来自国内和国外两个维度，国内问题主要集中在各省市物流运输互不统属导致不良竞争、地方政府"各自为政"为境外沿线国家提高要价是供了可乘之机、物流运输产品存在偏离市场规律现象，国际风险则主要表现为沿线国家和地区的经济、产业、贸易规模、结构和发展趋势不明，沿线国家较多，大国势力盘踞，并拥有广泛利益，增加了中国投资风险。"中欧陆海快线"建设则面临希腊危机尚未完全过去、马其顿政治危机尚未远离、巴尔干地区存在恐怖主义等非传统安全问题、欧盟的制度和规则存在较多限制、欧洲难民危机仍在加剧。显然，西向和北向通道的提升速度和品质存在着很大程度的不稳定性、不确定性和不可控性，变数较多、制约较大是西向和北向通道面临的最大问题。

3. 面向东盟南亚西亚和非洲的南向通道，主要由海运、航空和陆上运输构成，又有两个线向：一是东盟线向，陆上通道由北部湾海港和南宁向北经贵阳、重庆、成都，连通兰州和西安，可形成连接我国西部地区的南北纵向大动脉；二是南亚西亚非洲线向，打通重庆至瑞丽再经缅甸直达印度洋的国际物流大通道，使之成为我国西部地区陆海联运的综合运输网络关键节点，可以稳定和完善我国对外开放格局，促进南向互利合作，保障我国经济社会未来的安全发展。但是，在当前国际环境状况下实施南向通道中的南亚线向难度较大，只可作为长期战略选项；最具可行性、最具先期收获和示范效应的还应当是以东

盟线向为南向通道主体。主要依据在于，其一，通过加快建设东盟线向的南向通道，可以在海上与东盟国家相连，在陆上与中南半岛的 7 个国家相连，从而有利于带动经济走廊建设。其二，"南向通道"具有广阔的市场前景。西部各省市集货到重庆枢纽点，从重庆经长江航运出海是 2400 公里，运输时间超过 14 天，如果重庆经铁路到北部湾港口约为 1450 公里，运距缩短 950 公里，运输时间只有 2 天，大大节约运距和时间成本。如果从兰州向南到新加坡，比向东出海时间节约 5 天左右，陆海运距缩短约一半。其三，中国与东盟国家具有明显的经济互补关系，传统友谊历史悠久，文化相近，经过长期以来致力于互联互通、互助互信、互利共赢的国际合作，中国—东盟关系正在不断提质升级，朝着打造更高水平的战略伙伴关系、构建更为紧密的中国—东盟命运共同体的方向发展。有鉴于此，在构建"一带一路"通道体系过程中，应当集中力量处理好战略上最为重要的区域，积极稳妥地处理好与东盟的关系，务实灵活地处理中国同有影响力的次区域组织的合作，准确阐释"一带一路"倡议的精神实质，把握好"一带一路"建设的重大原则方向，积极打开突破口，适时把重点和精力放到东盟线向南向通道建设方面。

二、科学设计，处理好"一带一路"倡议中的国内区域协调与国际合作关系

目前，在中国—东盟国家高层的高度重视和大力支持下，在国家有关部委和相关省区的共同努力下，东盟线向的南向通道建设已经在相关领域取得了积极进展，比如铁海联运班列、跨境运输等均实现了常态化运行，国内沿线省市签订了通道建设合作协议，以及双向投资贸易增长迅速，等等。但是，以"一带一路"国际倡议的内涵要求来衡量，东盟线向的南向通道建设仍然处于加快破题阶段。为此，科学设计东盟线向南向通道的基本思路应当是：以中新互联互通项目南向通道为基础，形成以中国内陆腹地中心城市（重庆）为运营中心，以西部内陆地区的重要城市为关键节点，中国西部相关省区市与新加坡等东盟国家通过区域联动、国际合作共同打造，致力于衔接"一带一路"的国际陆海贸易新通道，为中国西部内陆各省区市开辟一条最为便捷的出海物流大通道，推动实现丝绸之路经济带、21 世纪海上丝绸之路及长江经济带在西部地

区的有机连接，从而构建西部地区开发开放新格局，助推"一带一路"建设。构建东盟线向南向通道的基本构想是：先期建设以重庆为起点，经广西北部湾和凭祥口岸出入境，通过越南连接中南半岛一直到新加坡、马来西亚等东盟各国的铁海联运通道、跨境公路通道和国际铁路联运通道；然后向西拓展，发挥重庆和兰州作为西南、西北两大物流枢纽的作用，利用兰渝铁路、中欧班列（渝新欧、兰州号），形成"兰州—喀什—瓜达尔港"等国内国际通道，通达中亚、南亚、中东及欧洲地区；同时，向东拓展，辐射长江经济带。力争用2—3年时间，将通道培育成为运营主体有市场竞争力、货源组织有充分保障、进出货量基本平衡、多种运输方式良性互补，能够持续稳定发展的国际陆海贸易新通道。东盟线向南向通道将会使"一带一路"经中国西部地区形成完整的环线，促成中国西北与西南等地区的连通、中西亚与东南亚地区的连接，沿线国家与地区也将可以借由这条大动脉，实现产能、市场等要素共享，共同打造一条极具生命力的国际陆海贸易新通道。在我国倡议建设的六大经济走廊中，中国—中南半岛经济走廊应当成为内陆地区推进"一带一路"建设的重点目标，以便从根本上解决中国与东盟之间关检不互认、运输成本高、缺乏口岸平台、回程货源集货难等问题。就战略地位而言，东盟线向南向通道可以利用铁路、公路、水运、航空等多种运输方式，由重庆向南经贵州等省市，通过广西北部湾等沿海、沿边口岸，通达新加坡及东盟主要物流节点，进而辐射南亚、中东、大洋洲等区域；同时，还可以向北与中欧班列连接，利用"渝新欧"、兰渝铁路及甘肃的主要物流节点，连通中亚、南亚、欧洲等地区，这是实施"一带一路"倡议的关键一步。同时，在关系到"一带一路"建设社会基础的人文交流领域，南向通道建设将会进一步便利人员往来，形成在教育、艺术等人文领域的丰富交流成果，起到促进民心相通的重要作用。

三、全面统筹，解决好"一带一路"倡议中东盟线向南向通道建设的互联互通问题

在推进"一带一路"建设起步阶段，我国在东盟线向南向通道建设方面顶层设计浓墨重彩不多，亮点亟须增色，近期需要着重解决物流通道基础设施相对薄弱问题。东盟线向南向通道的沿线国家和地区自然地理环境复杂，经济发

达水平落差极大，总体规划难度较高，交通基础设施建设投入难以协调，中南半岛各国经济发展相对落后，沿线各国政策制度存在不同差异，无法形成对贸易红利的共识，普遍对南向通道建设重视不足。因此，南向各国物流通道在基础设施、信息系统等软硬件方面具有结构性矛盾，导致铁路轨道标准不一、现代化水平较低、过境物资需要换装、公路通行状况不好等问题层出不穷，国际贸易大通道无法高效衔接。加之，南向各国政策制度有待进一步加强沟通与协调，一体化通关机制有待进一步形成。同时，在我国国内的南向开放布局中，相关省市的物流通道体系缺乏有效衔接，不同运输方式、运输区域、运输系统之间相互隔离、各自为政，长期没有形成规模化、一体化的物流网络。国内相关省市尤其是内陆地区缺乏联合行动，交通、海关、商检、边防、产业以及人文交流没有按照"一带一路"建设的总体要求进行规划。因此，加快东盟线向南向通道建设，必须加强内外统筹协调，做好通道建设工程。

四、务实推动，实施好"一带一路"东盟线向南向通道建设的联动发展

一是强化南向通道的顶层设计。按照南向通道的顶层设计理念，通过中新（重庆）互联互通等项目，发挥资金、物流、管理等优势，积极参与通道建设，并从地区层面带动其他国家共同参与建设这条国际陆海贸易新通道。为此，在国家层面必须加强与南向通道国家的多双边磋商，在增进共识的基础上形成一批串联通道的铁路、公路、水运、航空建设项目。同时，加强海关国际合作，打通中国与南向通道国家之间的交通物流设施梗阻。加强与沿线国家的沟通衔接，努力争取形成更多创新合作开放平台。在南向铁海联运班列、跨境公路班车常态化运行的基础上，与沿线国家合作，布局谋划国际铁路联运班列，形成完整的南向通道多式联运物流体系。推动中国—南南半岛经济走廊国际通道建设协调机制，加快次区域合作中交通运输等基础设施的规划与建设。

二是完善工作机制，建立国家层面的南向通道统一协调制度，完善国内省际跨区域合作机制。在现有的渝桂甘黔共建南向通道合作协议基础上，拓展通道的辐射范围，创新中国西部内陆地区的通道合作机制，提高通道运行效率。要抓好重大物流园区、物流产业项目建设，全力推动中新（重庆）互联互通示

范项目、新加坡（广西南宁）综合物流产业园建设，集聚更多内陆地区的物流企业。努力提升通道运行的信息化管理水平，推动通关一体化、便利化，提升港口、铁路作业效率，继续完善支持扶持政策，努力在提升软硬件建设水平上下更大功夫，吸引更多企业投资发展，并加大推介力度，不断提升南向通道的影响力和辐射范围。

三是重视南向通道关键基础设施项目建设。建议以重庆和广西作为南向通道的枢纽节点，着力抓好铁路、公路、港口、航道、多式联运基地等基础设施建设，并与国家重大规划相衔接，将南向通道纳入国家促进新一轮西部大开发的政策意见，推进"铁、公、水、空"等多种运输方式无缝对接，努力降低物流成本。加大探索力度，支持开展多式联运。推动在铁路、公路口岸开展"短驳互转运输"，在公路、水运、铁路口岸设立集装箱交换点，推进集拼作业和集装箱便捷换装作业。在国家层面已经明确把多式联运作为国家物流系统建设的基本战略的形势下，在推进南向开放过程中还应当同时强化多式联运基础设施的建设，推进多式联运设施装备的标准化体系的建设，建立健全多式联运的法制制度和运行规则，发展多种形式的多式联运，开展试点示范。

四是加快推进中新互联互通南向通道建设工作，进一步优化运营构架，本着"开放包容、创新实践、协同联动、共商共建、共管共享、互利共赢"的理念，推动国内相关省份和沿线国家共建共享南向通道。各相关省市和各有关部门要加强统筹协调，形成工作合力，认真按照确定的分工和要求，全力抓好任务落实，同时继续加强重庆、广西、贵州、甘肃等省（区、市）密切配合，辐射带动更多省份参与南向通道建设。对内建立国家、省、市、县四级层面的南向通道协调机制，建立健全国内外通道机制和体系，着力加大对南向通道基础设施的建设力度。

五是加大探索力度，进一步提高南向开放的省际通关协作、国际通关效能和经贸合作水平。加快推进"单一窗口"建设，重点推动与南向国家的监管部门之间开展国际合作和执法互助，实现国际贸易的通关便利。国家海关总署要在前期全国范围内推行区域通关一体化改革的成功经验基础上，移植培育旨在深化南向开放的区域通关一体化，重点推进信息互换、监管互认、执法互助的"三互"大通关建设，推进国际贸易"单一窗口"，深化关检合作，"一次申报、一次查验、一次放行"，打造"一站式"通关服务，进一步优化通关查验流程，提高通关效率。进一步加强跨区域经贸合作，打造特色商品贸易集散口岸和专业市场，推进产业协作配套和资源优势互补，为南向通道建设提供支撑。发挥对物流、金融、工业、服务业等行业的集聚辐射作用，为沿线地区释放出发展活力。

总之，进一步加大东盟线向南向通道建设力度，事关"一带一路"倡议的顺利推进和实施，事关形成全面开放新格局和实施区域协调发展战略的未来走向，事关中国西部内陆地区主动融入"一带一路"倡议的深度和广度，事关东中西部区域之间科学布局、合理分工、错位开放、协同发展的大局。只有加快东盟线向南向通道建设，才能不断提升中国全面开放的质量和水平，内陆地区的经济社会发展才可能具备长期可持续的市场空间，中国开放型经济和开放型世界经济才能拥有增进内部协同、积聚外部资源的坚实基础。

推动开放功能区域实现全方位协同 [*]

党的十九大报告指出，"推动形成全面开放新格局"。中国开放的大门不会关闭，只会越开越大。近年来，全国各地在引导开放资源向重点区域集聚方面，依托自身功能定位和比较优势，积极探索，各展所长，初步形成了开放型经济发展的集聚扩散效立。但是，面对国际贸易保护主义加速抬头、逆全球化思潮甚嚣尘上的国际背景，我国积极融入经济全球化进程、全面发展开放型经济和建立现代化经济体系的努力经受了日益严峻的挑战。

我国在推动"一带一路"建设和实施开放带动战略过程中还存在着一些不容忽视的问题：一是各类开放功能区在资源、信息、人才、平台等创新要素方面缺乏共享机制的引领；二是各类开放功能区围绕自身功能定位各自为政，在科技、产业、开放、体制等方面的优势发挥存在着明显的互补性障碍；三是多数开放功能区存在产业定位重叠、交叉、空位现象，按产业链的分工融合缺乏科学统筹；四是各类开放功能区在动态发展中存在"重特色、轻联合，重个性、轻互动，重稳健、轻贯通"的"三重三轻"现象，区域之间的联动开放、协同创新缺乏有效的联系纽带；五是科技金融在不同开放功能区之间的重视力度和作用方式不尽相同，没有形成以金融为核心的创新风险识别、估测、评价、控制和化解机制；六是创新支持政策在各开放功能区之间缺乏通用性体制基础，创新生态环境的培育亟待增加整体性、系统性和协同性；七是科技功能区和开放功能区边界划分画地为牢，有机融合不足，尤其是开放对创新的引领作用尚未得到充分发挥，以开放为动力的创新区域集群和新兴产业集群发展缓慢。

针对上述问题，应当树立协同观念，在深化改革中扩大开放，在开放中深

---

* 此文完成于 2018 年 6 月。

化改革。

一、倡导资源共享，形成开放功能区域协同发展的有机活力

国家级新区、经开区、高新区、自贸区以及国家自创区、双创示范基地等，都要按照各自的主导产业和重点产业进行科学定位，确定创新资源开放需求的类型、结构和规模，根据重点培育的战略性新兴产业发展需要，制定开放引领发展的基本策略和具体政策。

第一，明确人才引进策略。在国家层面，要按照创新要素向重点区域集聚的原则，出台全方位、系统性的人才政策。制订人才引进分类计划，以分层政策引导顶尖学者、外籍专家、华裔、留学人才以及港澳台人才引进工作。开展各类学术研讨会议，利用海外人才智力资源。建立海外人才信息库，同时注重开放功能区的共建共享、互联互通。

第二，加强共享式创新平台建设。各类开放功能区要建设开放共享的科技创新服务平台，形成高效的创新平台建设运营模式，鼓励各方投资主体参与平台建设，探索平台所有权与经营权分离的运营模式。各类开放功能区融合互动共享，构建技术咨询、经纪机构、技术转移、技术评估、科技金融、孵化器等门类齐全、形式多样、专业化程度高的科技服务中介机构体系。

第三，完善业绩考核体系。在开放功能区的考核中，招商引资与招才引智并重，特别是要把招才引智置于创新驱动发展的核心位置，既重视引进人才个体，更重视引进研发机构。其他各类特殊功能区都要重视与开放功能区、自贸区以及其他关联性开放功能区之间的融合发展，重视国际创新资源的区域整合、人才共享和机制协同，用活自贸区、开发区等开放型经济引领功能，强化各类创新型企业以市场为导向，在合作中提升技术创新能力和产业发展水平。

二、重视优势互补，形成开放功能区域创新驱动发展的动力体系

各类开放功能区都要特别突出科技、产业与市场的紧密结合，在培育战略

性新兴产业的过程中，既要考虑创造新供给、提供新服务，又要重视培育新消费、满足新需求。

第一，重视基础性技术专利。在国家管理层面，必须以提高基础性技术专利数量为衡量指标，分类考核开放功能区在关键技术供给、新兴产业关键技术方面的研发情况，真正让创新成为引领开放功能区发展的第一动力。

第二，突出壮大科技创新主体，加快培育新动能。高新区、自主创新示范区等科技功能区要围绕国家重点支持的高新技术领域，瞄准科技型中小企业梯队进行重点培育，多策并举，扩大科技企业总量，推进科技型中小企业快速发展。

三、突出产业交融，形成开放型、融合型、创新型的开放功能区域产业体系

第一，切实重视产业融合。以科技创新为主要内容的开放功能区，要着眼于高起点、新产业、大合作，推进产业链融合创新，避免产生传统产业发展中存在的产业之间技术衔接不紧密、产业链条化程度不高、产学研脱节、产业延伸技术创新不足等问题，加快发展高端智能制造，促进工业全产业链、全价值链信息交互和智能协作，准进协同创新，推动区域内企业跨行业组织科技攻关。

第二，切实重视创新设计。把创新设计作为创新型服务业开放的重点产业，形成开放功能区域的创新引领优势，形成新型制造业发展的制高点，国家级开发开放新区、经开区、高新区、自创示范区的重点创新设计应当包括大数据、人工智能、机器人、数字制造等应用性制造范式；以全生命周期、供应链管理、服务外包、电子商务等新兴业态来重塑全球价值链体系、重构产业组织形式；以机器人、可穿戴智能产品、智能家电、智能汽车等智能终端产品为主引导未来生产和消费需求；以智能装备、智能工厂引领制造方式变革；以互联网、物联网、数据网、服务网为主线，形成智能制造、网络协同制造、定制化制造、绿色制造等主要业态。

四、推进区域联动，形成错落有致、形态多样的开放功能区域产业创新特色

第一，构建以公共技术服务平台为载体的开放功能区域创新网络，推进以企业为主体的技术创新体系建设。重点是依托区域内产业集群或优势企业，结合市场需求和发展实际，重视招才引智与招商引资并重，整合政府、企业、外资、高校、行业组织等多元主体，采取市场化机制运作，打造公共技术服务平台，为开放功能区企业尤其是创新型中小企业提供技术研发、产品研制、设备共享、信息咨询等服务，增强企业技术集成和产业化能力，推进企业技术结构、生产方式、组织架构、商业模式等变革创新。在科技计划立项、项目筛选、外向型产业培育以及财政资金支持等方面，对公共技术服务平台适当倾斜，实现创新要素的有效集聚。

第二，推进开放功能区域配套改革制度举措落地，切实提高科技成果转移效率。深化科技成果产权制度改革，进一步完善职务科技成果归属机制，探索开展"先确权、后转化"，赋予科技人员成果所有权。在职务科技成果的使用处置、价值评估、作价入股、企业创办等方面，制定针对性强、便于操作的实施细则。落实以增加知识价值为导向的收入分配激励政策，使科技人员收入与岗位职责、工作业绩、实际贡献紧密联系。

第三，切实发挥各个层级、各类功能区的串联互补作用。在倡导创新资源向优势区域集聚的过程中，对各类开放功能区在激励创业风险投资和天使投资发展、开展企业化运作的新型研发组织建设、简化外籍高层次人才居留证件办理程序等方面给予政策支持，推动开放功能区率先突破创新发展瓶颈，形成可复制可推广的典型经验。探索跨功能区域的产业协作新模式，推进相关政策协同创新，加快承接高端人才流动、高端产业转移和高端科技成果转化。

五、强化资金融通，形成开放功能区域润滑创新驱动的科技金融服务体系

在国务院统一领导下，改革创新开放功能区投融资体制，形成多元化资金

投入体系，从而让科技金融在产学研用各个环节发挥最大作用。

第一，培育多种形式的投资基金，支持天使投资、创新投资等股权投资对科技企业进行投资和增值服务。

第二，建立融资风险与收益相匹配的机制，鼓励银行加大对轻资产的科技服务企业的资金投放。

第三，加强科技金融专营机构建设入园，设立银行科技型专营支行、科技融资担保公司、科技小额贷款公司等机构。

第四，拓宽资本市场融资渠道，积极推动优质科技服务企业到股权交易市场挂牌上市。

六、推进政策协同，形成良好的开放功能区域开放创新生态环境

第一，完善区域创新政策体系，明确顶层设计、组织规划、促进政策和实施路线图，加大在基础研究、成果转化应用等方面的积极开放和有效投入，强化科技、经济、社会、教育、文化的相互融合。

第二，推动各类开放功能区围绕创新主体需求扩大开放，推进制度创新、政策创新和工作创新，使政府公共服务更加贴近企业实际需求，不断优化创新创业的制度和生态体系，给创新主体以激励和保障，发展创新型经济。

第三，改进科技成果转化处置、收益管理，健全股权、期权及分红激励机制，健全科技人才流动机制，鼓励创新型人才向重点功能区集聚。

第四，发挥市场机制作用，引导社会资本积极参与，支持合伙制、有限合伙制科技服务企业发展并加大科技服务企业财税支持，特别是对高新技术科技服务企业所得税的优惠减免。

七、厚植开放引领，形成开放型创新区域集群和产业集群

注重发挥国家级开发开放新区、经开区、高新区、自贸区的创新资源优势，推动与"一带一路"沿线国家的服务贸易和投资机制建设。

第一，积极融入国家"一带一路"建设，探索形成具有地域特点的国际合

作综合创新体系。

第二，加快引进一批拥有国际科技合作网络和自主研发体系的国际机构，培育一批熟悉科技政策和行业发展的科技中介服务机构，建设一支既懂技术和专业，又懂管理和市场的技术经理人队伍。

第三，支持开放功能区联合行动的知识产权服务国际化、市场化、社会化和专业化发展，鼓励各开放功能区之间的联动、协同与共享，培育若干国际接轨的专业化知识产权管理和运营机构。

第四，各类开放功能区要重视积极融入"一带一路"建设，加快建立海外人才离岸创新创业基金，鼓励区域内有实力和优势的创新型企业和机构向其他开放功能区输出先进技术和产业模式，实现互利共赢。

第五，国家级新区、自贸区等开放功能区要利用自身优势，发挥开放平台作用，搭建市场化的国际合作平台，谋划建立与"一带一路"沿线国家互动合作的跨境产业链、创新链，加强对欧创新创业合作，推动我国企业与"一带一路"沿线国家的企业在资本、技术转移、市场拓展、项目开发等领域的全方位合作。

赋予自贸区更大的改革自主权 *

"赋予自由贸易试验区更大改革自主权""发展更高层次的开放型经济"，这是党的十九大为推动我国形成全面开放新格局所确定的重点任务。

自 2013 年设立上海自由贸易试验区以来，我国分三个批次设立了 11 个自贸区，从总体推进情况看，上海自贸区启动最早，已经先期形成广泛的成功经验，并逐步实现可复制、可推广改革试点的目标；天津、福建和广东 3 个自贸区由于定位和区位条件不同，在各自特色领域内也进行了具有一定借鉴意义的探索；而第三批设立的 7 个自贸区呈梯度分布在东、中、西部地区，由于方案定位、资源禀赋、产业布局和区位状况的差异性，其各自做法与成效尚待实践检验。但是，无论设立时序与开放背景如何，也无论所处区位条件和定位设计如何，所有自贸区都应当以制度创新为核心内容，以可复制、可推广为基本目标，在构建开放型经济新体制过程中率先挖掘改革潜力，破解改革难题，从而在形成陆海内外联动、东西双向互济的开放格局中发挥引领和带动作用，进而形成区域协调发展新格局，这是全面开放基本内涵的重要组成部分，也是习近平新时代中国特色社会主义思想和基本方略的重要内容。

当前，世界经济和贸易持续低迷，国际金融市场波动不断加剧，地区和全球性挑战突发频发，"逆全球化"和贸易保护主义加速抬头，贸易和投资的自由化、便利化仍然饱受国际利益集团的多方抵制，传统国际经济秩序中的原有自由贸易区域和自由贸易政策的互联互通模式正在被逐步蚕食，其可复制性已经大为降低，加之，我国国内经济发展中的结构性问题依然突出，风险隐患渐次显现，经济发展中的不平衡性下行压力时有加大。伴随改革进入攻坚期和利益关系的深刻调整，地区经济走势正在不断分化，新一轮自贸区发展所面临

* 此文主要观点原载于《人民政协报》2018 年 3 月 11 日。

的国际形势和国内经济社会发展所提供的成长环境正在悄然发生重大变化。因此，在总体对外开放战略布局和中长期发展目标已经基本确定的前提下，如何在三个批次的自贸区之间、同一批次的自贸区之间以及不同经济区域的自贸区之间加强分类、梯度和试点内容设计，如何加大体制、机制和管理制度探索并形成可复制和可推广的经验，进而提升区域辐射和周边带动能力，既是未来宏观经济发展中的战略问题，也是当前和今后一个时期深化改革和扩大开放进程中的战术问题，必须高度重视，冷静思考，审慎应对，有序出招。

第一，以"分类推进、梯度互补、制度创新、错位探索"为基准，构建自贸区的体系化、网络化框架。按照国务院关于"高标准高水平建设11个自贸试验区，全面推广成熟经验"的标准，全面审查11个自贸区的建设方案实施进度和差异化定位落实情况，既要全面对标也要严格打表，确保自贸区顶层设计不走样、不变形，总体方案落地不打折、不退化。树立试点内容分类管理理念，构造自贸区体系的"结构—功能"和"刺激—反应"机制，以"梯度、差异、特色、协同、互补"为原则，鼓励自贸区在各自主打产业的培育上"拉长长链、补长短板，做实实体、充实虚拟"，推动实体经济与虚拟经济在自贸区内实现有机结合和互为支撑。动态梳理11个自贸区在产业布局、开放平台、口岸体系、贸易通道等方面的差异化优势，确保具有区域特色的开放经验得到有效释放，形成积极主动的开放型经济体制机制。

第二，顶层设计与自主探索相结合，有效激励自贸区制度创新和体制改革。对各批次自贸区同等实行国务院和地方政府双重管理体制，坚持"全国一盘棋"顶层设计，更加注重调动地方改革积极性和开放主动性。凡属涉及自贸区适用法律法规及有关行政管理事项，可由国务院或国务院提请全国人大常委会进行立法，也可将自贸区临时立法权赋予省级地方人大，并尽可能把后者作为加大自贸区改革自主权的主要方式，为自贸区制度探索提供法制保障。创新自贸区监管体制，实行"一线放开、二线管住"的分线管理模式和国际贸易"单一窗口"制度，促进自贸区内的货物、服务、资本等各类要素自由流动，形成公开、透明的管理制度体系。

第三，正确处理政府职能转变、业务流程监管与行政体制改革之间的关系，支持自贸区全程打造"放管服"链条。注意区分社会管理、城市管理等重要领域的深化改革与自贸区建设中的扩大开放之间的差别与联系，避免在自贸区试点探索中出现靶心不明、聚焦不准、火力分散、效果不佳等负面影响。在自贸区建设的三个批次梯度上，把探索重心集中在投资和贸易的自由化、便利化等领域内，实施开放格局的整体设计、政府行为的过程监管、市场主体的信用体系建设以及营商环境的优化打造。

第四，放大深化改革和制度创新的自主空间，强化自贸区各类单元主体之间的有序互动和多方协同。以构建信用体系为基础，优化政府、企业、市场和社会的多元共生生态，着力让政府能够形成"放管服"体制机制体系，让企业能够降低成本、提高效率，让市场能够拥有创新激励和营商环境，让社会能够形成和谐安定、包容发展的空间。着力形成全面开放的自贸区体系，一方面，从顶层设计的高度出发，对标国际先进规则，体现自由贸易的本质要求；另一方面，从激励各类自贸区根据自身特点主动探索的角度出发，对标自贸区总体方案的定位和要求，强化改革举措的系统集成。

建设自贸区是全面开放战略的重大部署，决不允许把自贸区禁锢在传统体制和利益集团的藩篱之中，羁绊自贸区的自主改革；决不容忍在推进自贸区试点中因袭"等靠要"政策洼地式路径依赖，贻误自贸区的自主发展；决不放任文牍主义的生搬硬套政策条文，阻碍自贸区的自主探索。只有真正赋予自贸区更大的改革自主权，才能发展更高层次的开放型经济，才能加快形成全面开放新格局。

加快探索建设中国特色自由贸易港[*]

2018 年 4 月，中央作出支持海南全岛建设自由贸易试验区并逐步探索、稳步推进中国特色自由贸易港建设的决定。这是落实党的十九大关于"探索建设自由贸易港""发展更高层次的开放型经济"的战略举措，也是推进形成全面开放新格局的重大探索。

当前，国际经济形势急剧变化，中美经贸摩擦晦明难定，国内发展和深化改革面临重重阻力。因此，基于推进我国自贸试验区改革创新的实际需要，应当适时加快中国特色自贸港探索建设步伐，形成推进高水平开放和引领全球化的新的战略支点，加速融入开放型世界经济体系。

第一，加强顶层设计力度，完善中央统筹协调机制。在中央层面成立中国特色自贸港工作领导小组，统筹规划全国自贸港建设总体布局、开放领域、立法规制和重大政策协同，协调中央各部门有序引导自贸区试验和自贸港建设。在运行层面成立国家自贸港建设委员会，确保中央重大战略的政令畅通，最大限度地降低系统性风险。在业务层面成立自贸港专家咨询委员会，对自贸港建设方案和制度体系框架提出专家意见建议，提高中国特色自贸港的运营效率和科学性。

第二，分阶段、按步骤探索，有序建设中国特色自贸港体系。第一阶段（2020 年以前）：全力支持海南自贸区建设，推动其如期向自贸港转型发展；第二阶段（2020—2025 年）：根据国家战略需要，将若干升级版自贸试验区提升为新时代中国特色自贸港；第三阶段（2025—2035 年）：在自贸港前期探索基础上，确定若干区域型、功能型自贸港，形成高度市场化、国际化、法治化、现代化的自贸港运营模式和制度体系。

---

[*]　此文完成于 2019 年 3 月全国两会期间。

第三，战略导向、审慎推进，努力形成适应国际国内新形势的自由贸易港布局。一是主动对标国际高标准自由贸易港，以改革创新精神推进贸易投资自由化便利化，打造好自由贸易试验区升级版，按照符合国家战略定位、产业国际化高度融合、营商环境国际化水平较高的自由贸易港选择性基准，逐步兑现政策红利。二是着眼于吸引全球科技资源、人才和资本等先进生产要素，在一些新兴行业形成集聚效应，并通过引进高端人才推动我国相对落后的服务业加快发展，更好服务实体经济。三是探索贸易中转型、金融开放型、现代科技型、人力资源型和加工制造型等集聚特定优势的自由贸易港，着力形成适应国际国内新形势的自由贸易港布局，构建各具特色、不同类型的自由贸易港相互支撑、相互补充和差异化建设格局。四是审慎处置自由贸易港的资本集聚功能，在推动金融改革创新、人民币国际化与自由贸易港联动集成的同时，增强风险防范意识，建立健全外部输入型金融风险防控机制。

第四，优化口岸监管机制，提高自贸港管理创新水平。按照"一线放开，二线安全高效管住，区内自由流动"和"负面清单＋非违规不干预"的原则，创新"境内关外"的高效监管方式。对业务申报、数据传输、资料处理、核准作业流程及回执接收等口岸业务，基于大数据和智能化管理，实施在线监控，形成以联合办公、单一窗口、统一平台、一站式通关为核心的集中监管模式。实施两级负面清单监管，凡属列入一级负面清单的各类禁止出入境物资，不允许在自贸港内作业；凡属列入二级负面清单的各类涉及许可证管理货物，在自贸港管理部门登记备案相关信息后，允许进港作业，相关信息向相关口岸监管单位开放。

第五，加大税收支持力度，增强引领开放的体制性动力。设立《自贸港先进产业目录》，对先进产业一律执行15%的优惠税率。按照属地化管理原则，简化自贸港税制，创新适用于自贸港业务的"境内关外"税制：对进港货物退回增值税和消费税，港内货物流转与区内消费的劳务，以不含国内货物和劳务税的价格进行，区内企业间货物和劳务交易不缴纳增值税、消费税；全部取消各种"附加"和税外收费；对港内企业签订合同，免征印花税。在自贸港率先实行数字贸易税收征管，加强和完善数字贸易税收征管。

第六，集聚优势、突出重点，在对标国际先进水平过程中形成自由贸易港建设的中国特色。一是突出党的领导特色。发挥执政党在布局规划自由贸易港探索建设中总揽全局、协调各方的领导核心作用，坚持推进自由贸易港建设的政治方向，调动各方面参与自由贸易港探索建设和改革创新的积极性，切实加强风险防范与管理。二是突出科技融合特色。依托当代信息化监管手段，在自由贸易港建设中取消或最大限度地简化入区货物的贸易管制措施，最大限度地简化一线申报手续，全面提升一线放开程度和二线管理安全水平。三是突出制度创新特色。在基本豁免关税的基础上，解除货物在港区内的流动约束，全面降低或取消制度管制约束，使自由贸易港真正成为不报关、不完税、转口贸易不受限制的最高层次开放形态。四是突出区域开放核心特色。按照开放型经济发展水平、外向型产业体系类型、法制化营商环境状况以及国家区域经济发展战略的具体定位，使自由贸易港全面发挥开放型经济核心的区域辐射和周边带动作用，全面引领我国发展开放型经济的全球化走向。五是突出现代金融中心特色。进一步改善外汇管理方式，调整完善港内自由贸易账户制度，加快人民币离岸业务发展，争取实现"增量"外汇的自由流动，放开与生产、加工、贸易相配套的相关金融服务业务，在金融支持获得渠道上实现进一步便利化，全面实施符合国际惯例的金融、外汇、投资和出入境等管理制度。

第七，理顺规制时序衔接，健全自贸港全面探索的立法体系。加强自贸港地方法规体系的构建，处理好从自贸试验区到自贸港过渡衔接与加强立法规制之间的关系，在立法授权上形成中央与地方之间科学合理的规制关系。由全国人大赋予自贸港所在地的省级人大以更大的自贸港立法权，重点围绕提升贸易自由化便利化水平、服务贸易外资准入范围、金融领域对标国际流程、税收优惠制度体系、人才引进机制创新以及城市总体规划动态调整，先行先试，特行特试。由中央和国家部委牵头对自贸港建设所涉法律、法规、规章和规范性文件进行全面梳理，在广泛听取各类企业诉求的基础上，对不合时宜、前后冲突和不完善的情形予以调整或暂停实施。

后 记

　　《问道开放：重庆足音的内陆回响》，这是我为中国文史出版社即将出版的我的书稿所确定的书名。

　　至于书名的来由，与中国文史出版社编辑梁玉梅同志大有渊源。

　　记得初次与小梁编辑交谈，那是在 2019 年的全国两会期间。当然，前些年在她抽调到全国政协会议大会发言组工作时，我们就曾多次联系，只不过仅限于就大会发言的文稿修改进行的电话沟通。她责任心极强，业务又熟，富有思想，绝少有交流障碍。如果就相知者有把酒言欢之说，那么我们在工作上的电话交谈当是凌空言欢。小梁编辑到政协会议驻地来看我，曾谈及当年我从北京到重庆工作的话题，了解到我平常喜欢把工作之余的所见所闻、所思所想记个流水账，间或还有不少短文见诸报刊，当时就提出了一个创意，问我是否愿意把到重庆工作后 20 年间有关内陆开放探索的感悟，按专题收集筛选成册，列入"政协委员文库"出版。虽然我也认同这确实是一个很好的想法，但唯一不能确定的是，30 岁之前从事学术研究工作养成的习惯，工作之余固然写下了不少文字，既有工作上的调研报告，也有学术上的演讲实录，既有身为政协委员的咨政建言，也有夹叙夹议的小品文，甚至还有不少纯粹是写给自己看的诗词歌赋，不说是五花八门的杂物间，差不多也是百味杂陈的中药铺。经过我与小梁编辑的反复讨论推敲，最终还是形成了比较一致的看法，那就是：作为历史大潮中的个体，我在重庆开放战线工作中诸多感悟的点点滴滴，应当可以折射出内陆开放的曲折历程，甚至反映出内陆地区渴望开放、融入世界的执着心路，从而体现出改革开放大局中内陆开放的历史脉络，显现出政协委员在中国经济社会发展中的独特作用。所以说，在我看来，这本文集的成型，首功还是要归于小梁编辑。

两会之后，我在工作之余便开始对大量文稿进行收集、筛选和校订，以期使之成为还算说得过去的书稿。再之后，就是对文稿进行分类、确定篇目、梳理时序。根据文稿的体裁类型和成书字数的要求，经过反复推敲，大体上选定了由50余篇文稿构成的篇目框架。然后，再按杂文随笔、演讲笔录、调研心得和咨政建言四个板块，分成四个专辑：行思篇、渐悟篇、求索篇和崇真篇。

多年的学习和工作经历，隐隐约约地有一种感觉或渐悟：人生真如一场大戏，在时代大潮的涌动下，虽然不会总是处于高潮，但总会有那么一段时光，让你为人生价值的实现而欣慰，甚至视为一种放飞自我、张扬个性的灿烂和辉煌。于我而言，从一介学者转身从政，长期从事地方开放部门管理工作，常为理论难以准确到位地指导实践而苦恼，总是试图在艰难探索之中力求有所创新，甚至不乏为应对时变而剑走偏锋之举。所幸，一路走来却并未跌倒，我一直将此视作磨砺历练的宝贵财富。于重庆而言，直辖以后的开放布局，由于外部环境和内部发展战略的演进推递，大体上还是经历了几个重心不同的阶段。虽然当地学者对这种阶段性有过不同的学术划分，但我还是习惯于从开放导向调整的角度去思考，所以也更为倾向于从政策导向上去进行归类。当下所倡导的内陆开放型经济的称谓，其实也最早始发于我向地方党委所提建议。直辖之后，我对重庆开放路径的设想曾有过几种表述方式的演变：从发展有重庆特点的外向型经济到有内陆特色的外向型经济，再到有重庆特色的内陆型外向经济，直到现在力推的内陆开放型经济。我之欣慰，正在于多个场合提出咨政建言的概念轮廓，被最终采纳并成为政策方向，比如内陆开放高地、国际贸易通道体系、南向通道、内陆国际物流枢纽，等等。所有这些，当我回忆往事的时候，当不会因为虚度年华和碌碌无为而怅惘，而是可能会为自己在重庆开放历程中所留下的痕迹而感到欣慰。

面对眼前的这本文集，我希望能够为关注中国开放的各界人士提供一个参考，能够为关心区域协调发展的研究者和实践者提供一个路标，能够让那些对内陆地区发展开放型经济尚存疑虑的人真正明白：开放是历史的潮流、时代的趋势，顺之者昌，逆之者亡。每一个人，无论高低贵贱；每一个地区，无论沿海内陆；每一个民族，无论宗教文化；每一个国家，无论国土大小，无不如此，概莫能外……

付梓之际，小梁编辑曾嘱我为封底写点文字。当我端坐电脑跟前敲下小标题"追逐开放大潮的浪花心语"时，却不禁文思泉涌，诗兴大发，写下了几行我自认是散文诗的东西，虽不适合作为封底，但却实实在在地表达出了广大内陆地区渴望开放、拥抱开放的心态和心路。现放到这篇后记里，也算是我为本书画上的一个有些许诗意和美好心愿的句号。

追逐开放大潮的浪花心语

你呼啸着飞起，从挽压在万丈深处的海底，带着色彩斑斓的阳光，直冲而上，灿烂了天际。你长长的啸声，掠起了我散开的追忆，跨越了多少个年轮，经历了多少次涟漪，才重新牵起了这份缘谊。曾经那一串又一串的，不过是细浪般的心语。但我不能只是拈花轻笑，总要簇着心灵到大海里随你而去。

无法选择的日月流逝，像一把沉在深海里的犁，潮水的涌动连同暗流的激荡，拉伤了我，也擦伤了你。海神沉重的脚步，不曾惊醒你懵懂的回忆，潮涨潮落之间，我冰泪的一粒一粒又一粒，不愿意冻结这蓝色而拘谨的记忆。聆听，遥远的星空有一种声音，提醒我要有坚韧的毅力：是你的总可以寻回，永远都不要轻易说放弃，无论何时何地。

远海的深处有一种映象，仿佛看到天使的双翼，会在合适的时间，达到合适的彼岸，让合适的情感，擦出合适的默契。哦！你终于来了，内陆开放的大潮，从此，我心灵的巨浪，不会再久久地留在岸上叹息。我会随你而上，扶摇风起，撑开厚重的乌云，让天空拥有无际的碧丽。

于是，当夜雾来临的时候，你的浓情会让我再次欢喜。重新随着翻腾的巨浪，奔腾着，追逐着，呼喊着，从浪尖再到浪底。虽然，时有迷茫、痛苦、疲惫，但在我的内心深处，还是在甘冽着、欢笑着、快乐着，随着一轮又一轮的潮落、潮起……

王济光于重庆照母山

2019 年 9 月 22 日

图书在版编目（CIP）数据

问道开放：重庆足音的内陆回响 / 王济光著 . —
北京：中国文史出版社，2019.6
（政协委员文库）
ISBN 978-7-5205-1127-6

Ⅰ . ①问…　Ⅱ . ①王…　Ⅲ . ①区域经济发展—研究—
重庆　Ⅳ . ① F127.719

中国版本图书馆 CIP 数据核字 (2019) 第 129598 号

责任编辑： 梁玉梅

出版发行：中国文史出版社

社　　址：北京市海淀区西八里庄 69 号院　邮编：100142
电　　话：010-81136606　81136602　81136603（发行部）
传　　真：010-81136655
印　　装：北京地大彩印有限公司
经　　销：全国新华书店
开　　本：787×1092　　1/16
插　　页：1 页
印　　张：21.5　字　数：342 千字
版　　次：2020 年 1 月北京第 1 版
印　　次：2020 年 1 月第 1 次印刷
定　　价：66.00 元